U0904596

我国股债联动的非线性特征及其影响因素研究

——基于股市全流通的视角

The Study on the Nonlinear Characteristics of the Stock-bond Co-movement in Our Country and Influential Factors
—Based on the Perspective of Full Circulation of Stock Market

罗荣华　著

经济管理出版社
ECONOMY & MANAGEMENT PUBLISHING HOUSE

图书在版编目（CIP）数据

我国股债联动的非线性特征及其影响因素研究——基于股市全流通的视角/罗荣华著．—北京：经济管理出版社，2016.12

ISBN 978－7－5096－4786－8

Ⅰ．①我…　Ⅱ．①罗…　Ⅲ．①股票投资—研究—中国 ②债券投资—研究—中国 Ⅳ．①F832.51

中国版本图书馆 CIP 数据核字（2016）第 311510 号

组稿编辑：申桂萍
责任编辑：申桂萍　赵　杰
责任印制：黄章平
责任校对：王淑卿

出版发行：经济管理出版社
（北京市海淀区北蜂窝 8 号中雅大厦 A 座 11 层　100038）
网　　址：www. E－mp. com. cn
电　　话：（010）51915602
印　　刷：北京九州迅驰传媒文化有限公司
经　　销：新华书店
开　　本：720mm×1000mm/16
印　　张：14
字　　数：236 千字
版　　次：2017 年 3 月第 1 版　　2017 年 3 月第 1 次印刷
书　　号：ISBN 978－7－5096－4786－8
定　　价：58.00 元

·版权所有　翻印必究·

凡购本社图书，如有印装错误，由本社读者服务部负责调换。
联系地址：北京阜外月坛北小街 2 号
电话：（010）68022974　　邮编：100836

前　言

上海证券交易所和深圳证券交易所分别于1990年12月和1991年4月先后挂牌成立，这标志着我国资本市场正式诞生，开启了资本市场规范化发展道路。20多年来，我国股票和债券市场的规模有了质的飞跃，市场建设取得了重大成绩，形成了比较完善的证券发行、交易和监管等方面的制度以及相应配套的法律法规体系。2005年8月23日，经国务院批准，证监会、国资委、财政部、中国人民银行和商务部五部委联合颁布《关于上市公司股权分置改革的指导意见》（以下简称《意见》），《意见》的出台标志着我国股权分置改革正式拉开了帷幕，这意味着原来不能上市流通的“大小非”在股权分置改革后可以上市流通了。2008年4月17日，腾达建设控股股东所持有的56.62万股股份解禁上市，从而使得腾达建设成为第一家真正意义上通过股权分置改革实现全流通的上市公司，这一事件标志着我国股票市场全流通时代的真正来临，从此我国证券市场迎来了新的发展时期，这必将对我国股票和债券市场产生重大影响。

股票和债券市场作为最重要的两个金融子市场，一直以来都是投资者进行投资的重要场所，也是监管当局最为关注的两个市场。因此，研究全流通时代我国股票和债券市场的波动性、我国股债联动的非线性特征及其影响因素无疑具有重大的理论和实践意义。从理论上来说，首先，能更深刻地把握我国股票和债券价格的运动规律；其次，可以深化对金融市场联动和股债联动理论的认识；最后，能深化对投资组合理论、股票和债券定价理论、行为金融学等理论的认识。从实践的角度看，首先，投资者可以根据我国股债联动的特征以及宏观经济形势来调整资产组合，在规避风险的同时获取最大化收益；其次，监管当局可以根据全流通时代我国股票市场和债券市场的波动特征、股债联动的特征和影响因素来制定相应的政策，以减缓市场的波动性，促进我国股票市场和债券市场的互联互通以及这两个市场与我国宏观经济的融合。

本书的研究目的主要体现在：第一，揭示我国股票和债券市场的波动性在股权分置时期和全流通时代是否发生了显著变化；第二，从信息溢出效应和动态条件相关系数两个层面分析我国股债之间的联动性；第三，揭示我国股债联动的非线性特征；第四，分析我国股债非线性联动的影响因素。

基于上述研究目的，本书在总括了相关的理论基础和文献综述、我国股票和债券市场的发展概况后，进入实证分析阶段，在这个阶段，本书按照以下研究思路和逻辑顺序层层递进：首先，利用 ARCH 模型族实证分析了我国股票和债券市场的波动性在股权分置时期和全流通时代发生的变化，为接下来的章节确定所要研究的样本区间；其次，在确定了全流通时代为样本区间后，通过建立基于 t 分布的 VECM－MVGARCH－BEKK（1，1）模型和 DCC－MVGARCH（1，1）模型分别从信息溢出效应和动态条件相关系数两个层面分析我国股债之间的联动性；再次，以指标化的动态条件相关系数所代表的股债联动性为研究对象，运用非线性平滑转换自回归模型（STAR 模型）实证分析我国股债联动的非线性特征；最后，在确定了我国股债联动的非线性特征后，选取了股市波动指数、短期利率、利差、股票收益率、债券收益率、通货膨胀率和经济增长率为转换变量，基于非线性平滑转换回归模型（STR 模型）实证研究了这种非线性联动的宏观经济影响因素。

经过实证分析，本书的研究结论为：

第一，就我国股市来说，全流通时代股市波动性并没有比股权分置时期显著减小；全流通时代新信息引起的短期波动减小了，而历史波动比股权分置时期表现为更大的持久性；在股权分置时期不存在正向杠杆效应，在全流通时代存在正向杠杆效应；全流通时代的长期波动要小于股权分置时期的波动，而且波动衰减的速度要慢，表现出更强的持久性。就我国债券市场来说，中证全债、中证国债、中证金融债和中证企业债在全流通时代债市波动性比股权分置时期显著减小，波动性发生了结构性显著变化；市场波动的持续性、杠杆效应以及短期和长期波动表现有所差异。

第二，中证全债收益率和沪深 300 收益率之间存在相互的短期格兰杰原因，亦即存在相互的均值溢出效应；中证国债收益率不是沪深

300 收益率的短期格兰杰原因，亦即不存在中证国债对沪深 300 的均值溢出效应；沪深 300 收益率是中证国债收益率的短期格兰杰原因，亦即存在沪深 300 对中证国债的均值溢出效应；中证金融债收益率和沪深 300 收益率之间存在相互的短期格兰杰原因，亦即存在相互的均值溢出效应；中证企业债收益率和沪深 300 收益率之间不存在相互的短期格兰杰原因，亦即不存在相互的均值溢出效应。

第三，沪深 300 和中证全债之间存在相互的短期和长期波动溢出效应；沪深 300 和中证国债之间不存在中证国债对沪深 300 的短期和长期波动溢出效应，存在沪深 300 对中证国债的短期和长期波动溢出效应；沪深 300 和中证金融债之间存在相互的短期和长期波动溢出效应；沪深 300 和中证企业债之间存在相互的短期和长期波动溢出效应。

第四，大部分股债动态条件相关系数值都集中在 -0.4 ~ 0.4，而且都呈现出明显的波动聚集特征。同时，这些动态条件相关系数呈现出阶段性特征，也就是说，在某一时段动态条件相关系数主要表现为正相关，而在另一时段表现为负相关。

第五，沪深 300 指数和各个债券市场的联动性呈现非线性特征。具体来说，沪深 300 指数和中证全债、中证国债、中证企业债的联动性的非线性特征可通过 LSTAR 模型来刻画，而沪深 300 指数和中证金融债的联动性的非线性特征可通过 ESTAR 模型来刻画。

第六，我国股债联动性受到股市波动、短期利率、利差、股票收益率、债券收益率、通货膨胀率和经济增长率等宏观经济变量的影响，尤其受到股市波动、短期利率、利差这 3 个因素的影响，而且是以非线性的方式作用于股债联动性的。但这种影响在现阶段还不显著，而且这种影响也是不稳健的。

本书的创新点主要体现在以下几个方面：

第一，研究方法的创新性。目前国内已有的研究成果中几乎很少有研究股债联动性的非线性特征的，在门限自回归模型、马尔可夫区制转换模型和平滑转换回归模型这三种非线性模型中，前两种模型假定时间序列在不同区制间的转换是跳跃的，不连续的，这显然和实际不相符，而平滑转换回归模型认为时间序列在不同区制间的转换是连续平滑的。因此，本书利用平滑转换回归模型（STR）来分析我国股债联动性的非线性特征及其影响因素，这在国内尚属第一个，填补了国内研究股债联动非线性特征的空白。另外，已有的研究大多是使用基于残差服从正态分布的 MVGARCH 模型来研究股债之间的联动，有的用 MVGARCH－VECH 模型或 MVGARCH－BEKK 模型来研究波动溢出效应，有的利用 DCC－MVGARCH 模型来计算动态条件相关系数。然而，大量实证研究表明，许多金融时间序列并不服从正态分布，具有尖峰厚尾的特性，为了更准确地刻画我国股债之间的联动性，本书建立了基于 t 分布的 VECM－MVGARCH－BEKK（1，1）模型和 DCC－MVGARCH（1，1）模型，分别研究了我国股债之间的信息溢出效应和动态条件相关系数。

第二，研究角度的创新性。以往的股债联动性研究没有考虑股权分置改革这一重大制度变革带来的影响，而大量实证研究（包括本书的实证研究）表明股权分置改革对我国股票市场的波动性产生了很大的影响，这必然会影响到我国股债间的联动性，正是基于此，本书从股权分置改革后的全流通时代的视角探讨了我国股市和债市的波动性、我国股债间的联动性、我国股债联动的非线性特征及其影响因素。

第三，研究内容的全面性。在股债联动性研究方面，已有的文献要么是研究股债价格的领先滞后关系，要么是研究股债波动的传导关系，有的研究股债的动态条件相关系数。本书从信息溢出效应和指标化的股债动态条件相关系数两个层面来研究我国股债的联动性，而信息溢出效应本身就包括均值溢出效应和波动溢出效应，使本书的研究内容具有全面性。

第四，整体和部分相结合。本书以中证全债代表我国债券市场的整体情况，不仅如此，本书对中证国债、中证金融债和中证企业债这三个子市场进行了研究，以增强本书结论的可靠性。

目　录

第一章　绪　论

第一节　研究背景和意义

一、研究背景

我国资本市场建立以1990年12月上海证券交易所的成立为标志，随后，1991年4月，深圳证券交易所也挂牌成立，这两个全国性交易所的诞生，为我国投资者进行股票和债券等金融产品的交易提供了统一的场所，由此开启了我国资本市场规范化的发展道路。

20多年来，我国股票市场经历了萌芽时期、探索时期、规范发展时期以及股权分置改革后的快速发展时期，目前已成为世界上最大的股票市场之一。股票指数在震荡中前行，上证综指从1990年12月19日的99.98点上升到了2005年8月23日股权分置改革前的1159.15点，股权分置改革实施后，我国股市经历了一波大牛市，上证综指、深成指和沪深300指数上升到了2007年10月16日的历史最高点，分别达6092.06点、19358.44点和5877.20点。此后股指一路下行，分别下跌到2008年4月16日全流通时代前的3291.60点、12057.28点和3494.02点。2008年4月17日，腾达建设股份的解禁流通，标志着我国全流通时代的到来，但在全流通时代开始后半年多的时间里，我国股指在震荡下行，下跌到2008年11月4日的历史最低点，分别是1706.7点、5668.81点和1627.76点。此后，可能由于我国实施了4万亿的经济刺激计划，经济形势有所好转，使得我国股市迎来了一波上涨行情，在2009年8月4日达到最高点，分别是3471.44点、

13904.55 点和 3786.62 点，此后又是在震荡中不断下行。其走势如图 1－1 所示。

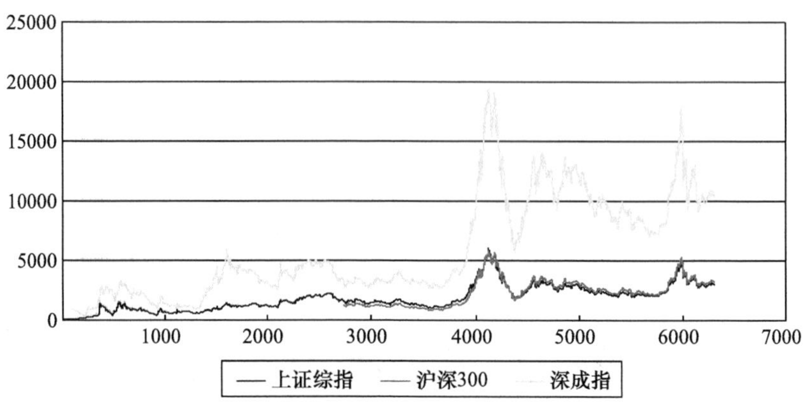

图 1－1　股指走势

我国股票市场发展 20 多年来，在规模上发生了翻天覆地的变化。无论是上市公司的数量、总股本、股票市值、股票成交量还是投资者队伍，都有了质的飞跃。1990 年，我国股票市场上只有 8 家上市公司，经过 10 年的不断发展，到 2000 年达到 1088 家，截至 2016 年 9 月，上市公司数量已增加到 2952 家，是 1990 年的 369 倍多。从上市公司的总市值看，1990 年，我国上市公司的总市值为 23.82 亿元，2000 年迅速增至 50752.32 亿元，截至 2016 年 9 月，总市值已经高达 485007.54 亿元，分别是 1990 年和 2000 年的 20361 倍和 9 倍之多。从股票总股本看，1990 年我国股票总股本为 0.973 亿股，到了 2000 年增长了 3907 倍之多，达到 3802.11 亿股，截至 2016 年 9 月，我国股票总股本已高达 47888.82 亿股，是 2000 年的 12 倍之多。我国股票成交量和成交额也得到了迅速的提高，成交量由 1991 年的 2.97 亿股增加到 2000 年的 4772.37 亿股和 2016 年 9 月的 75951.95 亿股；而成交额从 1991 年的 649.99 亿元增至 2000 年的 60841.12 亿元，截至 2016 年 9 月，成交额达到了 1028251.03 亿元。股票市场的主要数据如表 1－1 所示。

债券市场作为资本市场的重要组成部分，不仅是投资者重要的投资场所，还在我国经济的发展过程中发挥了非常重要的作用。同我国股票市场一样，我国债券市场也是在曲折中不断发展壮大的，经历了

表 1－1 我国股票市场主要数据

年份	上市公司总数（家）	总股本（亿股）	成交量（亿股）	成交额（亿元）	总市值（亿元）
1990	8	0.973	0.00	0.01	23.822
1991	13	5.458	2.97	33.46	120.316
1992	53	67.990	29.26	649.99	1060.050
1993	183	382.688	212.82	3498.08	3655.139
1994	291	684.578	1009.20	8050.11	4051.503
1995	323	851.158	707.53	4385.37	3938.393
1996	530	1218.492	2530.82	21359.01	10902.880
1997	745	1951.714	2558.75	30713.92	19000.829
1998	852	2536.160	2153.70	23542.87	20916.877
1999	949	3095.381	2932.80	31321.17	28153.554
2000	1088	3802.109	4772.37	60841.12	50752.315
2001	1160	5220.116	3157.65	38342.47	46326.733
2002	1224	5877.367	2999.15	27931.02	40964.698
2003	1287	6436.725	4151.84	32048.40	45646.375
2004	1377	7163.586	5813.51	42275.50	39897.630
2005	1381	7638.926	6606.43	31631.10	34952.963
2006	1434	14847.462	16098.93	89983.12	103524.918
2007	1550	22312.417	36376.15	459822.55	401296.955
2008	1625	24378.224	24086.01	266636.06	148383.091
2009	1718	26207.327	50826.08	533934.77	290727.179
2010	2063	33281.668	42066.55	544671.46	305214.865
2011	2342	36194.879	33809.80	420072.51	250115.896
2012	2494	38487.682	32709.24	313206.35	267848.812
2013	2489	40662.426	47931.29	464934.36	272499.640
2014	2613	36795.098	72797.52	737707.98	372546.956
2015	2827	50092.961	169725.76	2532968.38	584464.409
2016	2974	55364.271	75951.95	1028251.03	553305.201

资料来源：笔者根据 Wind 数据整理而成，2016 年数据截止到 9 月。

20 多年来由最初的以柜台交易为主过渡到以交易所交易为主，再过渡到 20 世纪 90 年代末开始的以银行间交易为主的发展时期，形成了目前的商业银行柜台债券市场、交易所债券市场和银行间债券市场并存的债券市场体系。期间，我国债券指数呈现缓慢的不断上升的趋势，中证全债指数、中证国债指数、中证金融债指数和中证企业债指数从2002年12月31日最初的100点在小幅波动中平缓上升到2016年9月30日的178.79、172.89、174.85和196.61点。其走势如图1－2所示。

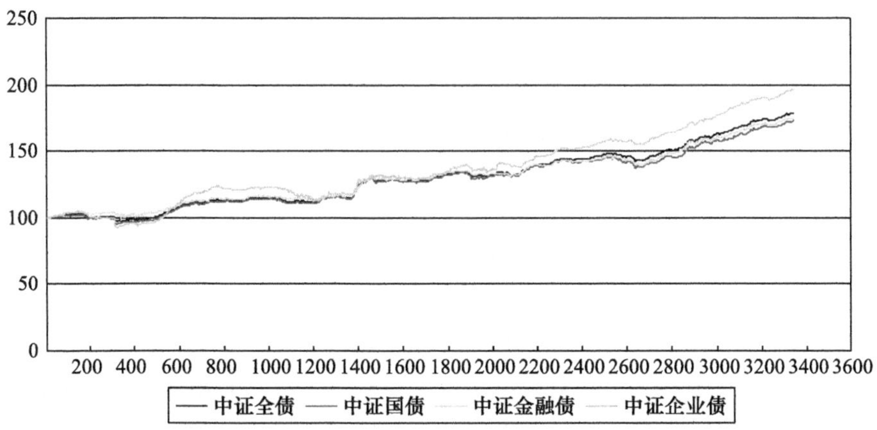

图1－2　我国债券指数走势

在1997～2016年的19年中，我国债券的发行量、托管量和交割量都实现了前所未有的增长。1997年，我国债券的发行量、托管量和交割量分别为2084.62亿元、4661.56亿元和335.70亿元，其中现券交割量为8.90亿元。2005年，我国债券的发行量、托管量和交割量分别达42182.07亿元、47580.56亿元和228541.90亿元，其中现券交割量为63463.86亿元。截至2016年9月，我国债券的发行量、托管量和交割量分别达113174.83亿元、421130.69亿元和4452149.99亿元，其中现券交割量为599878.03亿元。债券市场主要数据如表1－2所示。

表1－2　我国债券市场主要数据　　单位：亿元

年份	发行量	托管量	交割量	现券交割量
1997	2084.62	4661.56	335.70	8.90
1998	6203.73	10318.67	1096.36	76.39
1999	4369.50	13069.87	4663.54	150.50
2000	4414.50	16746.19	16363.02	647.66

续表

年份	发行量	托管量	交割量	现券交割量
2001	5848. 53	19692. 91	41030. 69	844. 34
2002	9943. 90	26748. 49	106336. 11	4357. 92
2003	17647. 17	33560. 96	151392. 99	31634. 19
2004	27295. 66	39126. 94	127906. 95	28254. 38
2005	42182. 07	47580. 56	228541. 90	63463. 86
2006	57096. 11	56979. 86	382882. 03	109369. 42
2007	79756. 08	82611. 11	628823. 65	165951. 61
2008	70727. 11	95617. 74	1008253. 78	408300. 18
2009	86474. 71	113357. 43	1214475. 08	488744. 99
2010	95088. 33	145809. 04	1624843. 37	676913. 89
2011	69637. 13	170877. 19	1799090. 59	677613. 42
2012	58640. 44	209679. 13	2184383. 71	708428. 21
2013	56453. 94	244008. 1	1959018. 18	369752. 31
2014	55517. 30	269356. 52	2445411. 28	309799. 10
2015	98734. 51	350421. 90	4654717. 3	605316. 01
2016	113174. 83	421130. 69	4452149. 99	599878. 03

资料来源：笔者根据中国债券信息网数据整理而成。

在我国股票和债券市场的发展规模不断扩大的同时，证券发行、交易和监管等方面的制度也在不断完善。2005 年实施的股权分置改革，是我国资本市场的重大制度变革，这项改革使得此前不能上市流通的“大小非”转变成为股改限售股，从而逐步实现上市流通。随着股权分置改革的不断向前推进，2008 年 4 月 17 日腾达建设股份解禁流通，这标志着我国股票市场真正进入了全流通时代。在全流通时代，我国股票和债券市场会呈现怎样的发展态势，其波动性、股债之间的联动关系会发生怎样的变化是值得投资者和监管当局关注的，也是本书的研究重点所在。

二、研究意义

股票和债券市场作为最重要的两个金融子市场，一直以来都是投资者进行投资的重要场所，也是监管当局最为关注的两个市场。因此，研究全流通时代我国股票和债券市场的波动性、我国股债联动的非线性特征及其影响因素无疑具有重大的理论和实践意义。从理论上来说，首先，能更深刻地把握我国股票和债券价格的运动规律；其次，可以深化对金融市场联动和股债联动理论的认识；最后，能深化对投资组合理论、股票和债券定价理论、行为金融学等理论的认识。从实践的角度看，首先，投资者可以根据我国股债联动的特征以及宏观经济形势来调整资产组合，在规避风险的同时获取最大化的收益；其次，监管当局可以根据全流通时代我国股票市场和债券市场的波动特征、股债联动的特征和影响因素来制定相应的政策，以减缓市场的波动性，促进我国股票市场和债券市场的互联互通以及促进这两个市场与我国宏观经济的融合。

第二节　研究目的、研究思路和研究框架

一、研究目的

本书的研究目的主要体现在：第一，揭示我国股票和债券市场的波动性在股权分置时期和全流通时代是否发生了显著变化；第二，从信息溢出效应和动态条件相关系数两个层面分析我国股债之间的联动性；第三，揭示我国股债联动的非线性特征；第四，分析我国股债非线性联动的影响因素。

二、研究思路

基于上述研究目的，本书在总括了相关的理论基础和文献综述、我国股票和债券市场的发展概况后，进入实证分析阶段，在这个阶段，本书按照以下的研究思路和逻辑顺序层层递进（见图 1 – 3）：首先，利用 ARCH 模型族实证分析了我国股票和债券市场的波动性在股权分置时期和全流通时代发生的变化，为接下来的章节确定所要研究的样本区间；其次，在确定了全流通时代为样本区间后，通过建立基于 t 分布的 VECM – MVGARCH – BEKK（1，1）模型和 DCC – MVGARCH（1，1）模型，分别从信息溢出效应和动态条件相关系数两个层面分

析我国股债之间的联动性；再次，以指标化的动态条件相关系数所代表的股债联动性为研究对象，运用非线性平滑转换自回归模型（STAR模型）实证分析我国股债联动的非线性特征；最后，在确定了我国股债联动的非线性特征后，选取了股市波动指数、短期利率、利差、股票收益率、债券收益率、通货膨胀率和经济增长率为转换变量，基于非线性平滑转换回归模型（STR 模型）实证研究了这种非线性联动的宏观经济影响因素。

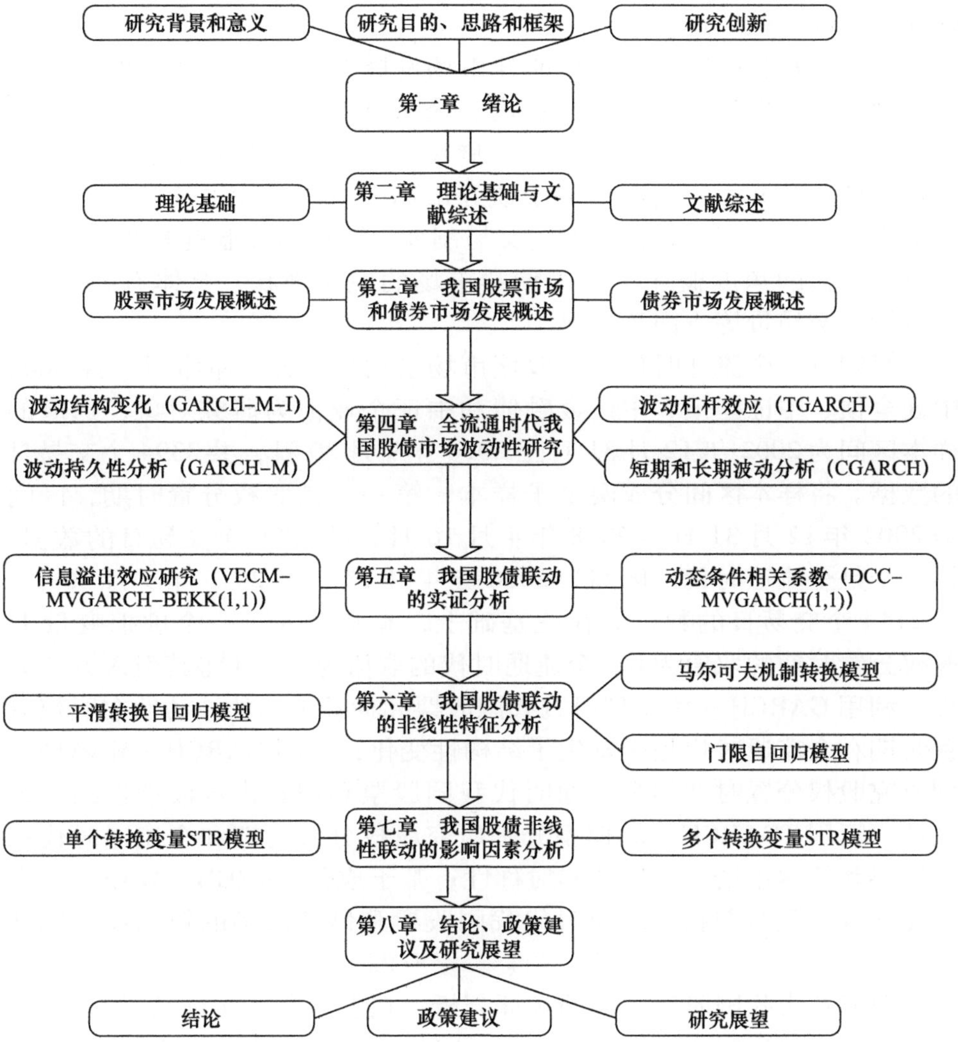

图 1-3　本书的研究思路

三、研究框架

本书由八章内容构成。

第一章是绪论。包括研究背景、研究意义、研究目的、研究思路和框架、研究创新。

第二章是理论基础与文献综述。理论基础包括金融联动的内涵、金融联动的内在机制、投资组合理论、资产定价理论、内在价值理论以及行为金融学理论；文献综述包括与股权分置改革、全流通和股债联动相关的文献综述。

第三章是我国股票市场和债券市场发展概述。包括我国股票市场的发展历程、发行制度、定价制度、交易制度和监管制度，同时从量化的角度概述了我国股票市场的发展现状，具体有发行量、交易量和投资者结构等方面的情况；关于债券市场，概述了我国债券市场的发展历程、发行制度、定价制度、交易制度、清算结算制度和监管制度，同时从量化的角度概述了我国债券市场的发展现状，具体有托管量、发行量、交易量等方面的情况。

第四章是全流通时代我国股债市场波动性研究。本章以沪深 300、中证全债、中证国债、中证金融债和中证企业债为研究对象，选取的样本区间为 2002 年 12 月 31 日至 2016 年 9 月 30 日，共 3394 个交易日的数据。将样本区间分成两个子样本，第一个是股权分置时期，区间为 2002 年 12 月 31 日至 2018 年 4 月 16 日，共 1280 个交易日的数据；第二个是全流通时代，区间为 2008 年 4 月 17 日至 2016 年 9 月 30 日，共 2114 个交易日的数据。在此基础上，本章引入了一个虚拟变量 I，股权分置时期的取值为 0，全流通时代的取值为 1，并将其引入方差方程，利用 GARCH－M 模型研究我国股票和债券市场的波动性在股权分置时期和全流通时代是否发生了结构性变化；运用 GARCH－M 模型分别研究股权分置时期和全流通时代我国股票和债券市场波动性的长记忆性；运用 TGARCH－M 模型分别研究股权分置时期和全流通时代我国股票和债券市场波动性的非对称性；基于成分 GARCH－M 模型分别研究股权分置时期和全流通时代我国股票和债券市场的短期和长期波动性。

第五章为我国股债联动的实证分析。在上一章的实证结果基础上，本章选取全流通时代，即 2008 年 4 月 17 日至 2016 年 9 月 30 日的数据为研究对象，共 2114 个交易日的数据。本章通过建立基于 t 分布的

VECM－MVGARCH－BEKK（1，1）模型和DCC－MVGARCH（1，1）模型，分别从信息溢出效应和动态条件相关系数两个层面研究了我国股债联动性，其中信息溢出效应的研究从均值溢出效应和波动溢出效应两个方面进行。本书首先检验了我国股票和债券价格是否存在长期稳定的均衡关系，即协整关系，在确定存在协整关系后，建立了我国股票和债券价格的VECM模型，在该模型的基础上研究我国股债间的报酬（均值）溢出效应。随后，以VECM模型的残差作为输入，通过建立基于t分布的MVGARCH－BEKK（1，1）模型来研究我国股债之间的波动溢出效应。最后，为了将我国股债联动性指标化，本章建立了基于t分布的DCC－MVGARCH（1，1）模型，计算出了我国股债之间的动态条件相关系数，以此作为下一章研究我国股债联动的非线性特征的指标。

第六章是我国股债联动的非线性特征分析。在上一章的研究基础上，本章运用平滑转换自回归模型（STAR）实证分析了沪深300同中证全债、中证国债、中证金融债和中证企业债之间联动性的非线性特征，具体包括自回归模型（AR）的最优滞后阶数的确定、非线性检验和迟延参数的确定、LSTAR和ESTAR模型的选择、样本外预测。

第七章是我国股债非线性联动的影响因素分析。在上一章实证结果的基础上，本章选取沪深300波动率指数、SHIBOR7天拆借利率、利差（10年期国债与3个月国债收益差）、股票收益率、债券收益率、通货膨胀率和经济增长率作为宏观经济影响因素，亦即转换变量，运用STR模型（平滑转换回归模型）分析了这些因素对我国股债非线性联动的影响。具体包括单个转换变量（模型1）的影响分析、多个转换变量（模型2）的影响分析、三个转换变量（模型3）的影响分析、不同滞后阶数的分析和样本内预测分析。

第八章是结论、政策建议及研究展望。

第三节 研究创新

本书的创新点主要体现在以下几个方面：

第一，研究方法的创新性。目前，国内已有的研究成果中几乎很少有研究股债联动性的非线性特征的，在门限自回归模型、马尔可夫区制转换模型和平滑转换回归模型这三种非线性模型中，前两种模型假定时间序列在不同区制间的转换是跳跃的、不连续的，这显然和实际不相符，而平滑转换回归模型认为时间序列在不同区制间的转换是连续平滑的。因此，本书利用平滑转换回归模型（STR）来分析我国股债联动性的非线性特征及其影响因素，这在国内尚属第一个，填补了国内研究股债联动非线性特征的空白。

另外，已有的研究大多是使用基于残差服从正态分布的 MV-GARCH 模型来研究股债之间的联动，有的用 MVGARCH－VECH 模型或 MVGARCH－BEKK 模型来研究波动溢出效应，有的利用 DCC－MV-GARCH 模型来计算动态条件相关系数。然而，大量实证研究表明，许多金融时间序列并不服从正态分布，具有尖峰厚尾的特性，为了更准确地刻画我国股债之间的联动性，本书建立了基于 t 分布的 VECM－MVGARCH－BEKK（1，1）模型和 DCC－MVGARCH（1，1）模型，分别研究了我国股债之间的信息溢出效应和动态条件相关系数。

第二，研究角度的创新性。以往的股债联动性研究没有考虑股权分置改革这一重大制度变革带来的影响，而大量实证研究（包括本书的实证研究）表明股权分置改革对我国股票市场的波动性产生了很大的影响，这必然会影响到我国股债间的联动性，正是基于此，本书从股权分置改革后的全流通时代的视角探讨了我国股市和债市的波动性、我国股债间的联动性、我国股债联动的非线性特征及其影响因素。

第三，研究内容的全面性。在股债联动性研究方面，已有的文献或是研究股债价格的领先滞后关系，或是研究股债波动的传导关系，有的研究股债的动态条件相关系数。本书首次从信息溢出效应和指标化的股债动态条件相关系数两个层面来研究我国股债的联动性，而信息溢出效应本身就包括均值溢出效应和波动溢出效应，使本书的研究内容具有全面性。

第四，整体和部分相结合。本书以中证全债代表我国债券市场的整体情况，不仅如此，本书还同时对中证国债、中证金融债和中证企业债这三个子市场进行了研究，以增强本书结论的可靠性。

第二章　理论基础与文献综述

第一节　理论基础

一、金融市场联动效应的含义

联动效应是指在有相互联系的产业或部门中，如果其中一个产业或部门进行投资，都会通过向前或向后的关联，使得其他产业或部门产生诱导性投资，从而最终发展壮大整个产业链的现象。① 如果我们将这个概念的外延拓展，则同样可以应用于金融市场。

金融市场的联动效应有广义和狭义之分。广义上的金融市场联动效应内容涉及金融资产价格及其收益率、价格波动率、流动性和交易量等指标的联动；而狭义上的金融市场联动效应仅仅指金融资产价格、收益率及其波动率的联动，收益率是线性（或一阶矩、均值）关系，而波动率则是非线性（或二阶矩、方差）关系。金融市场联动效应不仅存在于相同的金融市场之中，还存在于不同类型的金融市场之间，例如股票市场和债券市场之间、股票市场和货币市场之间、期货市场与现货市场之间、期权和现货市场之间、外汇市场与股票市场之间都可能存在联动效应。不仅如此，跨国家和地区的金融市场之间也广泛存在金融联动效应。

国内外众多学者对狭义上的金融市场联动做了深刻的阐述，归结起来可以从信息溢出效应的角度来理解，信息溢出效应包括均值溢出

---

① 由赫希曼于 1985 年首先提出。

效应和波动溢出效应。均值溢出效应所涉及的内容包括：第一，金融资产价格之间是否存在长期稳定的均衡关系，即协整关系。如果存在，这种均衡关系一旦遭到破坏，资产价格能否迅速得到修复，这就是长期格兰杰因果关系；第二，报酬（均值）溢出效应（Return Spillover Effects），报酬溢出效应是指一个金融市场价格变动会导致另一个金融市场的价格同时发生变化，即检验收益率序列之间是否存在格兰杰因果关系。[①] 波动溢出效应（Volatility Spillover Effects）就是指波动从一个金融市场传递到另一个金融市场，从统计学意义上讲就是检验金融资产收益率的方差之间是否存在格兰杰因果关系。但均值溢出效应和方差溢出效应的含义是不同的，均值溢出效应是市场对确定性信息的可预期反应，而方差溢出效应则是市场对不确定性信息的随机反应。[②]

二、金融市场联动效应的作用机制

1. 外部宏观环境

从外部宏观环境来看，多样化的金融产品及其相应市场的出现、计算机和信息技术的快速发展以及金融管制的放松等都是金融市场联动效应得以存在的前提和基础。首先，多样化的金融产品及其相应市场的出现是金融市场联动效应存在的物质基础；其次，计算机和信息技术的快速发展则加速了金融市场之间的联动；最后，金融管制的放松则促使了金融市场向金融一体化方向发展，强化了各金融市场之间的联系，金融产品间的替代效应逐步增强，投资者可以跨市场交易，市场信息流跨市场自由传播。[③]

2. 金融资产的定价机制

上文已指出，狭义上的金融市场联动效应实质上是指金融资产价格之间的联动关系，因此从这个意义上讲，金融资产的定价机制是金融市场联动效应得以发生的根本原因。如即期汇率、远期汇率和货币利率所依据的利率平价理论，交叉上市的股票价格所依据的一价定律，期权价格和基础资产价格所依据的 Black - Scholes 模型，等等。又如，著名的国际资产定价模型（ICAPM）认为，在资本流动全球化的情况下，一国金融资产价格取决于这种资产对全球市场组合的收益和风险的贡献（王国刚，2005）。同时，从理论上来讲，如果金融资产的理

① 参见殷剑峰（2006）。

② 参见方毅和张屹山（2007）。

③ 参见万军等（2007）。

论价格与实际价格之间存在差异，那么套利行为会使得这种差异消失。但是，市场总是存在摩擦的，套利行为并不能顺利进行，实际上金融资产的实际价格与理论价格总是有差距的。所以，仅仅从金融资产定价机制出发来考察金融市场联动效应可能是不够的。

3. 投资者行为

投资者是资本市场的重要参与者，研究金融市场投资者的行为方式有助于理解金融市场联动效应。投资者的行为方式通常包括构建投资组合、套期保值、套利、投机以及以羊群行为（Herd Behavior）为代表的心理因素等。当一种金融资产价格发生波动时，投资者为了规避风险，一定会调整投资组合，使得各种金融资产重新达到最优比例；当同类金融资产价格出现偏差时，投资者可以低价买入，然后高价卖出进行套利活动；当投资者预期未来有风险时，可以在远期、期货市场进行与现货市场上相反的操作进行套期保值，锁定未来资产价格的风险；行为金融学理论表明，投资者是有限理性甚至是非理性的，当金融资产价格发生波动时会出现“跟庄”或“跟风”现象，从而引发羊群行为。

三、投资组合理论

美国的马克维茨（Markowitz）无疑是投资组合理论的开山鼻祖。1952 年，马克维茨发表了题为《投资组合选择》（Portfolio Selection）的论文，这篇论文首次阐述了构建投资组合理论的原则。1958 年，托宾（Tobin）基于马克维茨投资组合理论，提出了共同基金分离定理，而夏普（Sharp）、林特纳（Lininer）和莫辛（Mossin）分别于 1964 年、1965 年和 1966 年提出了几乎完全相同的资本资产定价模型（CAPM），而罗斯（Ross）于 1976 年提出了套利定价理论，Shefrin 和 Statman 于 2000 年提出了行为投资组合理论，Campbell 和 Viceira 提出了长期投资组合理论，并将这个理论不断完善。

1. Markowitz 投资组合理论

1952 年，马克维茨首次运用证券收益的均值（期望）—方差模型研究了在不确定条件下投资者如何构建最优的投资组合问题。他提出了构建最优投资组合的基本原则，即在期望收益一定的条件下，确定各种资产的权重使投资组合的风险达到最小，或者是在风险一定的条件下，确定各种资产的权重使投资组合的收益达到最大。马克维茨的投资组合理论为投资者提供了一个合适、有效的量化收益和风险的方法，以及在构建投资组合时权衡收益和风险的原则。

马克维茨的均值—方差投资组合理论的主要假设有以下几个方面：①假定投资者是理性的，追求期望收益最大化，或者风险最小化；②假定投资者是风险厌恶型的；③假定只进行一期投资；④假定不能卖空；⑤假定收益率服从正态分布。

构建马克维茨投资组合的步骤是：第一步是依据在给定预期收益条件下使风险达到最小或者在给定风险的条件下使预期收益达到最大的原则来确立投资组合有效前沿；第二步是利用投资者效用无差异曲线，使之与有效投资组合前沿相切，切点就是投资者所要找的最优投资组合。

2. CAPM 模型

在马克维茨投资组合理论的基础上，夏普（Sharp）（1964）、林特纳（Lininer）（1965）和莫辛（Mossin）（1966）几乎同时提出了相同的资本资产定价模型（Capital Asset Pricing Model，CAPM）。该模型的基本假设有：第一，假定投资者都是理性的，根据金融资产的期望收益与方差的关系确定最优投资决策；第二，假定市场存在无风险资产，而且投资者可以无风险利率进行无限制的借贷；第三，假定市场是有效的，投资者可以充分自由地获取市场信息，金融资产价格反映了所有公开的信息；第四，假定市场是充分竞争的，有大量的投资者参与投资，因此单个投资者的买卖行为不会影响金融资产的价格；第五，假定市场是无摩擦的，不存在交易成本；第六，假定市场存在卖空机制；第七，假定金融资产可以被无限分割。

$$\bar{R}_i = R_f + \beta_i(\bar{R}_m - R_f) \tag{2.1}$$

其中，$\bar{R}_i$ 为资产或资产组合的期望收益率；R_f 为无风险利率；β_i 为资产或资产组合的风险系数；$\bar{R}_m$ 为市场组合的期望收益率。

在理论上，CAPM 模型可以说是完美的，然而实际中金融资产的价格并不完全符合该模型。为此，国外许多著名学者通过放松 CAPM 模型的某些假设，提出了其他一些改良的 CAPM 模型。比如，1972 年，Black 加入了风险资产，提出了有风险资产的 CAPM 模型；同年，Mayers 假定市场中存在不能交易的资产而提出了存在非交易资产的 CAPM 模型；而 Sharpe（1970）、Fama（1976）、Linter（1970）和 Gonedes（1976）等认为投资者对资产的期望收益、方差和协方差等具有不同的预期，从而提出了存在不同预期的 CAPM 模型；Linderberg（1976，1979）认为，投资者的买卖行为会影响股票价格，提出了存

在影响股票价格的 CAPM 模型；此外还有一些其他关于标准 CAPM 的扩展模型。

3. APT 模型

套利定价模型（Arbitrage Pricing Thoery，APT）是 Ross 于 1976 年提出的。一价定律是套利定价模型的理论基础。一价定律指的是同样的商品在相同时间、相同或不同的市场中的价格是一样的，一旦价格不一样，就存在套利机会，投资者可以从价格低的市场买入，然后在价格高的市场中卖出获利。APT 模型假定股票的收益率受一系列指数的线性影响。APT 基本模型如下：

$$R_i = a_i + b_{i1}I_1 + b_{i2}I_2 + \cdots + b_{ij}I_j + e_i \quad (2.2)$$

其中，a_i 为当所有指数的取值为 0 时股票 i 的期望收益率；b_{ij}为第 j 个指数对股票 i 的收益率的影响系数；I_j 为第 j 个指数；e 为随机误差项，服从 n（0，σ^2）。

四、内在价值理论

1. 股票价格理论

1934 年，Graham 和 Dodd 在《证券分析》一书中系统地阐述了股票的内在价值理论。他们指出，投资者购买股票的目的是为了获得股票未来的股利，因此股票的内在价值应该由股票未来各个时期的股利所决定，亦即股利的现值之和。理论上来说，股票价格总是围绕股票的内在价值上下波动，而不会偏离这个价值太远。1953 年，Gorlden 提出了股票内在价值的量化模型，即我们所熟知的折现现金流量模型。根据折现现金流量理论，任何一只股票的价值与股票持有者预期获得的股利的现值应该是等价的。折现现金流量基本模型如下：

$$P_t = \frac{D_{t+1}}{1+k} + \frac{D_{t+2}}{(1+k)^2} + \cdots + \frac{D_{t+n}}{(1+k)^n} + \cdots \quad (2.3)$$

其中，P_t 为 t 时刻股票的价格；D_{t+n}为 $t+n$ 时刻获取的股利；k 为折现率。

针对每期获得的股利 D_{t+n}，最简单的情况是所有时期获得的股利都相同，但这往往和现实相背离。为了使该模型更加符合现实情况，学者们对基本模型做了一些修正，提出了股利固定增长模型、两阶段增长模型以及三阶段增长模型等。这里简要介绍固定增长模型和两阶段增长模型。

（1）固定增长模型。该模型假设股票持有者每期获得的股利以一个固定的比率增长，其模型如下：

$$P_0 = \frac{D_1}{1+k} + \frac{D_1(1+g)}{(1+k)^2} + \cdots + \frac{D_1(1+g)^{n-1}}{(1+k)^n} + \cdots \tag{2.4}$$

由几何级数求和得：

$$P_0 = \frac{D_1}{k-g} \tag{2.5}$$

其中，g 为每期股利固定的增长率。

（2）两阶段增长模型。两阶段增长模型是固定增长模型的拓展。两阶段增长模型认为，公司股利的增长速度可能是分阶段的，比如公司股利以一个较高的速度持续增长一段时间后，增长的速度会降低，或者相反，公司股利持续一段时间的低增长后，也会转变为以高增长率继续增长。两阶段增长模型如下：

$$P_0 = \frac{1-\left(\frac{1+g_1}{1+k}\right)}{k-g_1} + \left[\frac{D_1(1+g_1)^{n-1}(1+g_2)}{k-g_2}\right]\left[\frac{1}{(1+k)^n}\right] \tag{2.6}$$

其中，g_1 是第一阶段股利固定增长率；g_2 是第二阶段股利固定增长率。

2. 债券价格理论

投资者投资债券，其目的是为了获得利息以及到期时的本金，所以债券的价格应该就是未来各期的利息和到期时的本金的现值之和，从这个意义上来说，债券的内在价值与股票的内在价值本质上是一致的，都是未来现金流的现值之和。债券和股票的不同之处在于债券有到期日，到期后可以收回本金，而股票没有到期日，不能收回本金。

五、行为金融理论

学术界一般都认为，行为金融理论诞生于 20 世纪 80 年代，但迄今还没有形成公认的行为金融学概念。许多行为金融研究者认为，金融市场的参与者并不是完全理性的，而是有限理性的。行为金融学研究者的主要任务就是研究这些有限理性的市场参与者的行为对市场产生的影响，也取得了丰硕的研究成果，比如提出了行为资本资产定价模型，形成了展期理论，揭示了市场参与者的羊群行为、过度自信行为、反馈交易行为等。许多行为金融理论研究者研究了以共同基金为代表的机构投资者的投资行为对股票市场产生的影响。多数研究结果表明，机构投资者在股票市场中存在明显的羊群行为、过度自信行为、追涨杀跌的惯性交易行为等，这些行为造成了股票价格的异常波动现象。

第二节 文献综述

一、股权分置改革文献综述

1. 股权分置改革对股市波动性的影响

刘明和王仁曾（2006）通过运用 ARCH 类模型对股权分置改革中的上证指数进行了分时段拟合分析，他们发现股权分置改革后，我国股票市场的波动性减小，股权分置改革前存在反向杠杆效应。

井百祥和孙伶俐（2006）的研究表明，股权分置改革后合格境外机构投资者可以在二级市场上购买股权，从而兼并上市公司，对股票市场造成很大的影响。

李从欣等（2008）运用 GARCH 族模型研究了股权分置改革前后我国股市的波动性，他们发现，相比于股权分置改革前，我国股市的波动性在股权分置改革后有所增大，风险与收益呈正相关关系，反向杠杆效应减小，他们认为这些现象都与股票全流通有关。

刘晓娜（2008）运用 GARCH－M 模型分别对上证指数和深证成指进行了研究，她发现股权分置改革后的股票市场风险有所提高。

王少平和陈永伟（2008）运用扩展的非线性 ARCH 模型研究了我国股市收益率的波动特征，他们的研究表明，我国股市的波动在短期内存在 ARCH 效应，但聚集性相对较弱，我国股市的短期风险在加剧，股权分置改革后我国股市的长期风险在下降。

孙伶俐（2009）基于 GARCH（1，1）－M 模型与 EGARCH（1，1）－M 模型研究了股权分置改革对我国股票市场的影响。研究结果显示，股权分置改革对上海证券市场波动性有较大的影响，对深圳证券市场波动性的影响较小，上海证券市场的波动性存在较为明显的杠杆效应，同时，沪深证券市场的收益与风险存在正相关关系。

张慧莲（2009）通过运用调整后的 TARCH 模型，研究了股权分置改革实施后我国股票市场的波动性。她发现在实施股权分置改革后，无论股市是处于上升时期还是处于下降时期，我国 A 股市场的整体波动明显加剧。

沈小燕（2009）指出，我国的股权分置改革采取的是激进式疗法，这种方式必然会导致市场波动性的上升。

谢世清和邵宇平（2011）运用GARCH模型对2001年6月1日至2010年5月31日的万得全A指数进行了实证分析。他们的研究表明：股权分置改革带来的短期效应提高了我国股市的波动性，而股权分置改革的长期效应则使得我国股市的波动性有所下降；新信息对我国股市波动性的影响减弱了；历史冲击对我国股市的影响具有长期记忆性。

傅传锐（2012）将系综经验模式分解方法（EEMD）这种新颖的方法运用到我国股市波动性研究中，他分析了上证综指和深证成指的波动性在股权分置改革前、股权分置改革期间与股权分置改革基本完成后的结构特征及其变化。其研究表明：同股权分置改革基本完成前相比，我国股市的波动结构在股权分置改革后发生了显著变化，股市总体波动主要是由短期波动造成的；股权分置改革后我国大量的限售股集中解禁和减持对我国股市造成了非常大的冲击，加剧了股市中的短线投机行为，导致了我国股市短期波动的急剧增大。

魏立佳（2013）认为，从2003年开始，中国的机构投资者所持股票市值占股市流通市值中的比例迅速增长，她以这段时期上证指数的日收益率序列为研究对象，基于最新的t分布误差MS－GARCH模型，运用马尔可夫链蒙特卡罗模拟（MCMC）对该模型进行了估计。研究发现，股权分置改革使股市的波动性发生了结构性变化，股市从低波动风险期转换到高波动风险期；各类基金的仓位和总净值对股市波动性带来的影响差异显著，另外，存款准备金率和利率的变动也会影响股市波动性。她的研究为研究股权分置改革中机构投资者对股市收益率波动的影响提供了新的证据。

2. 股权分置改革对股市有效性的影响

理论研究方面，林乐芬（2006）认为股权分置改革使得上市公司股权结构更加合理，保护了流通股股东利益，改变了公司股东之间的利益机制，保障了股东公平行使权利，增强了我国股票市场的有效性。杨建平和李晓莉（2006）认为，股权分置改革从根本上纠正了股权分置改革前只重视融资功能，而不重视定价和资源配置功能的功能偏差问题，从而使得股权分置改革后的股市更加有效。

在实证研究方面，孙立等（2005）指出，股权分置制度与股票市场效率存在一定的联系，但他们的研究表明，我国股票市场在股权分置改革前后的效率都很低。李光耀（2007）认为，股权分置改革并没有显著提高资本市场效率。张涛（2008）的研究发现，上证综合指数的走势在股权分置改革之前不是随机的，股票市场是无效的；而在股权分置改革之后，上证综合指数的走势无论是在股权分置改革的试点阶段、攻坚阶段，还是整个股权分置改革期间，都表现出随机游走的特性，股票市场是弱有效的。辛亚权（2008）发现股权分置改革以来我国股市波动表现出更长的记忆性，而股票市场的信息反应速度并没有提高。

二、全流通文献综述

1. 全流通下的市场监管

股权分置改革以来，我国许多学者对全流通下的我国证券市场监管进行了深刻的分析。如洪阳和蒋葵（2005）认为，在全流通时代很有必要对管理层进行激励，要制订科学合理的管理层激励计划和方案，应该对现行《公司法》的相关条款进行修订，要建立职业经理人市场，不断完善公司法人治理结构等。

巴曙松（2006）基于国际视野研究了公司治理结构在提升公司绩效、传导企业价值中的作用，同时探讨了我国股权分置改革对完善公司治理结构的推动作用以及相应的配套监管等问题。他指出，在全流通时代要加强信息的交流，及时推出配套的法规条例，为机构投资者参与公司治理创造有利条件，努力降低企业完善公司治理的成本。

吴晓求等（2006）首先简要概括了我国股权分置制度存在的缺陷，然后全面探讨了我国在实施股权分置改革过程中将要解决的许多重大理论问题和法律问题。他们同时指出，在股权分置改革完成后，我国资本市场在规则和监管等领域可能会发生一些重大变化，而且他们认为，规则会逐步向国际接轨，即由“中国特色”过渡到“国际惯例”，而监管也将从“全能型监管”过渡到“透明度监管”。在全流通时代，监管当局需要重新定位监管理念，进一步明确我国证券市场监管的重点和难点，不断完善监管体系。

陈耿和黄国良（2008）指出，随着股权分置改革的顺利推进和基本完成，我国股票市场已经进入“股权全流通”的新时期，许多投资者对我国股市未来的发展表现出了相当乐观的心态。然而，要真正实现我国股票市场的长期、健康发展，还必须加强和完善股票市场基本制度建设。他们结合我国股票市场的实际，认为当前市场监管者应该在上市公司规范运作制度体系、公司并购制度规定、监管体系、资本市场生态环境建设、投资者保护制度等方面加强制度建设，以夯实资本市场发展的基础。

孙燕东和潘月云（2011）指出，股权分置改革完善了中国证券市场的市场功能、投资文化和理念以及法律环境，保障了公众投资者的基本权益。然而，股份全流通后公众投资者的权益受到侵害的现象仍然存在。他们在阐述股份全流通后投资者权益保护现状的基础上，分析了股份全流通后公众投资者权益保护存在的问题，最后从优化股权结构、保护救济制度、调整监管定位等方面提出了保护公众投资者权益的具体措施。

2. 全流通实证研究

赵俊强和李湛（2007）指出，股权分置改革后，非流通股变为受限股票，取消受限股票的流通限制从而实现股票全流通是股权分置改革后我国证券市场面临的又一重大课题。他们基于需求价格理论，通过构建数学模型对股权分置改革后流通受限股票实现全流通问题进行了理论探索，并且提出了相应的解决对策。

陈璋和李倞（2007）认为全流通作为现阶段我国股市结构调整的核心，对股市的整体收益有负面冲击，但是越早调整，负面冲击越小。另外，公司分红、交易税费和新筹资金对全收益率的贡献度随着全流通的推进会有所变化，但新筹资金对于收益分布始终具有决定性影响。

卢春香和戴志辉（2007）利用上海证券市场的实际数据，全面而系统地实证研究了影响上市公司股票价格的相关因素。他们发现，会计指标、市场表现和行业因素等指标都会对股票价格及价格的波动产生不同程度的影响。他们建议投资者应该在进行股票投资前认真分析这些影响因素，努力控制投资风险，同时提高投资收益。

廖理和张学勇（2008）选取了股权分置改革前后我国家族上市公司的季度数据为样本，实证研究了股份全流通时代终极控制者的利益取向问题。他们的研究显示，股权分置制度带来了严重的代理成本，使得持有非流通股的控股股东的利益取向背离公司市场价值，极大地阻碍了我国资本市场的健康发展。而在实施了股权分置改革后，大部分家族的终极控制权在下降，但一些家族终极控制者想方设法通过各种方式来掌握对上市公司的控制权，比如定向增发、收购股权等形式。他们还发现，股权分置改革实施后家族终极控制者掏空上市公司的程度有明显下降，动机也发生了显著变化，股票全流通时代上市公司的终极控制者的利益取向得到了有效的纠正。

巴曙松、储怀英和郑弘（2008）运用一个经典的动态不完全信息博弈模型，分析研究了当前我国股票市场解禁的非流通股股东和普通流通股股东之间的博弈行为。他们认为，当前针对大小非减持的信息披露有其重要意义，允许上市公司回购股份等方式也有助于传递估值信息；同时，市场逐步走向更加合理的金融资本与产业资本互动的估值体系预期有助于资本市场分离均衡的实现。并且，中国资本市场在历经后股权分置时代的深刻变革后作为经济晴雨表的功能将逐步增强。

赵自兵、陈金明和卫新江（2010）选取了我国 A 股 265 家 IPO 公司在全流通时代的 432 次锁定期解除为样本进行实证研究，他们发现在事件日前后有显著的价量效应。从 T-8 日至 T+2 日，平均累计异常收益率为 -2.3%，并且在随后的两个月内未出现反转；在事件当日有 16.2% 的异常成交量，随后快速回落到 33.2% 的永久性异常成交量。他们修正了传统单变量模型，建立了一个包含流动性改善变量的新模型，而且实证结果支持新模型，估计的 A 股需求弹性是 -52.73，这表明股票需求曲线相对平坦。基于 IPO 锁定的大小非解禁带来的纯供给量因素并不会导致股票价格明显下降。

吕景胜和邓汉（2010）在股权分置改革已完成的背景下，研究了上市公司的股权结构对代理成本的影响。他们利用我国中小板制造类公司 2009 年的数据，实证检验了股权集中度、管理层持股、制衡度、机构投资者持股等因素对公司代理成本的影响。研究结果表明，高股权集中度、高制衡度、债务融资能降低代理成本，而管理者持股并不能起到降低代理成本的作用。

瞿宝忠和徐启帆（2010）以 2008 年 6 月至 2009 年 10 月被收购上市公司的股价效应为研究对象，运用事件研究法实证检验了我国股市在全流通这一全新时期是否达到了半强有效，而不是此前的弱有效性。实证结果表明，全流通时代我国股市效率已经有了较大提高，但尚未达到半强有效。

徐守喜和梁叔翔（2010）认为，股权分置现象是长期以来困扰我国股市发展的顽疾之一，在我国 IPO 市场实现全流通后，我国 IPO 市场的定价效率发生了怎样的变化这一问题值得关注。他们选取了全流通后的沪深 IPO 为样本，采用比较分析方法、相关分析、OLS 回归分析、Logistic 回归分析和逐步回归分析等计量方法实证研究了全流通背景下我国 IPO 抑价的成因，研究结果表明：首先，我国实施的股权分置改革所引发的“全流通”并没有有效降低我国高的新股发行抑价程度；其次，在股权分置改革前后，西方相关理论对我国股票市场 IPO

发行抑价解释能力均不强，承销商声誉理论和“赢着诅咒”假说在我国股票市场也不适用。

韩京芳（2012）研究得出，股票全流通时代，解禁的大股东已经成为我国股票市场中最重要的投资主体。由于大股东的身份和地位特殊，其交易行为对股票市场效率的影响一直都存在争议。正是基于此，她从股价波动性的角度来研究大股东交易对股票市场效率的影响。其实证结果表明，控股股东和非控股股东的减持行为都显著地降低了股价波动性；而相对于非控股股东而言，控股股东的增持行为能更明显地降低股价的波动性。

张利红和刘国常（2014）选取 2007 ~ 2011 年大股东减持数据作为样本，基于面板数据的静态固定效应模型，实证研究了股票全流通时代大股东掏空和减持之间的关系。实证结果表明，大股东掏空越严重，大股东的减持概率与减持比例就越大。同时，他们对上市公司的实际控制人按照私人控制和政府控制进行分组，研究发现，如果上市公司为私人控制，则大股东掏空越严重，大股东当年的减持比例和减持概率就越大；而对于政府控制的上市公司，大股东掏空与减持之间不存在明显的关系。

三、股债市联动文献综述

1. 国外研究

Fama 和 French（1989）研究了股债收益变动与经济环境的变化之间的关系。他们选取了美国 1927 ~ 1987 年的股票和债券数据，实证研究了股利收益、期限收益和债券违约收益这三个经济环境变量对股债收益的影响。研究结论表明，三个经济环境变量对股债的收益变动都具有良好的预测效果；股债收益的动态条件相关系数为负；如果证券种类、公司信用等级和公司规模不同，债券违约收益和股利收益这两个宏观环境变量的回归系数也不同，信用等级低和公司规模小的回归系数大，债券的回归系数较股票组合要低。

Shiller 和 Beltratti（1992）运用一个简单的现值理论模型对英国从 1918 ~ 1989 年和美国从 1871 ~ 1989 年的股债相关性进行了对比分析。他们研究发现，如果用现值理论估计股债动态条件相关系数，那么美国股债动态条件相关系数为负，但数值较低，在 -0.025 ~ -0.227 范围波动，而英国的股债动态条件相关系数为正，其值在 0.006 ~ 0.158 变化；如果不用现值理论估计，那么计算出的实际值与理论估计值有

较大的差距，美国股债动态条件相关系数的实际值处于 -0.427 ~ -0.409，而英国股债动态条件相关系数的实际值则处于 -0.637 ~ -0.582。

Campbell 和 Airnner（1993）研究了美国 1952 ~ 1987 年股票和债券收益的相关情况。研究结果显示，股债收益呈现相对较低的正相关关系，并且动态条件相关系数具有阶段时变特征，比如在 1952 ~ 1979 年期间股债动态条件相关系数仅为 0.095，而在 1973 ~ 1987 年股债动态条件相关系数高达 0.261。他们还研究了股债相关的影响因素，结果发现，实际利率是股债相关的重要影响因素；预期通货膨胀率越高，股市越趋向繁荣，而债市则趋于萧条。这些影响因素非常重要，在研究股债相关问题时常常被后来的学者所引用。

Fleming、Kirby 和 Ostdiek（1998）研究了市场信息对股票、债券和货币市场的影响。他们发现，相同的市场信息对不同市场的影响是不同的，而且源于跨市场套期保值行为的信息溢出效应，也会对不同的市场产生不同的影响。

Li（2002）研究指出，影响股债相关性的不是宏观基本面因素的水平值，而是这些宏观经济因素的不确定性，即波动率。实际利率的波动性与股债相关性呈正相关；而未预期到的通货膨胀率的波动性对股债相关性的影响是不确定的。他们通过对西方七国集团（G7）进行实证研究发现，长期预期的通货膨胀率和实际利率的波动性是影响股债相关性的两个最主要因素。

Gulko（2002）运用机制转换（Regime Switching）模型分析了股票和债券收益之间的相关性，研究发现在市场危机附近股票和债券收益的变动形式存在剧烈变化。

Stivers 和 Sun（2002）同样用机制转换模型研究了股票和债券收益相互变动的短期动态关系，通过分析股票市场收益的波动率对于债券收益的影响，他们专门研究了投资转移（Flight to Quality）现象。

Stivers 和 Sun（2002）以股指期权隐含波动率指数（Implied Volatility Index）来代表美国股市的不确定性，他们选取了 1998 ~ 2000 年作为样本区间，研究了美国股市的不确定性对股债价格联动的影响。他们研究发现，当股市的波动性较低时，股债呈现出高度的正相关关系，而当股市的波动很剧烈时，股债之间的相关关系很弱，甚至是负相关关系；当股债负相关时，债券市场交易活跃，因此债券的平均收益率相对较高，而当股债表现为正向相关时，经济形势向好，但股票的平均收益率比债券高；假定股票收益在一定时期保持不变时，股市的不确定性越大，债券的收益也越大，不确定性和债券收益呈现显著的正相关关系；当假定债券收益在一定时期保持不变时，股市不确定性越大，股票的收益越小，不确定性和股票收益呈现明显的负相关关系。

Ilmanen（2003）认为，股债动态条件相关系数受宏观经济周期和通货膨胀率的影响。

Pastor 和 Stambaugh（2003）认为，股债动态条件相关系数的变化是不同的流动性水平所致的。

Peter 和 Wessel（2004）选取了美国 1982～2001 年股市和债市的相关数据，基于非对称 VECH 模型对股债之间的关系进行了实证分析。研究结果显示，股债价格之间的协方差具有显著的时变性和非对称性，源于股市的利空消息产生条件协方差要大于利好消息产生的协方差。

Steeley（2005）选取英国 1984 年 6 月至 2004 年 6 月期间股票和债券市场的相关数据，利用多元 GARCH 模型研究了时间跨度长达 20 年的股债之间的相关关系。他们发现，英国股债的动态条件相关系数具有时变性，样本期间英国股债之间的动态条件相关系数由正相关逐渐转变为负相关。

Addona 和 Rind（2005）利用真实利率、股利收益及通货膨胀这三个因素仿射定价模型研究了这些因素对 G7 国家 1980～2003 年的股债动态条件相关系数的影响。他们研究发现，这三个因素对股债动态条件相关系数的影响是不一样的，真实利率的波动会使股债之间的相关关系得到加强；股利波动性越大，股票收益的波动性就越大，而股债动态条件相关系数就会越小；通货膨胀率越高，则股债动态条件相关系数就越低，这意味着股票市场有助于规避通货膨胀波动带来的风险。

Connolly 等（2005，2007）研究发现，股票市场的波动率和换手率同股债相关性呈负相关，亦即当股市波动率和未预期的换手率较低时，股债的动态条件相关系数为正，反之亦然。

Cappiello 等（2006）研究发现，欧盟成立这一事件导致了欧洲几个国家的股债相关性发生了明显的结构变化。

Guidolin 和 Timmermann（2006）研究了宏观经济在决定股债动态条件相关系数状态中的作用。

Cappiello、Engle 和 Sheppard（2006）运用 ADCC－GARCH 模型对欧美、日本和澳大利亚等 21 个国家和地区在 1987～2001 年的股债联

动进行了分析研究。他们发现，这些国家的股债动态条件相关系数普遍较低，最低的是北美区，动态条件相关系数只有 0.0903；其次是澳大利亚区，动态条件相关系数为 0.1316；最高的是欧洲区，但动态条件相关系数也只有 0.2731。此外，国家与国家之间的股债动态条件相关系数也很低，有的还呈现负相关关系。他们还发现，当股市发生危机时，股债动态条件相关系数为负，债市交投活跃，因此投资者将资金转移到债市，这就是学者们所称的“投资转移”现象；这些国家股债收益的协方差具有很强的非对称性。

Christiansen 和 Ranaldo（2007）研究了例行宏观经济信息的公布对已实现的股债动态条件相关系数的影响，研究结果表明：所公布信息中出乎意料的成分对股债动态条件相关系数影响不大，对动态条件相关系数产生影响的仅仅是公布信息这一事实。而且，不同的经济周期中动态条件相关系数的符号也不同，宏观经济信息的公布效应也不一样。

Connolly、Stivers 和 Sun（2007）对美国、英国和德国 1992 ~ 2002 年股市和债市的关系做了实证分析。研究发现，股市的波动性对股债动态条件相关系数的符号影响很大，股市波动剧烈时股债动态条件相关系数为负，股市运行平稳时股债呈现正相关关系。不仅如此，股市波动的速度也会影响股债动态条件相关系数的符号，即当股市波动大幅增加或减少时，股债动态条件相关系数为负，如果股市波动只发生微小变动，股债会表现出很强的正相关关系。

Sangbae 和 Francis（2007）运用小波分析法研究了 G7 国家近 50 年的股票与长期国债价格的动态条件相关系数。他们发现，不同国家的股债动态条件相关系数大小不一，除日本外（动态条件相关系数为 0.035），其他国家的股债呈现出较低的负相关关系，其中美国为 -0.119，法国为 -0.141，德国为 -0.272，加拿大和意大利为 -0.264，英国为 -0.38。

Andersson 等（2008）的研究显示，在高通货膨胀预期时期，股债呈现正相关关系，反之呈负相关；股票市场的剧烈波动会导致股票和债券价格的相互依赖；而预期的经济增长率基本不影响股债相关性。

Yang、Zhou 和 Wang（2008）研究了在 1855 ~ 2001 年美国和英国的商业周期、通货膨胀以及货币改革等宏观经济条件对其股债动态条件相关系数的影响。他们的研究表明，两国的股债动态条件相关系数都呈现出时变特性，但两国的情况正好相反，美国的股债动态条件相关系数在经济扩张期要高于萧条期，而英国则是萧条期的股债动态条件相关系数更大。

Yang 等（2009）利用平滑转移模型，对长达 150 年的数据进行了研究。结果表明，经济周期不同，股债动态条件相关系数有明显的不同。

Huson（2009）选取了马来西亚 1994 ~ 2004 年的股票和债券数据为样本区间，研究了股债的相关关系。研究发现，马来西亚的股债相关关系表现出明显的时变特征，样本期间动态条件相关系数由正变负，具体表现为：1994 ~ 1996 年，马来西亚经济繁荣，此时股债之间呈现微弱正相关关系，仅有 0.043；1997 ~ 1998 年，正值东南亚金融危机，此时股债表现出相对较强的正相关关系，动态条件相关系数为 0.373；1999 ~ 2004 年，马来西亚经济开始复苏，股债动态条件相关系数为负，为 -0.124。同时，他还利用 VECH 模型研究了股债之间的波动溢出效应，国债对股市有明显的波动溢出效应，而股市对国债没有波动溢出效应。

Baele 等（2010）运用半结构机制转换模型，选取利率、通货膨胀率、经济增长率和现金流增长率作为状态变量，同时以通货膨胀率、流动性因子、风险厌恶和经济增长的波动性作为潜在变量，研究了美国股票和债券市场的相关性。研究结果表明，股债相关性主要受到流动性因子的影响，而宏观因子的贡献并不大。因此，他们认为宏观经济环境究竟如何影响股债的相关性是没有定论的。

Dean、Faff 和 Loudon（2010）以澳大利亚 1992 ~ 2006 年为样本区间，基于 ABEKK 和 ADCC - GARCH 模型实证分析了股市和债市的收益以及波动溢出的非对称性。他们发现，债市的好消息对股市收益率没有影响，而债市的坏消息会降低股市的收益。另外，股市的坏消息对债市没有显著的影响，而股市的好消息会降低债市的收益。

Aslanidis 和 Christiansen（2010）利用分位数回归的方法研究了已实现的股债动态条件相关系数的影响因素。他们的研究结果显示，在极端低的分位数上，股市的波动性、短期利率和利差（10 年期国债与 3 个月国债之间的收益差）对动态条件相关系数会产生很大影响，而在极端高的分位数上，股债动态条件相关系数主要受到债券市场的流动性影响。

Audrino 和 Corsi（2010）采用多种自回归模型研究了股票和债券市场的已实现动态条件相关系数的样本外预测问题，并同标准的自回

归模型做了比较。

Aslanidis 和 Christiansen（2012）运用平滑转移回归（STR）模型，将股市的波动性、短期利率和利差（10 年期国债与 3 个月国债之间的收益差）等宏观经济变量作为转换变量，研究了这些转换变量对已实现的股债动态条件相关系数的影响。结果表明这些转换变量对股债动态条件相关系数有很大影响。

2. 国内研究

针对我国股票与债券价格联动的研究起步比较晚，2005 年开始陆续有研究成果出现，到了 2007 年，国内学者大多运用向量自回归模型和多元 GARCH 模型对我国股债联动进行实证研究，取得了一些研究成果。

张雪春（2005）探讨了我国股市与债市的动态条件相关系数变化，同时研究了经济周期、通货膨胀率和货币政策等因素对我国股债动态条件相关系数的影响，结果显示，通货膨胀率及其波动性越大，那么我国股债动态条件相关系数就越小。

徐林（2006）研究了我国股票市场和国债市场动态条件相关系数的影响因素，他认为这些因素可以归纳成三类：一是具有内生性质的因素；二是政策性影响因素；三是影响资产供需面的因素。同时，他运用向量误差修正模型分析发现，政策变量对我国股债相关性的影响较小，而另外两方面因素与股债指数之间存在长期相关趋势。

曾志坚和江洲（2007）选取 1997 年 1 月至 2005 年 8 月为样本期间，以上证综指代表我国股票市场，以国债代表我国债券市场，运用 VAR 模型实证分析了我国股债之间的联动关系。研究结果表明，我国股债间的动态条件相关系数处于 -0.5 ~ 0.8，而且大多数时期在 -0.3 ~ 0.3 范围内波动；我国股市和债市之间存在长期的联动关系，而且这种关系具有时变性。

Li 和 Zou（2007）运用非对称动态条件自相关模型（ADCC - GARCH）研究了我国 2003 ~ 2005 年的宏观经济政策对沪深股债价格联动的影响。他们的实证结果表明，沪深股市和国债价格的联动关系在不同的宏观经济政策下具有时变性，股债动态条件相关系数由正变负。具体来说，在 2004 年 4 月以前，我国股债动态条件相关系数为 0.025，在随后的半年间，我国股债的动态条件相关系数在 0.15 ~ 0.2 变化，从 2004 年 11 月至 2005 年末，我国股债动态条件相关系数大概为 -0.05；另外，利空消息对我国股债联动的冲击要大于利好消息的冲击，即我国股债联动具有非对称性。

王璐（2008）研究了共变因素和互变因素对股债溢出效应的影响问题。她指出，共变因素是指同时影响股市和债市的因素，当股市和债市受到共变因素的影响后，股票和债券的价格会发生变化，进而会影响股债之间的联动性；互变因素是指这样一个因素，即一个市场在受到该因素的影响后，其市场价格发生变化，通过投资者的跨市场套期保值行为使得另一个市场价格发生变化。同时，她选取 2002 年 1 月至 2007 年 6 月为样本期间，将利率、宏观经济景气指数、通货膨胀率、货币供应量作为共变因素，以个人投资者和机构投资者的情绪作为互变因素，实证研究了这些因素对股债溢出效应的影响。实证分析结果显示，股债的溢出效应受利率、货币供应量和通货膨胀率的影响显著，而且这些因素使股债市场同方向变动；股债的溢出效应受国民经济景气指数的影响也很明显，但使股债反方向变化。

王璐和庞皓（2008）以 2002 年 1 月至 2007 年 6 月间上证综合指数与中国债券总指数为样本，运用 VAR 模型研究了我国股债价格波动的溢出效应。他们的研究结果显示，我国股票市场和债券市场之间存在双向的波动溢出效应。此外，他们还分别研究了交易所债券市场和银行间债券市场与股市的关系，结果表明：股市对银行间债券市场的影响要小于交易所债券市场对银行间债券市场的影响，而股市和银行间债券市场对交易所债券市场的影响都比较小。

袁超、张兵和汪慧建（2008）以 2003 ~2006 年我国沪深股票和债券价格为样本，基于 ADCC - GARCH 模型研究了我国股债的价格联动问题。结果表明，我国股债动态条件相关系数具有动态时变特征，经济条件不同，股债动态条件相关系数也不同，在研究的样本期内，大部分时间里我国股债之间存在较低的正相关关系，而在连续实施紧缩政策后，我国股债动态条件相关系数在 2005 年变为负数；另外，我国股债的相关关系存在非对称性，表现为联合负冲击对我国股债动态条件相关系数所产生的影响大于联合正冲击所产生的影响。

吴吉林和原鹏飞（2009）选取 2005 年 7 月 22 日至 2008 年 6 月 30 日为样本期间，运用 AG - DCC - GARCH 模型分析了我国上证综合指数、深证成份指数、国债指数和汇率收益率之间的波动关系。他们研究发现，沪深指数之间具有较高的正相关关系，处于 0.84 ~0.93，且具有动态时变性；沪深股市与国债之间动态条件相关关系也很明显，动态条件相关系数主要在 -0.15 ~0.3 范围变化。

陆贤伟、董大勇和纪春霞（2009）选取2005年1月至2008年12月我国沪深300指数与上证国债指数作为样本期间，利用二元GARCH模型研究了我国股债之间波动的非对称性。他们的研究结果表明，无论是利好还是利空消息，其对股市的条件方差、债市的条件方差和股债之间的条件协方差的冲击都存在明显的非对称效应。

袁晨和傅强（2010）以2007～2010年我国股票市场、债券市场以及黄金市场为样本区间和研究对象，运用多元GARCH模型研究了三个市场之间的投资转移和市场传染现象。研究结论显示，当股市处于暴跌时期时，投资者将资金撤离股市而转向债市，债市被认为是一个有效"避风港"。

石赟姝（2010）以2005～2009年的上证综合指数和国债指数为样本数据，对不同阶段的股债动态条件相关系数进行了研究。结果显示，我国股债动态条件相关系数在长期内呈轻微的正相关，但也是相对而言的，当经济不景气时我国股债动态条件相关系数会从微弱的正相关变成较强的负相关。但她所得的股债动态条件相关系数的绝对值都超过0.4，与国内大多数学者的结果有差异。

韩蹇韬（2011）选取2003年4月1日至2010年6月11日我国股票指数、债券指数和基金指数为样本期间，通过构建VAR－DCC－MGARCH模型研究它们之间的动态相关性。研究结果表明，股债动态条件相关系数和基债动态条件相关系数有正有负，它们的波动范围在－0.3～0.4，其走势也非常相似，而且具有很强的动态时变性和集聚性；而股基之间的动态条件相关系数一直表现出很强的正相关关系。

郑振龙和陈志英（2011）以2002年5月到2010年6月作为样本期间，利用DCC－GARCH模型研究了我国股票和债券市场收益的相关性。他们的研究表明，我国股债的收益之间的动态条件相关系数主要在－0.2～0.2上下波动，其均值为0.0262。同时，他们通过建立多元线性回归模型研究了股市波动率、利率、通货膨胀率和货币流动性这些经济变量对股债动态条件相关系数的影响，结果表明，股市波动率的回归系数为负，即股市波动率和股债动态条件相关系数呈负相关关系；通货膨胀率的回归系数为正，即通货膨胀率和我国股债动态条件相关系数表现为正相关关系。而利率和货币流动性的回归系数没有通过显著性检验。

丁振寰和张瑜（2011）选取2002～2010年我国股市和债市的日、月、季和年度的收益率数据为样本区间，分别计算了不同时间频率的皮尔森、秩和斯皮尔曼三种动态条件相关系数。结果显示，不同频率和方法计算的我国股债动态条件相关系数均小于 0，而且频率越高，股债动态条件相关系数的绝对值越低。

郑振龙和杨伟（2012）基于 DCC - GARCH 模型计算了我国股债动态条件相关系数，发现我国股债动态条件相关系数呈现出明显的时变性。同时，他们还研究了影响我国股债动态条件相关系数的宏观经济因素，发现股市波动和通货膨胀率对我国股债动态条件相关系数有很大的影响。

罗荣华等（2014）以沪深 300 指数和中信标普全债指数为研究对象，首先利用基于 t 分布的 DCC - MVGARCH 模型来估计股票和债券收益率的动态条件相关系数，随后采用 LSTAR 模型刻画了我国股债动态条件相关系数的非线性动态特征，并进行了样本外预测，结果表明 LSTAR 模型的预测效果要优于 AR（1）模型，亦即我国股债动态条件相关系数是非线性的，而且从低区制过渡到高区制的速度较缓慢。同时他们认为，我国股债动态条件相关系数的非线性特征产生的主要原因有投资者的异质性、交易成本以及股票市场和债券市场对宏观经济政策反应不足。

从上述文献综述可以看出，已有的研究存在许多缺陷和不足：第一，以往的股债联动性研究没有考虑股权分置改革这一重大制度变革带来的影响，而大量实证研究（包括本书的实证研究）表明股权分置改革对我国股票市场的波动性产生了很大的影响，这必然会影响到我国股债间的联动性。第二，在股债联动性研究方面，已有的文献或是研究股债价格的领先滞后关系，或是研究股债波动的传导关系，有的研究股债的动态条件相关系数，不能全面获得股债之间的联动性。第三，已有的研究大多是使用基于残差服从正态分布的 MVGARCH 模型来研究股债之间的联动，有的用 MVGARCH - VECH 模型或 MVGARCH - BEKK 模型来研究波动溢出效应，有的利用 DCC - MVGARCH 模型来计算动态条件相关系数。然而，大量实证研究表明，许多金融时间序列并不服从正态分布，具有尖峰厚尾的特性。第四，目前国内已有的研究成果中除个别外，几乎很少有研究股债联动性的非线性特征的，更未见研究其影响因素的成果。

第三章　我国股票市场和债券市场发展概述

第一节　股票市场发展概述

一、股票市场的发展历程

我国股票市场在经历萌芽期、沪深证券交易所成立后的探索发展阶段、规范发展时期以及股权分置改革后的快速发展阶段后，目前已经形成了由主板市场、中小板市场、创业板市场和新三板市场构成的多层次资本市场体系。

1. 股票市场的萌芽时期（1992 年以前）

为了使我国庞大的国有企业脱困，20 世纪 80 年代我国开始了发展股份制公司的尝试，将一些大型国有企业进行股份制改造。1984 年，北京的“天桥百货”和上海的“飞乐音响”率先进行了股份制试点，首次向社会公开发行股票。股份制公司的成立及其公开发行的股票是我国股票市场产生的前提和基础。随着股份制试点工作的不断铺开和推进，全国各省区市也建立起了大量的股份制公司，纷纷向社会公开发行股票。

随着股票发行市场的不断发展，客观上需要一个为股票投资者提供流动性、分散投资风险的流通市场。1986 年，上海和沈阳首先推出了柜台业务，证券投资者可以通过柜台进行证券的转让，经过几年的发展，全国很多地区建立了柜台交易所，在一定范围和程度上实现了股票的流通。同时，专门为国有企业股份制改造、股份发行和流通等服务的专业中介机构也得到了迅猛的发展，随着 1987 年深圳特区证券公司的成立并投入运营，全国各省区也建立了证券公司等中介机构。但此时的股票市场只是初具雏形，规模小、制度很不完善、股票不能在全国范围内自由流通等是其最主要的特点。顺应形势的发展，1990 年 12 月和 1991 年 4 月分别成立了上海证券交易所和深圳证券交易所，这两个交易所的成立标志着我国全国范围内统一的证券市场正式形成，也预示着我国证券市场必然迎来新的发展机遇。

2. 股票市场的探索发展时期（1993 ~ 1998 年）

上海证券交易所和深圳证券交易所成立后，我国股票市场的规模获得了快速的发展。上市公司数量从 1992 年的 53 家增加到 1998 年的 852 家，是 1992 年的 16 倍；总股本从 1992 年的 67.99 亿股增加到 1998 年的 2536.16 亿股，是 1992 年的 37 倍多；随着上市公司的不断增多，股票的发行量、筹资额和交易量也有了迅速的发展，分别从 1992 年的 20.75 亿股、94.09 亿元和 29.26 亿股增加到 1998 年的 109.06 亿股、841.52 亿元和 2153.7 亿股。在我国股票市场规模不断增大的同时，相应的规章制度也不断建立起来了。例如，为了加强对股票市场的管理，国务院于 1992 年颁布了《关于进一步加强证券市场宏观管理的通知》，而 1993 年颁布的《股票发行与交易管理暂行条例》，标志着我国股票市场开始进入法制化的发展轨道。同时，监管机构也逐步统一，1992 年国务院证券委员会和中国证券监督管理委员会（简称“中国证监会”）相继成立，初步实现了对证券（股票）市场的统一监管。1997 年沪深两证券交易所由最初的地方管理变为由证监会直接管理，1998 年证监会履行国务院证券委的相关监管职能，至此，证监会成为我国证券市场唯一的监管机构。

综合来看，我国股票市场在这一时期无论是发展规模上还是制度建设上都取得了不错的成绩。但总的来说仍处在探索时期，市场建设还有很长的路要走。

3. 股票市场的规范发展时期（1999 ~ 2005 年）

为了进一步规范我国证券市场的发展，1999 年我国颁布了《证券法》，这是我国资本市场的根本大法。《证券法》对证券的发行、上市和交易、上市公司的信息披露、上市公司的兼并收购、对证券市场的监督管理以及中介机构等都作了比较明确的法律界定。2005 年，根据前几年股票市场的发展状况和经验，我国对《证券法》进行了修订，增加了许多新的内容，进一步明确了我国资本市场的发展方向。同时，

我国多层次资本市场体系的建设取得重大进展，我国于2004年成功推出了中小企业板块，为中小企业上市融资，从而加快中小企业的发展提供了重要的平台。

尽管如此，由于我国的特殊国情和历史原因，自我国股票市场建立以来，实行的是股权分置制度，也就是说上市公司的股权分为非流通股权和可上市流通股权两部分，非流通股权包括国有股、国有法人股和法人股，其占比在2/3以上，这种人为将股权区别对待的做法带来了很大的弊端，产生了"同股不同权，同股不同价"的问题。由于非流通股股东所持股份不能上市交易，股价的高低对这些股东形不成激励和约束，降低了公司效率。另外，这种制度使得国有股占据了绝对控股地位，公司法人治理结构僵硬固化，形同虚设，严重阻碍了上市公司的发展。为了破除股权分置的束缚，促进我国股票市场的繁荣发展，证监会于2005年4月29日发布《关于上市公司股权分置改革试点有关问题的通知》，拉开了我国股权分置改革的序幕。

4. 股票市场的快速发展时期（2006年至今）

开始于2005年的股权分置改革，到2006年底已初步完成，这一重大制度变革使我国股市出现了前所未有的繁荣景象，上证综指、深成指和沪深300指数上升到了2007年10月16日的历史最高点，分别达6092.06点、19358.44点和5877.20点。与此同时，"大小非"陆续解禁后逐步上市流通，特别是2008年4月17日，腾达建设股份解禁流通，这一事件标志着我国股票市场进入了全流通时代。在全流通时代，我国股市的上市公司数量、总股本、发行量、成交量和成交额等都有了迅速的发展，也因此成为全球重要的股市之一。而且，这一时期，我国资本市场体系建设取得了更大的成就，2009年10月，我国成功地推出了创业板，相继又推出了新三板。至此，上市公司和非上市公司的股份都可以挂牌交易，我国已经初步建立起了主板市场、中小板市场、创业板市场和新三板市场这样一个比较完善的多层次资本市场体系。

二、股票市场的法规制度

1. 股票发行审核制度

在我国股票市场萌芽时期，全国股票市场处于分散状态，因此也没有全国统一的股票发行审核制度，只是建立了地方性的、相对独立的发行制度，比如中国人民银行上海市分行和深圳市政府分别在1984

年和 1986 年发布了《关于发行股票的暂行管理办法》和《深圳经济特区国营企业股份化试点的暂行规定》。

随着我国上海和深圳证券交易所相继成立，股票发行制度也逐步规范和统一。1992 年底，国务院发布了《关于进一步加强证券市场宏观管理的通知》，就证券的发行上市、发展战略和法规建设等一系列问题做出了安排。1993 年国务院又颁布了《股票发行与交易管理暂行条例》，首次明确将公司股票发行、交易等事宜以法规的形式规范化了。1994 年和 1999 年分别实施的《证券法》和《公司法》以国家法律的形式对发行股票的公司的资格、发行方式等问题作了详细的规定。

我国股票也由最初的审批制和上市公司数量的指标制改革为 2001 年的核准制和通道制。从 2005 年开始我国全面实行保荐制。另外，一些相应的配套规则也相继推出，如 2006 年发布的《首次公开发行股票并上市管理办法》、《上市公司证券发行管理办法》、《证券发行与承销管理办法》等，新股发行制度进一步完善，证券发行的市场约束机制得到进一步强化。此外，我国还在 1999 年成立了专门的股票发行审核机构——股票发行审核委员会（以下简称发审委），发审委以无记名的形式投票表决，同意的人数达到 2/3 才可通过。2003 年实施的《股票发行审核委员会暂行办法》将此前的无记名表决方式改成记名投票表决，同时强化问责机制和对发审委员进行监督的机制。

2. 股票发行定价制度

我国股票发行价格确定过程是逐步走向市场化的。1998 年以前，我国是按照公司前三年的平均收益率与不超过 15 倍的市盈率的乘积作为股票的发行价格的。在随后的几年中做了一些调整，比如 1999 ~ 2001 年，将当年预测的收益率作为每股收益率，而市盈率则由发行人和承销商共同协商确定，2002 ~ 2004 年又改成不超过 20 倍的市盈率。这种股票发行价格的确定方式显然市场化程度还不够，特别是对市盈率的限制，虽然在一定程度上有利于降低普遍存在的高发行价格，但毕竟带有“行政命令式”的强制性。为了使我国股票发行价格进一步市场化，我国证监会在 2004 年底发布了《关于首次公开发行股票试行询价制度若干问题的通知》（以下简称《通知》），《通知》要求新股发行实行询价制，新股发行价格由参与询价的机构决定。2006 年 9 月出台了《证券发行与承销管理办法》，以法规的形式进一步重点规范了首次公开发行股票的询价、定价等环节，完善了股票询价制度。

3. 股票市场的交易制度

国际上，股票市场交易价格形成主要有指令驱动和做市商报价驱动两种模式。我国目前采取的是指令驱动集中竞价模式。在沪深股票交易所建立之初，为了防止市场上的过度投机行为，我国对股票价格的涨跌幅限制在该股票前一天收盘价的10%以内，ST股票不得超过5%，同时实施T+1的股票交易制度，即当天买入的股票第二天才能卖出。1992年5月，沪深两市同时取消了股价涨跌10%限制，而且两市在1993年11月也开始取消T+1交易制度，至此两市实行的都是T+0交易规则。但新规则的实施使得我国股市投机氛围非常浓厚，股指波动大幅增加，因此，我国沪深两市又在1995年和1996年底分别重新实施T+1的交易规则和股价涨跌幅度不超过10%的限制，并且一直持续到今天。

4. 股票市场的监管

在我国股票市场的萌芽时期，由于全国统一的股票市场还没有建立，因此也没有全国统一的监管机构，对股票市场的监管主要由地方政府负责。沪深股票交易所的挂牌成立标志着我国形成了全国统一的股票市场，也迫切需要全国性的监管机构监管股市，促使我国股市健康发展。1992年，国务院证券委员会、中国证券监督委员会和人民银行证券管理办公室成立，开始负责全国证券市场的主要监管工作，财政部、计委、上海市政府和深圳市政府等单位也承担部分监管职责。由此可以看出，我国对股票市场的监管形成了相对统一，但仍然是多部门形成、多头监管的局面。在上海和深圳市政府对沪深证券交易所的监管职责交由证监会以及国务院证券委的监管职能回归证监会后，证监会成为了我国全国性的、唯一的证券监管机构。

三、股票市场发展的数量分析

1. 股票市场的发行情况

股票市场的发行情况详见表3-1和图3-1。结合图3-1、表3-1可以看出，1990年，我国沪深两市的上市公司数量只有8家，2014年已增至2613家，增长了326.6倍，年均新增近108家之多。尤其在1993~2000年，公司数量处于快速增加阶段，由183家增至1088家，平均每年增加近130家之多，年平均增长率达29%。然而1995年新增上市公司数量较少，只有32家。从2001~2009年，我国上市公司数量处于稳定增长阶段，总量由2001年的1160家上升到2009年的1718家，平均每年增长70家左右。但2005年是个例外，当年只有4家公司公开发行上市，而2007年增加的上市公司数量远超过此期间的平均数，达到116家。2010年，我国设立了创业板，当年上市公司数量暴增了345家，此后两年也分别剧增了279和152家，而2013年不增反降了5家，2014年随着IPO的开闸，上市公司数量又剧增了116家。随着上市公司数量的不断增长，总股本和流通股也呈现出快速增长态势，分别从1990年的0.973亿股和0.469亿股增加到2016年9月的55062.74亿股和47508.58亿股。期间1992～2005年总股本和流通股本的增长较为稳定。而股权分置改革后，从2006年开始，总股本和流通股本都出现了前所未有的快速增长局面，增长量上了一个新台阶。

表3-1　上市公司数量和股本情况

年份	上市公司总数（家）	总股本（亿股）	流通股本（亿股）	流通A股（亿股）	流通股占比（%）	流通中A股占比（%）
1990	8	0.973	0.469	0.469	48.20	100.00
1991	13	5.458	2.580	2.580	47.27	100.00
1992	53	67.990	20.965	11.180	30.83	53.33
1993	183	382.688	105.557	59.456	27.58	56.33
1994	291	684.578	225.467	143.547	32.94	63.67
1995	323	851.158	301.275	180.520	35.40	59.92
1996	530	1218.492	425.005	268.369	34.88	63.14
1997	745	1951.714	674.552	445.770	34.56	66.08
1998	852	2536.160	864.323	610.710	34.08	70.66
1999	949	3095.381	1080.411	814.236	34.90	75.36
2000	1088	3802.109	1365.597	1085.566	35.92	79.49
2001	1160	5220.116	1819.093	1319.842	34.85	72.55
2002	1224	5877.367	2041.733	1510.299	34.74	73.97
2003	1287	6436.725	2281.116	1723.368	35.44	75.55
2004	1377	7163.586	2592.197	1997.414	36.19	77.05
2005	1381	7638.926	2924.325	2282.523	38.28	78.05
2006	1434	14847.462	5562.504	3222.624	37.46	57.93
2007	1550	22312.417	10181.626	4686.667	45.63	46.03
2008	1625	24378.224	12373.680	6699.450	50.76	54.14
2009	1718	26207.327	19719.878	13929.726	75.25	70.64
2010	2063	33281.668	25226.928	19157.128	75.80	75.94

续表

年份	上市公司总数（家）	总股本（亿股）	流通股本（亿股）	流通 A 股（亿股）	流通股占比（%）	流通中 A 股占比（%）
2011	2342	36194. 879	28806. 119	22196. 753	79. 59	77. 06
2012	2494	38487. 682	31321. 156	24501. 159	81. 38	78. 23
2013	2489	40662. 426	36714. 876	29729. 031	90. 29	80. 97
2014	2613	43931. 08	39225. 55	32144. 73	89. 29	81. 95
2015	2827	50092. 96	44017. 99	36764. 86	87. 87	83. 52
2016	2952	55062. 74	47508. 58	40196. 39	86. 28	84. 61

资料来源：笔者根据 Wind 数据整理而成。

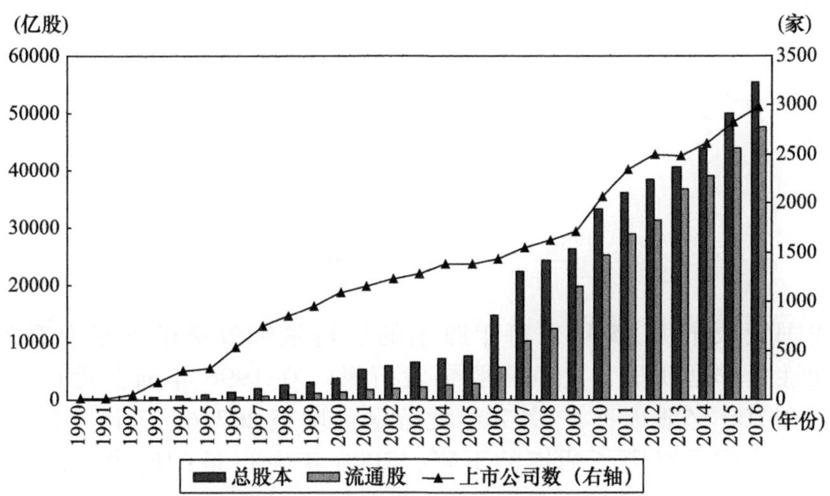

图 3-1　上市公司数量及股本

与此同时，除股市建立的最初两年外，流通股与总股本的比例一直呈上升趋势，占比从 1992 年的 30. 83% 上升至 2016 年 9 月的 86. 28%，增加了 55. 25 个百分点。期间，从 1992 ~ 2006 年所占比例一直在 27% ~39%。随着我国股权分置改革的成功，大量的股改限售股解禁后上市流通，流通股骤然大增，流通股所占比例也从 2007 年的 45. 63% 猛增至 2013 年的 90. 29%。值得一提的是，流通中的 A 股占流通股的比例除股改期间的 2006 年、2007 年和 2008 年三年外，都呈现了非常平稳的增长态势，最初几年可能是由于规模小，占比虽然超过一半，但最高也只有 1997 年的 66. 08%，从 1998 年开始（除股改期间2006年、2007年和2008年的三年外），占比就一直大于70%，至2016年9月已至84.61%，这说明A股是我国股市的主体。

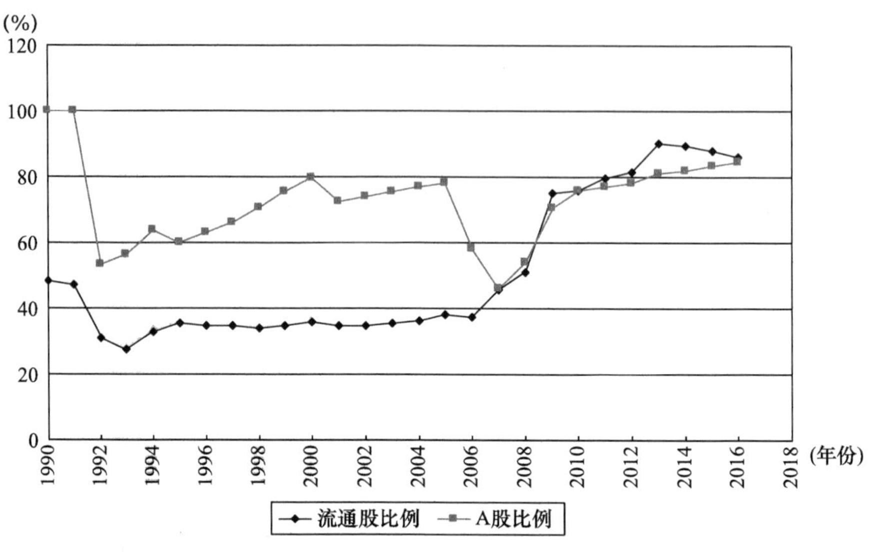

图3－2　流通股和A股占比

我国股票市场25年来每年股票的发行量和筹资额虽呈上升趋势，但波动性也非常明显，尤其是股票发行量。在1996年前，发行量相对较小，在100亿股以下。1997年发行量猛增至267.63亿股，是上一年的3.1倍，此后经历了两年的下降，2000年发行量创历史新高，达到512.04亿股。此后的波动性也是比较大的，尤其是在股权分置改革后的2006年，发行量达到了天量级别，达1287.77亿股，是2005年的2.27倍；而2007年又骤然下降到637.24亿股，2008年继续跌至地量，仅为180.34亿股，2010年发行量又暴增至920.99亿股。此后呈下降趋势，截至2014年，发行量降至300.63亿股。

在股权分置改革以前，我国股市的筹资额经历了一个比较平稳的增长期，股票筹资额由1991年的5亿元增加到2005年的1882.51亿元，年均增加125.17亿元。该期间波动性较明显的是1997年和2000年，分别比上一年增加868.74亿元和1158.68亿元。股权分置改革后，筹资额的波动更加明显，2006年的筹资额达到5594.29亿元，比上一年增加3711.78亿元；2007年的增量较前一年虽有所下降，但也达8680.17亿元。然而，2008年筹资额骤然下降至3852.21亿元，此

后又经历了一个猛然上升和猛然下降的过程。截至 2014 年，筹资额降至 7489.75 亿元。

表 3-2　股票发行量和筹资额

年份	1991	1992	1993	1994	1995	1996	1997	1998	1999	2000	2001	2002
股票发行量（亿股）	5	20.75	95.79	91.26	31.6	86.11	267.63	109.06	122.93	512.04	141.48	291.74
股票筹资额（亿元）	5	94.09	375.47	326.78	150.32	425.08	1293.82	841.52	944.56	2103.24	1252.34	961.75
年份	2003	2004	2005	2006	2007	2008	2009	2010	2011	2012	2013	2014
股票发行量（亿股）	281.43	227.92	567.05	1287.77	637.24	180.34	400.05	920.99	272.36	299.81	259.92	300.63
股票筹资额（亿元）	1357.75	1510.94	1882.51	5594.29	8680.17	3852.21	6124.69	11971.93	5814.19	4134.38	3868.88	7489.75

资料来源：笔者根据国家统计局数据整理而成。

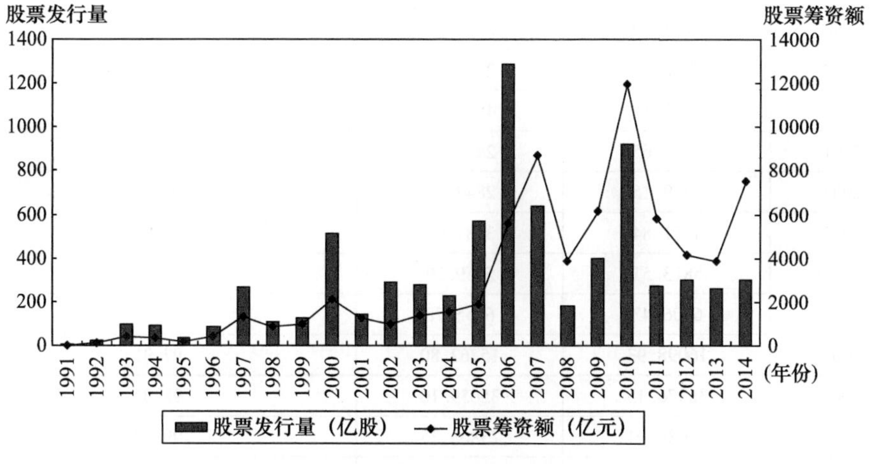

图 3-3　股票发行量及筹资额

2. 股票市场的交易情况

25 年来，我国股票市场成交量实现了高速增长，尤其在股权分置改革后，股票成交量上了一个新台阶。1991 年的成交量只有 2.97 亿股，2005 年达到 6606.43 亿股，增长了 2222.55 倍，但增长相对较平稳。股权分置改革后，股票成交量跃上新台阶，2006 年达到 16098.93 亿股，是 2005 年的 2.44 倍，2007 年也是暴增的一年，是 2006 年的 2.26 倍。此后，虽然有降有升，但总体规模还是很大的，到 2016 年刷新了历史纪录，成交量达77176.64亿股之巨。

同时，我们还发现，在成交量和成交额中，A股占据了绝对的比重。除个别年份（2001年）外，其余年份所占比重均大于90%，尤其是从2008年开始，所占比重均大于99%。

表3-3　股票成交量

年份	成交量（亿股）	A股成交量（亿股）	A股成交量占AB股总成交量比重（%）
1990	0.00	0.00	100.00
1991	2.97	2.97	100.00
1992	29.26	26.09	89.17
1993	212.82	197.74	92.91
1994	1009.20	985.32	97.63
1995	707.53	680.71	96.21
1996	2530.82	2464.55	97.38
1997	2558.75	2471.23	96.58
1998	2153.70	2092.40	97.15
1999	2932.80	2810.21	95.82
2000	4772.37	4565.71	95.67
2001	3157.65	2467.34	78.14
2002	2999.15	2842.15	94.77
2003	4151.84	3981.03	95.89
2004	5813.51	5659.29	97.35
2005	6606.43	6455.78	97.72
2006	16098.93	15762.80	97.91
2007	36376.15	35659.10	98.03
2008	24086.01	23868.25	99.10
2009	50826.08	50371.24	99.11
2010	42066.55	41722.37	99.18
2011	33809.80	33602.76	99.39
2012	32709.24	32534.78	99.47
2013	47931.29	47673.46	99.46
2014	72989.03	72797.52	99.74
2015	170210.98	169725.76	99.71
2016	77176.64	76267.48	98.82

资料来源：笔者根据Wind数据整理而成。

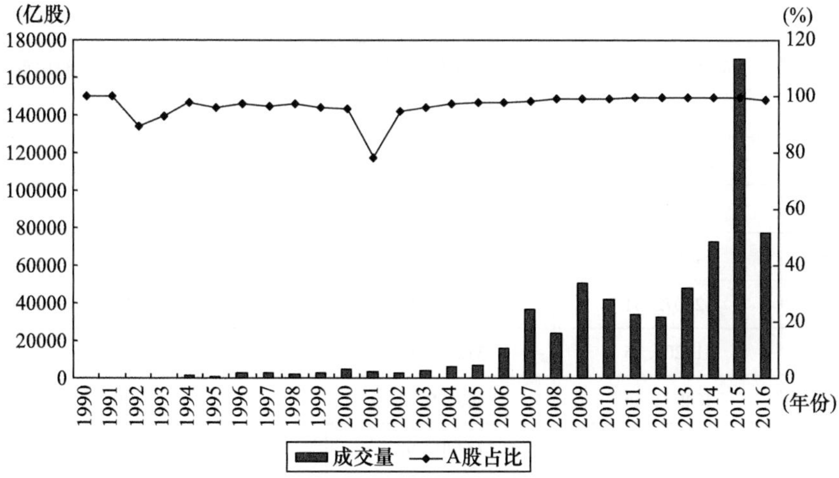

图 3-4 股票交易量

表 3-4 股票成交额

年份	成交额（亿元）	A 股成交额（亿元）	A 股成交额占 AB 股总成交额比重（%）
1990	0.01	0.01	100.00
1991	33.46	33.46	100.00
1992	649.99	649.99	100.00
1993	3498.08	3498.08	100.00
1994	8050.11	7982.11	99.16
1995	4385.37	3957.50	90.24
1996	21359.01	21050.89	98.56
1997	30713.92	30294.72	98.64
1998	23542.87	23417.58	99.47
1999	31321.17	31051.50	99.14
2000	60841.12	60293.04	99.10
2001	38342.47	33273.90	86.78
2002	27931.02	27081.51	96.96
2003	32048.40	31203.11	97.36
2004	42275.50	41519.73	98.21
2005	31631.10	31073.38	98.24
2006	89983.12	88736.33	98.61

续表

年份	成交额（亿元）	A 股成交额（亿元）	A 股成交额占 AB 股总成交额比重（%）
2007	459822. 55	454068. 72	98. 75
2008	266636. 06	265423. 56	99. 55
2009	533934. 77	531859. 61	99. 61
2010	544671. 46	542512. 62	99. 60
2011	420072. 51	418774. 85	99. 69
2012	313206. 35	312371. 02	99. 73
2013	464934. 36	463529. 11	99. 70
2014	738684	737707. 98	99. 87
2015	2536496. 47	2532968. 38	99. 86
2016	1044599. 47	1042912. 41	99. 88

资料来源：笔者根据 Wind 数据整理而成。

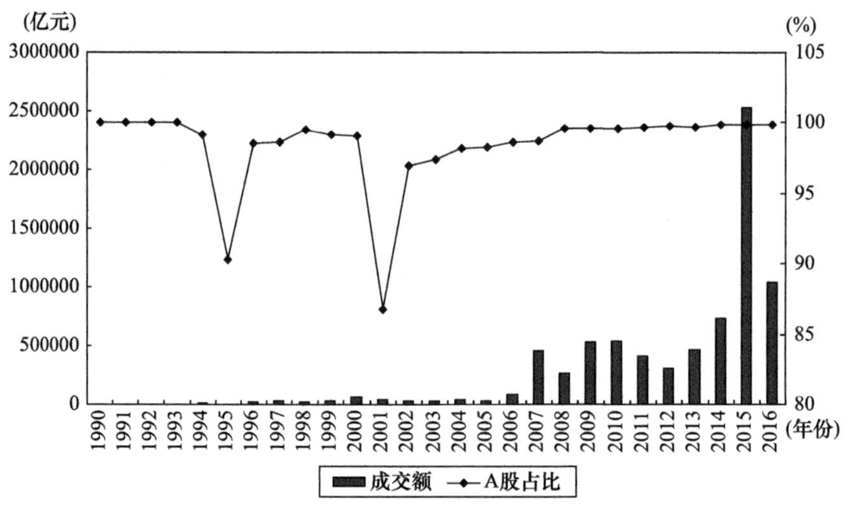

图 3－5　股票成交额

3. 投资者状况

从 A 股投资者期末开户数看，总的开户数、个人投资者和机构投资者开户数都呈现上升趋势。总开户数从 1993 年的 8332700 户增加到 2014 年的 181456195 户，增长了 20 多倍；个人投资者开户数从 1993

年的 8308200 户增加到 2014 年的 180756405 户，增长了 20 多倍；机构投资者开户数从 1993 年的 24500 户增加到 2014 年的 699790 户，增长了 27 倍多。从趋势上看，大体经历了以下三个阶段：第一阶段从 1993 ~ 2001 年，这个阶段投资者开户数以较快速度持续增长，到 2001 年总的开户数、个人投资者和机构投资者分别达 65314300 户、65009800 户和 304500 户，该阶段后期增加量更加明显；第二阶段从 2002 ~ 2006 年，这个阶段的特点是发展比较平稳，2006 年末总的开户数、个人投资者和机构投资者分别达 73175457 户、72812898 户和 362559 户，仅仅为 2001 年的 1.12 倍、1.12 倍和 1.19 倍；第三阶段从 2007 ~ 2014 年，投资者开户数进入了一个新的发展阶段，受益于 2005 年实施的股权分置改革，股市迎来了一波大涨行情，巨额资金流入股市，投资者开户数显著增加，2007 年出现了一个非常明显的跃升，总的开户数、个人投资者和机构投资者比前一年分别增加 37354190 户、37247687 户和 106503 户，增量分别是前一年的 12.91 倍、12.97 倍和 4.77 倍，随后以较快的速度增长。

表 3－5　A 股投资者期末开户数　　单位：户

年份	合计	个人	机构投资者	年份	合计	个人	机构投资者
1993	8332700	8308200	24500	2005	70281273	69941162	340111
1994	11047700	11004700	43000	2006	73175457	72812898	362559
1995	12892500	12839900	52600	2007	110529647	110060585	469062
1996	24081300	24013700	67600	2008	121235410	120749282	486128
1997	34634500	34542000	92500	2009	137817798	137277240	540558
1998	40266000	40156200	109800	2010	152040634	151460366	580268
1999	45744400	45583100	161300	2011	162947417	162334232	613185
2000	58774200	58517600	256600	2012	168114228	167485115	629113
2001	65314300	65009800	304500	2013	172633753	171978413	655340
2002	66691400	66383100	308300	2014	181456195	180756405	699790
2003	68035300	67713500	321800	2015	1422106343	1197079605	225026738
2004	69458700	69126500	332200				

资料来源：笔者根据 Wind 数据整理而成。

从新增开户数来看，随着我国股市的发展，每年大量的投资者投资股市，开户数逐年递增，但幅度不一。由图 3－6 可知，2007 年以前，新增开户数的基数相对较小，最高的为2006年，新增开户数共增加3083498户，其中个人投资者新增3055151户，机构投资者新增28347户。2007年新增开户数分别暴增到37594823户、37480043户和114780户。随后的一年新增开户数骤减，此后新增开户数虽然有轻微波动，但还是呈下降的趋势。2014年新增开户数分别暴增到9491789户、9438866户和52923户。

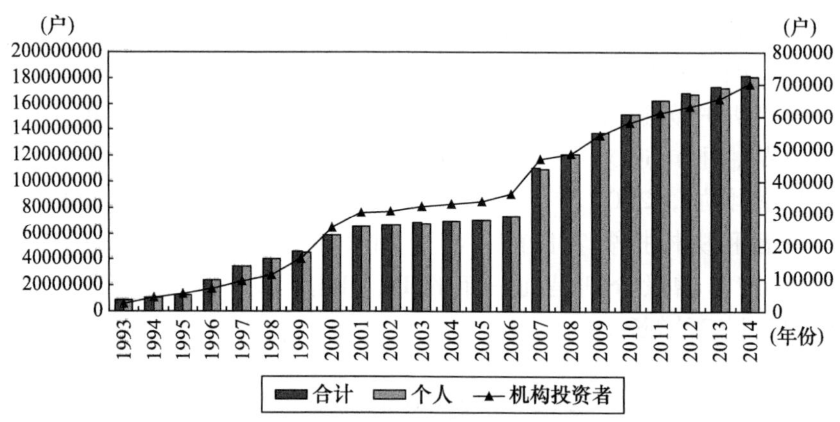

图3-6　A股投资者期末开户数

表3-6　A股新增开户数　　单位：户

年份	合计	个人	机构投资者
2003	1375425	1360219	15206
2004	1679229	1666643	12586
2005	857615	848242	9373
2006	3083498	3055151	28347
2007	37594823	37480043	114780
2008	14304354	14251399	52955
2009	17265716	17199829	65887
2010	14897707	14848543	49164
2011	10770278	10729792	40486
2012	5549322	5524533	24789
2013	4912733	4880470	32263
2014	9491789	9438866	52923

资料来源：笔者根据Wind数据整理而成。

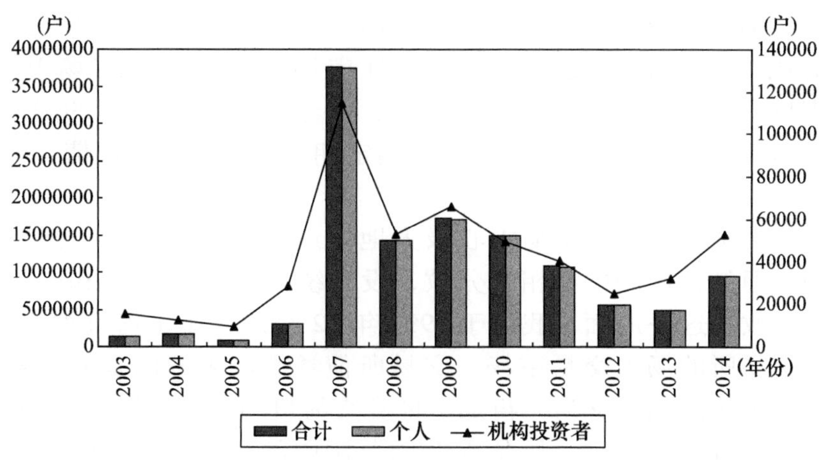

图 3-7 A 股新增开户数

第二节 我国债券市场发展概述

一、我国债券市场的发展历程

我国债券流通市场建立于 20 世纪 80 年代中期。债券流通市场出现后，大体上经历了以柜台债券市场为主、交易所债券市场为主和银行间债券市场为主的三个发展阶段。

1. 柜台债券市场为主的阶段（1988～1991 年）

为了抑制通货膨胀、平衡财政赤字，我国在 1981 年恢复了国债的发行，但当时还不能流通和交易。直到 1986 年 8 月 5 日，沈阳市信托投资公司在经中国人民银行沈阳分行批准后，率先开办了企业债等有价证券的柜台转让业务；同年 9 月 6 日，中国工商银行上海信托投资公司静安业务部在经中国人民银行上海分行批准后，开办了代理证券买卖业务。截至 1987 年底，开办了企业债等有价证券转让业务的信托投资公司、证券公司和城市信用合作社已遍布全国 41 个城市。而早在 1987 年 1 月，中国人民银行上海分行发布的《证券柜台交易暂行规定》中对政府债券的流通问题也做过说明。1988 年初，全国 7 个城市进行了国债流通转让的试点，截至 6 月，全国已有 54 个大中城市开展了国债流通转让的试点，地方性债券交易中心及柜台交易中心初步形成，成为债券交易的典型场外市场。场外交易市场形成后，债券市场中流通的债券品种逐步增加，截至1990年底流通的国债就达10种。而且财政部从1990年4月开始定期发布债券转让行情，引导市场交易。

虽然全国这么多个交易中心极大地促进了债券的流通，活跃了债券市场，但是，这些中心相对分散，没有统一的交易制度和监管机构等。为了改善这一局面，我国于1990年12月成立了上海证券交易所，开辟了交易所的场内交易市场，交易所债券市场采取的是实物券托管基础上的记账式债券交易，再加上证券交易自动报价系统（STAQ）的投入使用，极大地促进了国债在全国范围内的交易。但当时绝大多数债券交易仍是在实物券柜台市场完成的。

2. 交易所市场为主的阶段（1992～2000年）

在上海和深圳证券交易所建立初期，绝大部分债券交易仍在柜台完成。由于当时还没有建立起全国统一的债券托管系统，导致交易量不真实，很多地方出现了国债买空、卖空和挪券等违规行为，严重扰乱了市场秩序。1993年，国债期货开始在上海证券交易所进行试点，同年，上海证券交易所推出国债回购业务。此时，交易所可进行国债现券、期货和回购交易，场内市场交易量大幅增加。此外，继上海证券交易所开办债券交易后，深圳证券交易所也于1994年开通了债券交易，1994年11月1日，“深盐田”作为第一只上市的企业债券在深圳交易所上市。

由于全国许多地方出现了严重的债券卖空和金融欺骗现象，导致了风险不断增加，因此我国从1994年下半年起，开始清理整顿分布在各地的证券交易所，逐步将国债交易集中到上海和深圳两个证券交易所进行。随着武汉证券交易中心、天津证券交易中心、北京STAQ系统等区域性交易中心出现巨大的风险，我国叫停了这些证券交易中心的债券交易，要求所有债券交易必须在证券交易所进行，至此，交易所成为我国唯一合法的债券交易市场。

1997年上半年，股票市场过热，许多热钱涌入股市，大量的银行资金通过债券回购的方式违规进入股市。1997年6月，中国人民银行发布了《中国人民银行关于各商业银行停止在证券交易所证券回购及现券交易的通知》，明确要求商业银行全部退出交易所债券市场，只能通过全国银行间同业拆借中心进行银行间现券和债券回购交易。1997

年6月16日，全国银行间拆借中心开始办理银行间现券和债券回购交易，标志着全国银行间债券市场形成。

3. 银行间债券市场为主的阶段（2001年至今）

银行间债券市场建立以后，如何规范和发展它成为市场监管部门最关心的问题。中国人民银行作为银行间债券市场的管理部门，努力借鉴国际经验，结合我国实际，将银行间债券市场定位为债券交易的场外市场，并采取了一系列措施推动市场的发展。然而直到20世纪90年代末，由于银行间债券市场刚刚成立，交易主体和债券品种比较单一，再加上投资者不熟悉场外市场交易方式，银行间债券市场的交易量并不大，在我国债券市场交易量中的比重不到2%。在国家推动资本市场发展力度不断加大、相关的市场发展政策措施逐步落实的情况下，银行间债券市场的发行量、交易量和托管量在2001年首次超过交易所市场。而在同一时期，交易所债券市场的托管量和交易量随之大幅下降。此外，2002年，为方便个人投资者买卖记账式国债，中国人民银行与财政部合作，推出了商业银行柜台记账式国债交易，尽管所占比重不大，但它拓宽了商业银行的交易渠道，使银行间债券市场得以对外延伸，增强了银行间债券市场的活力。从2004年开始，我国大力推动债券市场创新，银行间债券市场债券交易工具不断增加，债券品种不断丰富，债券的发行量、交易量和托管量均占中国债券市场的97%以上，已经成为中国债券市场的主板。

二、债券市场制度的分析

债券发行制度、交易制度、托管结算制度、信用评级制度和监管制度构成了我国的债券市场制度体系。

1. 债券发行制度

（1）发行渠道。目前，我国债券的发行有三大渠道：第一个渠道是通过商业银行柜台发行，比如传统凭证式国债；第二个渠道是通过中央债券簿记系统簿记建档发行，比如短期融资券和国际机构债券；第三个渠道是通过中国人民银行债券发行系统，比如记账式国债、企业债、金融债等。

（2）发行招标方式。债券招标方式通常有美国式招标和荷兰式招标两种。1999~2003年，我国采用更多的是荷兰式招标，这种招标方式使我国记账式国债得以顺利发行。2003年1月15日财政部发布了《关于2003年记账式国债发行招标规则的通知》，将记账式国债的招标方式由原来单一的“荷兰式”招标调整为“荷兰式”和“美国式”两种招标方式。

（3）发行信息披露制度。银行间债券市场建立以来，作为主管部门的人民银行非常重视市场透明，信息披露制度在探索中不断发展，基本上形成了较为完善的信息披露体系。与股票市场以自然人为主的投资者群体不同，银行间债券市场以合格机构投资者为主体，其信息披露制度主要适应机构投资者群体的投资需要。

早在2000年，人民银行颁布的《全国银行间债券市场债券交易管理办法》中就首次出现了对信息披露违规行为的处罚条款；2004年，《商业银行次级债券发行管理办法》、《证券公司短期融资券管理办法》出台，将信息披露明确为市场重要管理制度；2005年发布的《全国银行间债券市场金融债券发行管理办法》、《信贷资产证券化试点管理办法》和《全国银行间债券市场债券远期交易管理规定》等多部规章中，都有专门章节对信息披露进行规范；2007年发布的《银行间债券市场非金融企业债务融资工具管理办法》进一步强化了对金融企业债务融资工具的信息披露要求。

信息披露制度作为市场透明度建设的重要内容，其进一步完善需要与提高市场报价透明度、增强专业化中介机构信息揭示功能、强化一线检测机构风险预警作用等措施协调推进。

2. 债券交易制度

（1）交易场所。目前，商业银行柜台债券市场、交易所债券市场和银行间债券市场构成了我国债券市场体系，交易所债券市场包括上海证券交易所和深圳证券交易所。债券市场属于场内市场，商业银行柜台债券市场和银行间债券市场属于场外交易市场。

（2）交易品种。目前，在我国商业银行柜台市场上交易的债券品种只有记账式国债；在交易所债券市场中交易的主要品种有记账式国债和企业债券；在我国银行间债券市场上交易的品种主要有：记账式国债、央行票据、金融债券、企业债券、短期融资券以及国际金融机构债券等。

（3）交易方式。我国债券市场的交易方式有现券交易、债券回购、远期和国债期货。其中债券回购包括质押式回购和买断式回购。在这些交易方式中，目前现券交易和质押式回购是最主要的交易方式，前者的交易量占整个债券市场交易量的四成左右，后者占债券市场交易量的一半以上，而国债期货刚刚推出不久，债券远期交易尚处于起

步和探索阶段，其交易量有限。

（4）价格形成方式。债券价格形成方式有指令驱动和报价驱动两种，这两种价格形成方式是场内和场外市场交易制度的核心内容。指令驱动采取的是“集中竞价、撮合成交”的委托买卖方式，这种方式较适合场内交易市场和中小投资者完成小额交易，不适合机构投资者进行大额债券交易。报价驱动采取的是交易双方“自主谈判、逐笔成交”的买卖方式，这种方式较适合场外市场和机构投资者。

3. 债券托管结算制度

（1）托管制度。目前，我国托管体系严重割裂，各个债券市场有各自的债券托管系统。从我国现行债券市场托管制度来看，总托管人是中央国债登记结算有限公司，负责银行间债券市场投资者债券资产的托管，采用实名制一级账户托管体制。分托管人是中国证券登记结算公司，负责交易所债券市场投资者债券资产的托管；二级托管人是商业银行，负责柜台市场投资者债券资产的托管。

（2）清算制度。清算是指计算结算日交易双方所需交割债券数量或支付资金数额的过程，是交易确认后的第二个步骤。通常清算方式有两种：一种是分别计算每笔交易的全额或逐笔清算方式；另一种是将某一时期内每一证券的所有交易进行轧差，计算出多头或空头头寸的净额清算方式。在我国债券市场中，清算环节由投资者自主选择商业银行完成，特别的券款对付情况下的清算由央行大额支付系统自动完成。

（3）结算制度。债券交易结算通常有狭义和广义之分。狭义的结算是指债券与资金的最终转移，即包括债券从卖方转移到买方，而资金从买方转移到卖方，前一个过程称为交割，后一个过程称为支付。广义的结算则是包括交易确认、清算和狭义结算在内的整个过程。对于清算、结算的含义，国内外都有不同的理解。目前，国内机构设置基本上是按广义结算的理解设置的，如中央国债登记结算公司、中国证券登记结算公司就是按这样的理解设置的。

目前，债券市场的结算方式有四种：纯券过户、券款兑付（DVP）、见券付款、见款付券。一般来说，DVP 方式的结算周期为 T+0，即交易当天可以完成结算。其他结算方式的结算周期在 T+1 或 T+N 不等。目前 DVP 结算已经成为防范结算风险和避免结算纠纷的国际做法。世界许多国家已经实现了在实施全额结算基础上的 DVP，其最大的优势在于：实时处理可以大幅度提高结算效率，同时结算又能有效控制可能发生的风险。

4. 债券信用评级制度

信用评级制度是市场化监督机制的重要组成部分，独立、公正、客观的信用评级对债券市场的健康发展具有非常重要的作用。债券信用评级是以一套相关指标体系为考量基础，对发行人偿付其债务能力和意愿的评价。

目前，我国银行间债券市场承担评级工作的信用评级机构主要有大公国际、联合资信、上海新世纪以及中诚信国际信用评级公司等。这些公司所做的信用评级包括主体评级和债项评级。主体评级是对债券发行主体的整体信用状况的评价，从而揭示债券发行人的基本信用级别，反映了发行人偿还有限债务或无担保债务的能力；而债项评级是针对特定债券进行的信用评级，反映的是该特定债券的信用级别。2010 年 8 月，国内首家投资人付费模式的新兴信用评级公司——中债资信评估有限责任公司成立。该公司主要以再评级、双评级为主，有别于现有评级公司的投资人付费模式，可切断评级机构与发行人的利益链条，有利于保证评级信息的客观公正。

5. 债券监管制度

我国债券市场的监管体制是多部门分散监管的体制，这种体制是在特定历史条件下形成的，有其存在的客观原因，对促进债券市场发展、维护债券市场稳定发挥了重要作用。与这个体制相关的部门包括中国人民银行、国家发改委、财政部、中国证监会、中国银监会和中国保监会等多个部门。其中，中国人民银行和证监会履行市场监管的职能，三会（证监会、银监会和保监会）履行机构监管的职能，国家发改委负责对企业债券的审批，财政部负责国债发行和流通中的一些管理事务。

三、我国债券市场发展的数量分析

1. 债券市场存量与结构

（1）债券存量规模。我国债券市场的托管量呈逐年上升的趋势，从 1997 年的 4661.56 亿元增加到 2016 年 9 月的 421130.69 亿元，是 1997 年的 90.34 倍。

从增速看，由于 1997 年的基数相对较小，债券托管量在 1998 年的增速很大，为 121.36%。此后，托管量的增速相对稳定，没有大起大落，保持在 10% ~36%。

表 3－7 我国债券托管量的变动情况

年份	托管量（亿元）	增速（%）
1997	4661.56	
1998	10318.67	121.36
1999	13069.87	26.66
2000	16746.19	28.13
2001	19692.91	17.6
2002	26748.49	35.83
2003	33560.96	25.47
2004	39126.94	16.58
2005	47580.56	21.61
2006	56979.86	19.75
2007	82611.11	44.98
2008	95617.74	15.74
2009	113357.4	18.55
2010	145809	28.63
2011	170877.2	17.19
2012	209679.1	22.71
2013	244008.1	16.37
2014	287296.96	10.39
2015	350421.9	21.97
2016	421130.69	20.18

资料来源：笔者根据 Wind 数据整理而成。

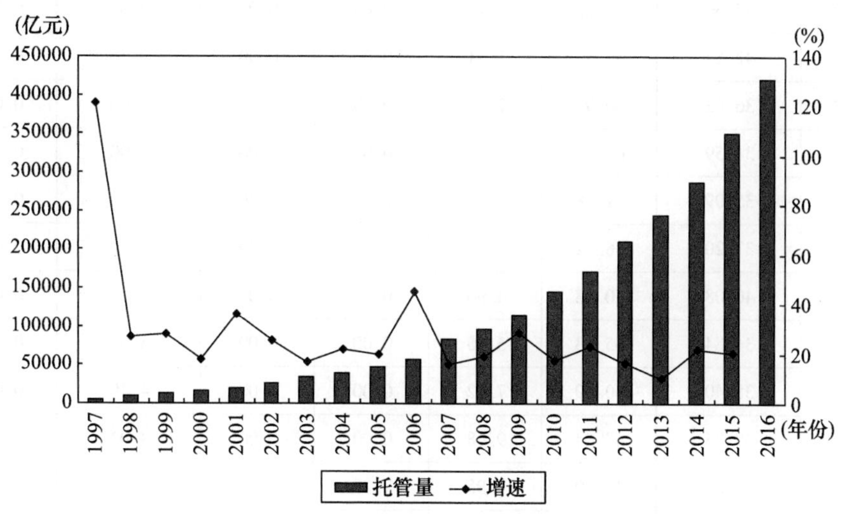

图 3－8 我国债券托管量情况

（2）存量结构。第一，品种结构。从债券品种结构来看，政策性银行债和国债始终是我国债券市场的主要品种，占据了绝对地位，托管量分别从1997年的3491.7亿元和1169.86亿元增加到2016年9月的122146.42亿元和209119.97亿元，其占比在2001年以前（1997年除外）基本平分秋色，如1998年它们的占比分别为49.49%和49.62%。此后，政策性银行债券的占比较为稳定，在35%上下波动，而国债的比重却是逐年下降（除2007年），其占比从2002年的60.98%下降到2016年9月的49.66%，但依然较大。企业债的发展也比较迅速，截至2016年9月，其托管量达35122.56亿元，其占比基本呈现逐年上升的趋势，到2016年9月为8.34%。与企业债同样发展比较迅速的是中期票据，在近几年其占比为10%左右，截至2016年9月其托管量达11735.24亿元。另外，商业银行债、短期和超短期融资券在近两年也有不俗的表现（见表3-8）。

表3-8　1997~2016年各债券品种的占比　单位:%

年份	政策性银行债	国债	企业债	中期票据	商业银行债	短期和超短期融资券	其他
1997	74.90	25.10	0.00	0.00	0.00	0.00	0.00
1998	49.49	49.62	0.89	0.00	0.00	0.00	0.00
1999	46.59	51.65	1.76	0.00	0.00	0.00	0.00
2000	43.60	54.68	1.72	0.00	0.00	0.00	0.00
2001	42.57	55.72	1.71	0.00	0.00	0.00	0.00
2002	36.62	60.98	2.40	0.00	0.00	0.00	0.00
2003	34.59	62.67	2.73	0.00	0.00	0.00	0.00
2004	35.09	61.78	3.13	0.00	0.00	0.00	0.00
2005	37.20	56.12	3.78	0.00	0.00	2.90	0.00
2006	40.08	50.28	4.96	0.00	0.00	4.68	0.00
2007	34.84	55.93	5.35	0.00	0.00	3.88	0.00
2008	38.40	50.09	7.12	0.00	0.00	4.40	0.00
2009	39.25	47.04	9.68	0.00	0.00	4.02	0.00
2010	35.39	40.89	9.95	9.28	0.00	4.48	0.00
2011	37.91	37.77	9.83	11.55	0.00	2.94	0.00

续表

年份	政策性银行债	国债	企业债	中期票据	商业银行债	短期和超短期融资券	其他
2012	37.48	33.71	10.97	11.89	0.00	5.66	0.30
2013	36.36	32.02	9.57	10.79	5.30	5.32	0.65
2014	34.66	35.88	10.22	7.18	4.36	7.70	0
2015	31.38	42.74	9.03	4.52	3.94	4.75	0
2016	29.00	49.66	8.34	2.79	3.80	6.41	0

资料来源：笔者根据中国债券信息网数据整理而成。

第二，投资者结构。从机构投资者结构来看，商业银行、特殊结算成员、保险机构和基金公司是我国债券市场的主要投资者，截至2016年9月，占比分别达62.69%（263976.81亿元）、5.99%（25222.25亿元）、5.05%（21246.14亿元）和16.04%（67559.06亿元），商业银行占据了绝对的比重。其次，信用社和交易所等机构投资者也占据了一定的比重。个人投资者的占比虽然逐年上升，但比重相对很小，截至2016年9月仅为1.61%（见表3－9，图3－9）。

表3－9 投资者占比

单位:%

年份	2008	2009	2010	2011	2012	2013	2014	2015	2016
特殊结算成员	12.2	10.63	8.69	7.99	7.16	6.56	5.95	5.74	5.99
商业银行	63.32	69.31	69.82	67.47	66.36	64.38	63.02	63.12	62.69
信用社	2.9	2.86	2.11	2.45	2.23	2.29	2.11	2.08	1.8
非银行金融机构	0.77	0.48	0.43	0.39	0.34	0.29	0.25	0.25	0.22
证券公司	0.86	0.65	0.75	0.87	0.67	0.61	0.67	0.89	0.71
保险机构	9.23	8.99	9.73	9.65	9.3	8.97	8.08	6.43	5.05
基金公司	7.83	4.54	5.92	7.92	9.95	10.33	11.49	13.75	16.04
非金融机构	0.3	0.18	0.22	0.17	0.12	0.06	0.04	0.02	0.01
个人投资者	0.59	0.75	0.82	1.05	1.28	1.88	2.06	1.89	1.61
交易所	1.99	1.61	1.43	1.64	1.94	3.42	4.5	4.14	4.15
其他	0.01	0.01	0.09	0.41	0.66	1.21	1.81	0	0

资料来源：笔者根据中国债券信息网数据整理而成。

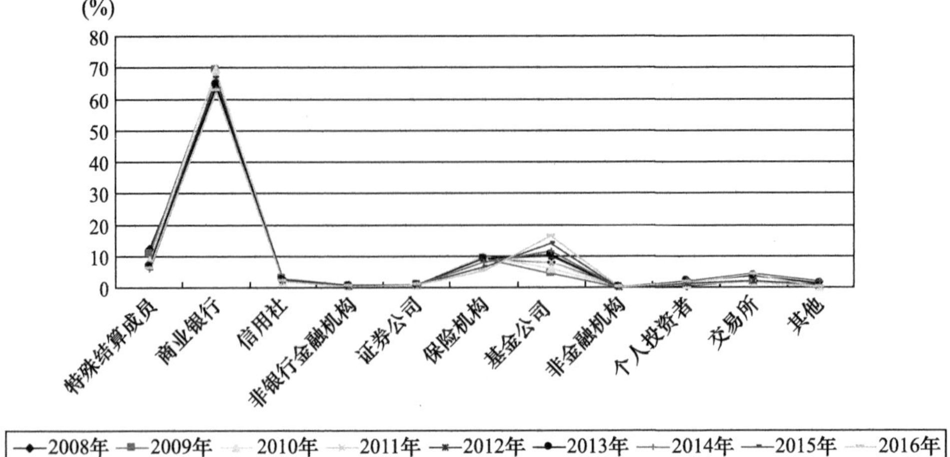

图3－9　我国债券市场投资者分布结构

第三，期限结构。从债券托管量的待偿期限看，最为明显的是1年以下的短期债券，近10年来呈现大幅下降趋势，占比从2005年末的35.03%下降到2016年9月的13.47%，下降了21.56个百分点。10年期以上的长期债券所占比例相对来说较为稳定，在11%～18%。其他期限的中期债券的占比有上升的趋势，从近两年的表现来看，1～3年、3～5年的债券占了较大比重，是主要的债券品种，其次是5～7年、7～10年、10年以上和1年以下的债券，近两年的占比都在10%以上（见表3－10，图3－10）。

表3－10　债券各期限结构　　单位:%

年份	托管量合计	待偿期限					
		1年以下	1～3年	3～5年	5～7年	7～10年	10年以上
2005	100	35.03	18.28	16.48	8.78	8.45	12.99
2006	100	39.89	19.60	12.99	7.80	7.17	12.55
2007	100	26.28	25.81	10.20	7.10	13.39	17.21
2008	100	25.24	28.70	10.43	6.92	13.48	15.24
2009	100	28.79	21.04	12.15	7.97	14.40	15.64
2010	100	26.01	21.16	13.08	13.45	10.90	15.42
2011	100	15.49	23.58	17.14	15.57	11.65	16.57
2012	100	13.55	19.68	23.92	14.69	15.11	13.05

续表

年份	托管量合计	待偿期限					
		1 年以下	1～3 年	3～5 年	5～7 年	7～10 年	10 年以上
2013	100	11.02	23.60	23.54	15.89	13.59	12.36
2014	100	11.30	29.14	19.36	15.03	13.87	11.31
2015	100	13.93	26.02	20.31	17.25	13.24	9.25
2016	100	13.47	22.76	22.25	17.75	15.60	8.17

资料来源：笔者根据中国债券信息网数据整理而成。

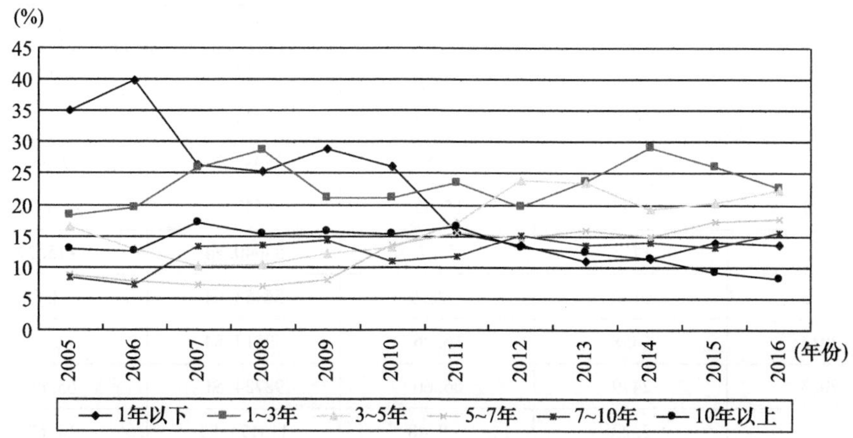

图 3－10　债券各期限结构

2. 债券发行量与结构

（1）债券发行规模。我国债券的发行量和发行次数有着大体相同的趋势，前期逐年上升，随后下降，最近两年有所上升，其中发行量在 2016 年 9 月达到最大，发行量达 113174.83 亿元，比 2015 年增长 14.63%。发行次数在 2015 年达到最大，为 2429 次，比 2014 年增长 66.60%（见表 3－11）。

表 3－11　债券发行次数和发行量

年份	次数（次）	增幅（%）	发行量（亿元）	增幅（%）
1997	4	—	2084.62	—
1998	12	200	6203.73	197.6
1999	39	225	4369.50	－29.57

续表

年份	次数（次）	增幅（%）	发行量（亿元）	增幅（%）
2000	32	-17.95	4414.50	1.03
2001	50	56.25	5848.53	32.48
2002	80	60	9943.90	70.02
2003	132	65	17647.17	77.47
2004	186	40.91	27295.66	54.67
2005	339	82.26	42182.07	54.54
2006	499	47.2	57096.11	35.36
2007	636	27.45	79756.08	39.69
2008	642	0.94	70727.11	-11.32
2009	935	45.64	86474.71	22.27
2010	1167	24.81	95088.33	9.96
2011	1347	15.42	69637.13	-26.77
2012	1418	5.27	58640.44	-15.79
2013	1150	-18.9	56453.94	-3.73
2014	1458	16.96	59517.84	-1.66
2015	2429	66.60	98734.51	65.89
2016	2223	-8.48	113174.83	14.63

资料来源：笔者根据中国债券信息网数据整理而成。

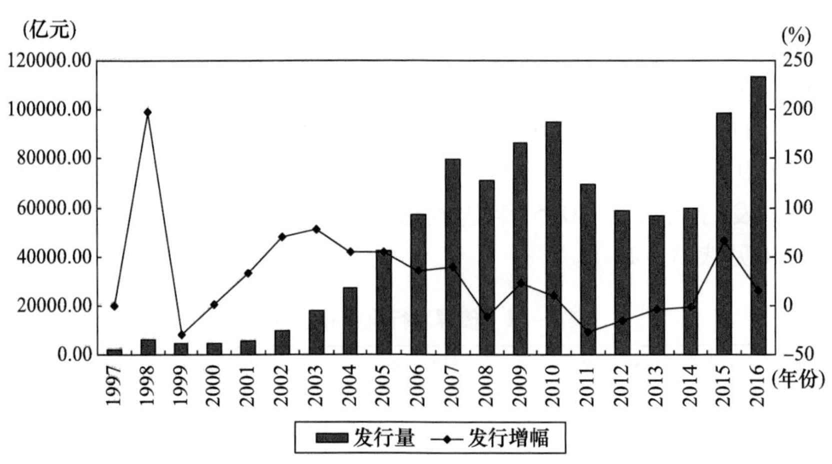

图 3-11　债券发行量和增幅

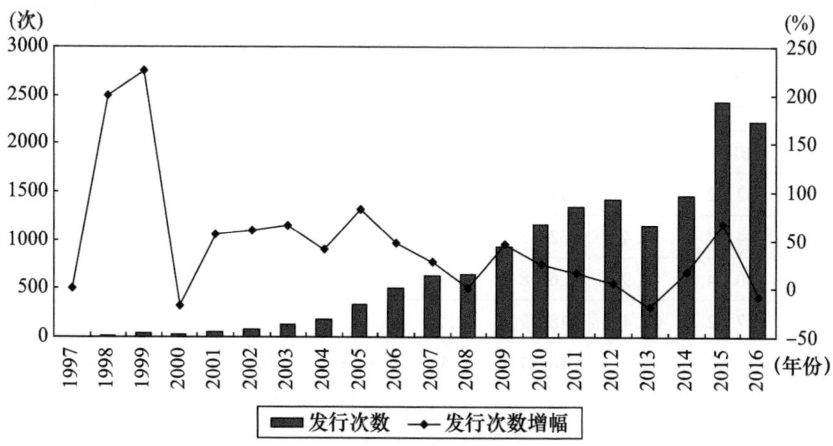

图 3-12 债券发行次数和增幅

（2）发行量结构。第一，发行品种结构。从债券发行品种结构来看，政府债券、央行票据和金融债券是我国债券市场的主要品种，从占比趋势看，政府债券和金融债券首先经历了一个下降的过程，其中政府债券的占比从 1998 年的 68.89% 下降到 2005 年的 11.95%，金融债券从 1997 年的 68.87% 下降到 2005 年的 16.87%；随后经历了一个较为平稳的发展时期，直到 2010 年，此期间政府债券和金融债券的平均占比分别为 17.48% 和 16.28%；从 2011 年开始，这两种债券的占比经历了一个逐年上升的趋势，截至 2016 年 9 月，占比分别达 65.41% 和 28.79%。而央行票据的占比却经历了一个和前两种债券完全相反的过程，首先大幅上升，从 2002 年的 19.48% 急剧上升到两年后的 62.42%，随后经历了一个升中有降、降中有升的过程，该期间平均占比为 57.05%，从 2011 年开始，其占比大幅下降，2013 年仅为 9.5%。详见表 3-12，图 3-13。

表 3-12 债券品种结构 单位：%

年份	政府债券	央行票据	金融债券	企业债券	短期融资券	资产支持证券	票据	其他债券	合计
1997	25.42	5.7	68.87	0	0	0	0	0	100
1998	68.89	0	31.11	0	0	0	0	0	100
1999	55.98	0	42.36	1.66	0	0	0	0	100

续表

年份	政府债券	央行票据	金融债券	企业债券	短期融资券	资产支持证券	票据	其他债券	合计
2000	61.6	0	37.26	1.13	0	0	0	0	100
2001	52.72	0	44.88	2.39	0	0	0	0	100
2002	44.87	19.48	32.38	3.27	0	0	0	0	100
2003	30.84	40.95	26.18	2.03	0	0	0	0	100
2004	17.62	62.42	18.77	1.2	0	0	0	0	100
2005	11.95	66.1	16.87	1.55	3.38	0.1	0	0.05	100
2006	12.14	64.06	16.73	1.74	5.11	0.2	0	0.02	100
2007	27.44	51.06	14.93	2.16	4.2	0.22	0	0	100
2008	10.25	60.74	16.66	3.35	6.12	0.43	2.46	0	100
2009	18.75	45.96	17.06	4.92	5.33	0	7.96	0.03	100
2010	18.8	49.02	16.05	3.81	7.09	0	5.18	0.05	100
2011	22.97	20.31	28.7	3.57	7.45	0	10.44	6.56	100
2012	27.39	0	37.21	11.08	0.51	0	14.42	9.39	100
2013	33.73	9.5	40.35	8.42	0	0.19	7.79	0.01	100
2014	34.02	0	49.59	11.7	0	4.69	0	0	100
2015	58.97	0	33.52	3.47	0	4.04	0	0	100
2016	65.41	0	28.79	4.28	0	1.52	0	0	100

资料来源：笔者根据中国债券信息网数据整理而成。

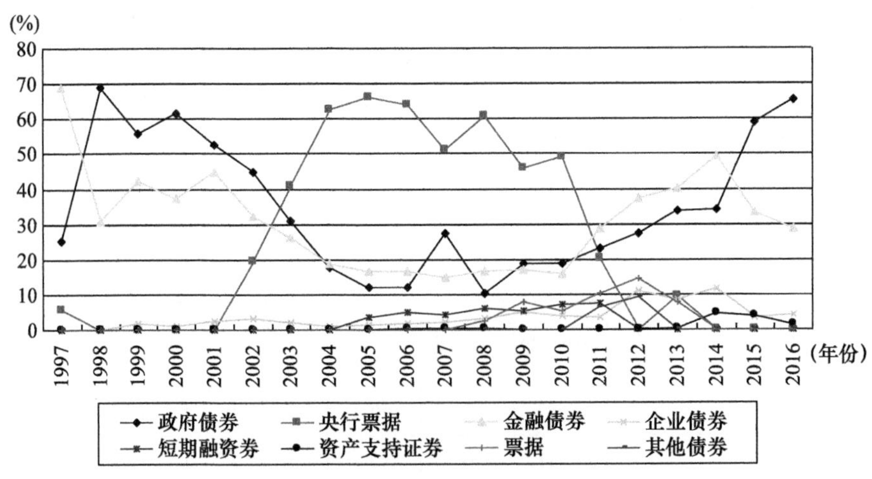

图 3－13　我国债券品种占比

第二，发行期限结构。从债券发行期限结构来看，1 年期以下的债券呈现“中间大、两头小”的特点，在 2003～2010 年，除 2007 年外，其占比均为一半以上，最高的为 2006 年，达 76.77%。在最近的三年，1～3 年、3～5 年、5～7 年的债券占比都比较大，平均在 20% 以上。另外，7～10 年的债券在近三年的占比平均在 15% 以上，也是一个非常重要的品种，10 年以上的长期债券自 1998 年后占比一直不高，近些年占比在个位数。

表 3－13　我国债券各期限结构　　单位:%

年份	合计	1 年以下	1～3 年	3～5 年	5～7 年	7～10 年	10 年以上
1997	100	0.00	24.89	0.00	0.00	75.11	0.00
1998	100	1.29	3.71	0.97	8.28	42.24	43.52
1999	100	10.53	20.87	7.12	19.70	41.78	0.00
2000	100	11.21	12.01	9.56	21.46	45.76	0.00
2001	100	9.06	16.13	8.55	20.95	31.38	13.94
2002	100	29.64	14.87	9.69	18.40	18.79	8.60
2003	100	49.76	7.53	5.10	10.31	13.51	13.79
2004	100	60.46	13.45	11.60	5.89	7.53	1.06
2005	100	67.83	13.92	4.70	2.93	5.29	5.33
2006	100	76.77	6.32	5.18	3.73	3.99	4.02
2007	100	42.35	21.96	5.18	3.52	14.34	12.65
2008	100	56.53	20.82	6.63	5.12	7.97	2.92
2009	100	59.11	11.60	9.19	6.38	8.37	5.35
2010	100	49.81	18.73	9.95	7.67	8.32	5.52
2011	100	32.17	17.14	19.92	12.38	10.10	8.29
2012	100	9.04	16.12	27.02	23.81	15.49	8.53
2013	100	11.27	28.13	22.17	21.82	12.30	4.30
2014	100	14.17	23.61	17	23.24	18.18	3.83
2015	100	10.52	20.71	22.85	20.36	23.18	2.38
2016	100	9.39	18.82	24.58	21.97	21.72	3.52

资料来源：笔者根据中国债券信息网数据整理而成。

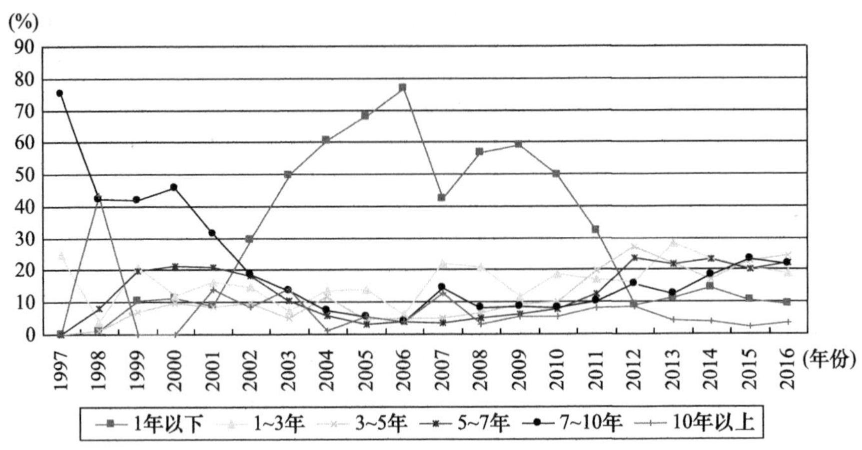

图 3－14　我国债券各期限占比

3. 债券交易量与结构

（1）债券交易规模。我国债券市场现券交割量先是呈迅猛的递增趋势，并在 2012 年达到最大，为 708428. 21 亿元，其中银行间市场交割量为 708413. 22 亿元。随后，2013 年的交割量骤然下降，仅为 369752. 31 亿元，是前一年的一半多点，2016 年 9 月为 599878. 03 亿元，但相比于 1997 年的 8. 9 亿元，我国债券市场发展非常快（见表 3－14）。

表 3－14　现券交割量

单位：亿元

年份	现券交割量	银行间	占比（%）	柜台	占比（%）
1997	8. 9	8. 9	100	0	0
1998	76. 39	76. 39	100	0	0
1999	150. 5	150. 5	100	0	0
2000	647. 66	647. 66	100	0	0
2001	844. 34	844. 34	100	0	0
2002	4357. 92	4343. 50	99. 67	14. 42	0. 33
2003	31634. 19	31609. 70	99. 92	24. 49	0. 08
2004	28254. 38	28196. 45	99. 79	57. 93	0. 21
2005	63463. 86	63378. 92	99. 87	84. 94	0. 13
2006	109369. 42	109326. 62	99. 96	42. 79	0. 04
2007	165951. 61	165915. 94	99. 98	35. 67	0. 02

续表

年份	现券交割量	银行间	占比（%）	柜台	占比（%）
2008	408300. 18	408269. 74	99. 99	30. 43	0. 01
2009	488744. 99	488682. 15	99. 99	62. 84	0. 01
2010	676913. 89	676872. 18	99. 99	41. 71	0. 01
2011	677613. 42	677585. 53	100	27. 89	0
2012	708428. 21	708413. 22	100	14. 99	0
2013	369752. 31	369733. 59	99. 99	18. 72	0. 01
2014	309870. 8	309799. 10	99. 98	71. 70	0. 02
2015	605425. 29	605316. 01	99. 98	109. 28	0. 02
2016	599938. 21	599878. 03	99. 99	60. 18	0. 01

资料来源：笔者根据中国债券信息网数据整理而成。

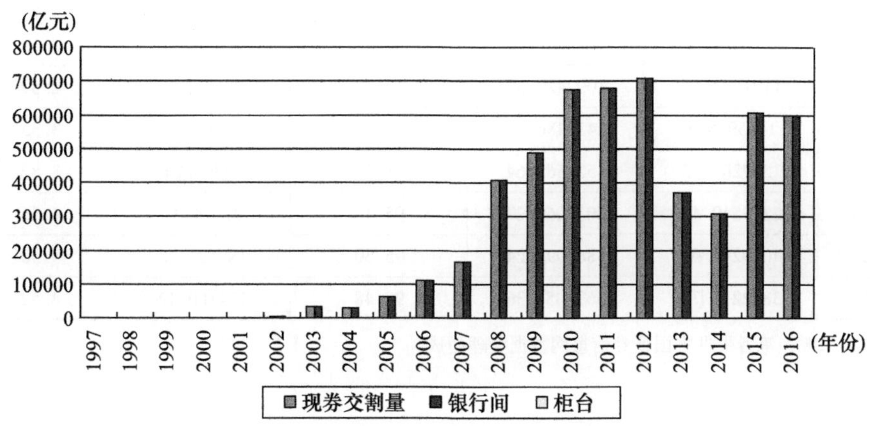

图 3-15　各债券市场现券交割量

从 1997 年到 2016 年 9 月，除 2004 年外，我国债券市场的回购交割量呈逐年递增的趋势，从 1997 年的 326. 81 亿元增加到 2016 年 9 月的 3852211. 78 亿元，是 1997 年的 11787. 31 倍，其中质押式回购占了绝对比重，均在 95% 以上。

表 3-15　债券回购交割量　　单位：亿元

年份	回购交割量	质押式回购	占比（%）	买断式回购	占比（%）
1997	326. 81	326. 81	100	0	0
1998	1019. 98	1019. 98	100	0	0

续表

年份	回购交割量	质押式回购	占比（%）	买断式回购	占比（%）
1999	4513.04	4513.04	100	0	0
2000	15715.36	15715.36	100	0	0
2001	40186.35	40186.35	100	0	0
2002	101978.19	101978.19	100	0	0
2003	119758.81	119758.81	100	0	0
2004	99652.57	98379.02	98.72	1273.55	1.28
2005	165078.04	162883.27	98.67	2194.77	1.33
2006	273512.61	270587.77	98.93	2924.84	1.07
2007	462872.04	455608.90	98.43	7263.13	1.57
2008	599953.6	582376.61	97.07	17576.99	2.93
2009	725730.09	699711.21	96.41	26018.88	3.59
2010	947929.48	917646.62	96.81	30282.86	3.19
2011	1121477.16	1092429.38	97.41	29047.78	2.59
2012	1475955.5	1426486.18	96.65	49469.32	3.35
2013	1589265.88	1528560.64	96.18	60705.24	3.82
2014	2135540.48	2038066.27	95.44	97474.21	4.56
2015	4049292.01	3867098.24	95.50	182193.78	4.50
2016	3852211.78	3678051.36	95.48	174160.42	4.52

资料来源：笔者根据中国债券信息网数据整理而成。

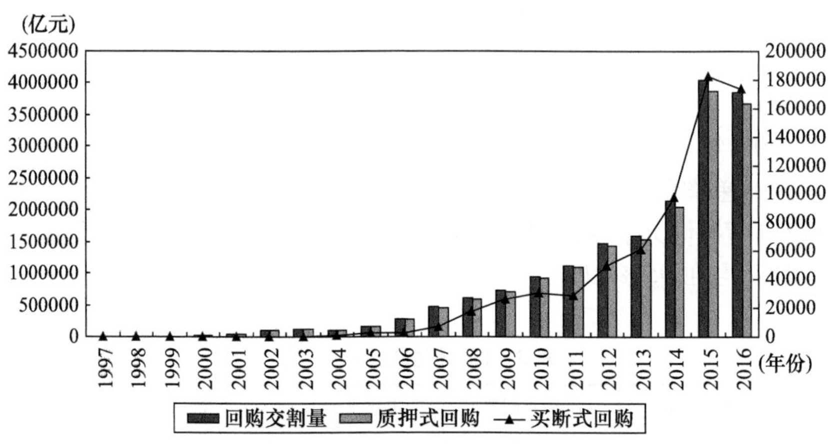

图 3－16　我国债券回购交割量

从交割次数来看，其规律和交割量相同，现券交割次数先增加后减少，而回购次数呈逐年递增的趋势。2016 年 9 月，现券交割次数达 754029 次，其中银行间市场的交割次数为 640117 次，占 84.89%。回购交割次数达 935699 次，其中质押式回购为 775335 次，占 82.86%。

表 3－16　交割次数

交易方式＼年份	2009	2010	2011	2012	2013	2014	2015	2016
现券交割	271579	438947	515676	587364	457536	466391	677280	754029
银行间	214693	338787	407253	494079	334106	320530	559269	640117
柜台	56886	100160	108423	93285	123430	145861	118011	113912
回购交割	124232	178345	280053	364678	489915	664726	939307	935699
质押式回购	117300	165333	259297	329602	437893	569205	766190	775335
买断式回购	6932	13012	20756	35076	52022	95521	173117	160364

资料来源：笔者根据中国债券信息网数据整理而成。

（2）交易结构。第一，交易品种结构。从债券交易品种结构上来看，在银行间债券市场现券交易中，政府债券、政策性银行债、企业债和中期票据是我国的主要交易品种，截至 2015 年，占比分别为 16.08%、64.57%、10.56%和 5.17%。相比于 2014 年，政府债券的交割量有所上升，2014 年的占比为 18.84%，而政策性银行债的占比大幅上升，增加了 12.02 个百分点，而企业债券和中期票据有所下降，2014 年的占比分别为 14.24%和 11.45%（见表 3－17）。

表 3－17　银行间债券市场投资者结构

	2015 年		2014 年	
	债券交割量（亿元）	比重（%）	债券交割量（亿元）	比重（%）
合计	605316.01	100.00	309799.10	100.00
政府债券	97323.21	16.08	58355.41	18.84
记账式国债	94625.35	15.63	57291.91	18.49
储蓄国债（电子式）	0.00	0.00	0.00	0.00
地方政府债	2697.86	0.45	1063.50	0.34
央行票据	6212.35	1.03	1264.30	0.41

续表

	2015 年		2014 年	
	债券交割量（亿元）	比重（%）	债券交割量（亿元）	比重（%）
政策性银行债	390843.32	64.57	162803.16	52.55
国家开发银行	251387.93	41.53	104987.83	33.89
中国进出口银行	53582.16	8.85	27389.03	8.84
中国农业发展银行	85873.24	14.19	30426.31	9.82
政府支持机构债券	8653.98	1.43	5874.65	1.90
商业银行债券	4226.71	0.70	1061.93	0.34
普通债	4003.83	0.66	540.91	0.17
次级债	196.57	0.03	509.29	0.16
混合资本债	26.31	0.00	11.73	0.00
资本工具	1363.22	0.23	204.50	0.07
二级资本工具	1363.22	0.23	204.50	0.07
非银行金融机构债券	1062.08	0.18	573.94	0.19
企业债券	63904.97	10.56	44102.73	14.24
中央企业债券	3611.63	0.60	2100.12	0.68
地方企业债券	60169.65	9.94	41958.29	13.54
集合企业债	109.29	0.02	44.31	0.01
项目收益债	14.40	0.00	0.00	0.00
短期融资券	0.00	0.00	0.00	0.00
资产支持证券	394.29	0.07	20.93	0.01
中期票据	31282.40	5.17	35466.49	11.45
集合票据	49.48	0.01	70.08	0.02
外国债券	0.00	0.00	1.00	0.00
国际机构债券	0.00	0.00	1.00	0.00
其他债券	0.00	0.00	0.00	0.00

资料来源：笔者根据中国债券信息网数据整理而成。

如表 3－18 所示，在银行间债券市场质押式回购交易中，政府债券、政策性银行债、企业债和中期票据是我国的主要交易品种，截至 2015 年，占比分别为 40.57%、47.76%、5.08% 和 2.63%。相比于 2014 年，政府债券的交割量有所上升，2014 年的占比为 41.26%；而政策性银行债的占比大幅上升，增加了 4.03 个百分点；企业债券和中期票据有所下降，2014 年的占比分别为 5.73% 和 4.75%。

表 3-18　银行间债券市场质押式回购交易

	2015 年		2014 年	
	债券交割量（亿元）	比重（%）	债券交割量（亿元）	比重（%）
合计	3867098.24	100.00	2038066.27	100.00
政府债券	1568827.58	40.57	840883.04	41.26
记账式国债	1494351.82	38.64	818264.14	40.15
储蓄国债（电子式）	0.00	0.00	0.00	0.00
地方政府债	74475.76	1.93	22618.90	1.11
央行票据	23530.18	0.61	16373.17	0.80
政策性银行债	1846914.84	47.76	891321.99	43.73
国家开发银行	1106971.24	28.63	565320.69	27.74
中国进出口银行	285014.45	7.37	134034.65	6.58
中国农业发展银行	454929.16	11.76	191966.65	9.42
政府支持机构债券	84785.36	2.19	50925.44	2.50
商业银行债券	36317.92	0.94	23512.25	1.15
普通债	27391.00	0.71	11124.37	0.55
次级债	8026.16	0.21	11868.96	0.58
混合资本债	900.76	0.02	518.92	0.03
资本工具	6745.70	0.17	858.70	0.04
二级资本工具	6745.70	0.17	858.70	0.04
非银行金融机构债券	1046.78	0.03	371.65	0.02
企业债券	196595.37	5.08	116746.95	5.73
中央企业债券	21093.44	0.55	15318.66	0.75
地方企业债券	174237.49	4.51	101016.92	4.96
集合企业债	1257.79	0.03	411.37	0.02
项目收益债	6.65	0.00	0.00	0.00
短期融资券	0.00	0.00	0.00	0.00
资产支持证券	769.31	0.02	156.27	0.01
中期票据	101523.91	2.63	96802.72	4.75
集合票据	36.72	0.00	113.59	0.01
外国债券	4.57	0.00	0.50	0.00
国际机构债券	4.57	0.00	0.50	0.00
其他债券	0.00	0.00	0.00	0.00

资料来源：笔者根据中国债券信息网数据整理而成。

第二，投资者结构。从我国债券市场投资者结构看（见表3－19），截至2016年9月，主要是机构投资者，其中商业银行、信用社、证券公司和基金类公司是主要的机构投资者，买入的占比分别为65.04%、1.54%、22.1%和9.33%，可以看出商业银行占主体地位，卖出和买入的情况类似；在银行间质押式回购交易中（见表3－20），情形稍微复杂些，比如特殊结算成员在逆回购中的占比为30.51%，而正回购的占比只有0.36%，证券公司和基金的正回购占比又远大于逆回购占比，但商业银行始终占据绝对比重，正回购和逆回购的占比分别为71.63%和60.16%。

表3－19　银行间债券市场投资者结构

	买入（亿元）	比重（%）	卖出（亿元）	比重（%）
合计	599878.03	100.00	599878.03	100.00
特殊结算成员	2089.58	0.35	1455.15	0.24
商业银行	390138.40	65.04	408673.30	68.13
全国性商业银行	66731.56	11.12	75022.72	12.51
外资银行	31125.37	5.19	30994.20	5.17
城市商业银行	229771.84	38.30	239912.12	39.99
农村商业银行	61025.49	10.17	61202.20	10.20
农村合作银行	1401.63	0.23	1480.06	0.25
村镇银行	69.20	0.01	62.00	0.01
其他	13.30	0.00	0.00	0.00
信用社	9223.89	1.54	8832.22	1.47
非银行金融机构	689.03	0.11	613.65	0.10
证券公司	132590.81	22.10	135853.67	22.65
保险机构	2933.16	0.49	2362.32	0.39
基金类	55944.30	9.33	39402.16	6.57
其中：商业银行理财产品	2300.91	0.38	2359.96	0.39
非金融机构	0.00	0.00	0.00	0.00
银行间	0.00	0.00	0.00	0.00
柜台	0.00	0.00	0.00	0.00
个人投资者	0.00	0.00	0.00	0.00
境外机构	6268.85	1.05	2685.55	0.45
其他	0.00	0.00	0.00	0.00

资料来源：笔者根据中国债券信息网数据整理而成。

表 3-20　银行间债券市场质押式回购交易中的投资者结构

	正回购		逆回购	
	交易量（亿元）	比重（%）	交易量（亿元）	比重（%）
合计	3678051.36	100.00	3678051.36	100.00
特殊结算成员	13127.18	0.36	1122180.84	30.51
商业银行	2634480.25	71.63	2212708.26	60.16
全国性商业银行	579559.28	15.76	1408074.73	38.28
外资银行	74339.62	2.02	11509.98	0.31
城市商业银行	1175919.75	31.97	570776.01	15.52
农村商业银行	786102.34	21.37	214227.36	5.82
农村合作银行	18170.59	0.49	7696.22	0.21
村镇银行	380.16	0.01	114.76	0.00
其他	8.50	0.00	309.20	0.01
信用社	331770.75	9.02	77190.74	2.10
非银行金融机构	34313.73	0.93	5850.72	0.16
证券公司	123087.90	3.35	5131.36	0.14
保险机构	44064.73	1.20	53989.65	1.47
基金类	497206.82	13.52	200927.79	5.46
其中：商业银行理财产品	41792.05	1.14	6716.88	0.18
非金融机构	0.00	0.00	0.00	0.00
个人投资者	0.00	0.00	0.00	0.00
境外机构	0.00	0.00	72.00	0.00
其他	0.00	0.00	0.00	0.00

资料来源：笔者根据中国债券信息网数据整理而成。

第四章　全流通时代我国股债市场波动性研究

第一节　引言

股权分置制度是我国证券市场中特有的一项制度，之所以在我国证券市场建立之初就实行这样一种制度主要有以下几点原因：第一，我国是社会主义国家，实行的是社会主义公有制的经济制度。因此，为了保证国有企业上市后的公有性质不变，国家必须绝对控股，而且所持股份不能在二级市场流通；第二，在我国股票市场建立之初，我国的国有资产监管体系和制度还不完善，为了不使国有资产流失，规定国有股份不能上市流通；第三，股票市场价格波动频繁，而且当时没有实行涨跌幅 10% 限制，也没有实行 T + 1 的交易规则，市场投机氛围浓厚，国有股份可能会有减值风险。

随着我国证券市场的发展，股权分置的制度安排的缺陷在实践中不断暴露，不能适应我国证券市场规范化发展的要求。国有股份不能上市流通，非流通股股东的市值与市场脱离，公司股价的上涨或下跌与非流通股股东毫无关系，因此无法对非流通股股东形成有效的激励和约束，严重扭曲了上市公司的公司治理结构，使得公司治理结构形同虚设。此外，股权分置导致了“同股不同权，同股不同价”的二元价格现象，扭曲了市场定价机制，股价无法真实地反映股票市场的供求关系，从而导致股价无法发挥配置资源的作用。因此，为了打破我国证券市场的二元结构，使得非流通股股东与流通股股东的利益趋于一致，提高上市公司的整体经营绩效，增强证券市场的资源优化配置功能，必须进行股权分置改革。

2005 年 8 月 23 日，经国务院批准，证监会、国资委、财政部、中国人民银行和商务部五部委联合颁布《关于上市公司股权分置改革的指导意见》（以下简称《意见》），《意见》的出台标志着我国股权分置改革的帷幕正式拉开。2005 年底，我国境内 1300 多家上市公司中，已有 1092 家完成了股权分置改革或者进入股权分置改革程序。有关数据显示，这 1092 家上市公司市值合计达 34456. 74 亿元，占沪深两市总市值的 81. 25% 。截止到 2007 年底，股权分置改革已经基本完成。

2008 年 4 月 17 日，随着腾达建设控股股东所持有的 56. 62 万股股份解禁上市，腾达建设也因此成为第一家真正意义上通过股权分置改革实现全流通的上市公司，这同时标志着我国股票市场进入了全流通时代。据统计，2008 年全年解禁的限售股为 838. 89 亿股，实现全流通的上市公司有 74 家，2009 年和 2010 年解禁股份总量分别为 7096. 30 亿股和 5036. 99 亿股，实现全流通的上市公司分别达到 431 家和 727 家。

然而，股权分置改革对我国证券市场的影响并不会因为股权分置改革的完成和股票市场进入全流通时代而结束，股权分置改革产生了大量的“大小非”解禁后的限售股，据中国证监会 2005 年 12 月公布的数据显示，截止到 2005 年 12 月，非流通股占全部股票数量的 62% ，这些非流通股的陆续上市流通对我国证券市场必然会造成很大的冲击，其影响是无法估量的。

第二节 研究方法介绍

自 20 世纪 80 年代自回归条件异方差模型诞生后，它很快便成为研究资产价格波动的主要工具。

Engle 于 1982 年率先提出了最原始的自回归条件异方差模型，1986 年，Bollerslev 和 Taylor 在 ARCH 模型的基础上提出了更为一般的 ARCH 模型，即广义自回归条件异方差（GARCH）模型。此后，学者们又相继提出了多种 GARCH 模型的扩展模型，比如，为检验投资者的投资收益与风险的关系，尤其是在承担额外风险时能否获得相应的额外收益，Engle、Lilien 和 Robins （1987） 提出了 ARCH – M 模型。而针对相同程度的正负冲击对资本市场产生不同影响的现象，即所谓的杠杆效应或非对称性，Nelson（1991）和 Glosten、Jagannathan 及 Runkle（1993）分别提出了指数 GARCH（EGARCH）模型和 GJR 模型。此外，还有成分 ARCH（Component ARCH）等。

一、ARCH 模型

$$r_t = \mu + \varepsilon_t$$

$$\varepsilon_t = \sqrt{h_t} v_t, v_t \sim i.i.d$$

$$h_t = \alpha_0 + \sum_{i=1}^{p} \alpha_i \varepsilon_{t-i}^2 \tag{4.1}$$

其中，μ 为均值，α_0 为常数项，ε_{t-i}^2 为扰动项 ε 滞后 p 期的平方，代表 ARCH 项。

400502 028070 400502

二、GARCH 模型

$$r_t = \mu + \varepsilon_t$$

$$\varepsilon_t = \sqrt{h_t} v_t, v_t \sim i.i.d$$

$$h_t = \alpha_0 + \sum_{i=1}^{p} \alpha_i \varepsilon_{t-i}^2 + \sum_{j=1}^{q} \beta_j h_{t-j} \tag{4.2}$$

其中，μ 为均值，α_0 为常数项，α_i 为参数，ε_{t-i}^2 为扰动项 ε 滞后 p 期的平方，代表 ARCH 项。β_j 为参数，h_{t-j} 是滞后 q 期的方差，代表 GARCH 项。

三、GARCH－M 模型

在很多情况下，一种金融资产的收益率常常与投资风险紧密相关，为了将风险考虑进来，Engle 等人（1987）首次提出了 GARCH－in－Mean 模型，在均值方程中加入风险这个变量。通常度量风险有三种形式：方差、标准差和方差的对数。以标准差为例，GARCH－in－Mean 模型可表示如下。

$$r_t = \mu + \delta \sqrt{h_t} + \varepsilon_t$$

$$\varepsilon_t = \sqrt{h_t} v_t, v_t \sim i.i.d$$

$$h_t = \alpha_0 + \sum_{i=1}^{p} \alpha_i \varepsilon_{t-i}^2 + \sum_{j=1}^{q} \beta_j h_{t-j} \tag{4.3}$$

在该模型中，如果 δ 为正，说明风险越大，那么金融资产的收益率就越高。相反，如果 δ 为负，则风险越大，收益率反而越低。通常前一种情形与实际较为吻合。

四、TGARCH 模型

在金融市场上，金融资产收益率的条件方差常常对负的和正的未预期到的收益（冲击）的反应并不相同，负的未预期到的收益往往造成较大的条件方差，这种现象就是非对称性，即杠杆效应。当运用 GARCH 模型来刻画这种杠杆效应时，非对称 GARCH 模型便应运而生了。一般来说，有 TGARCH 和 EGARCH 这两种非对称模型。

TGARCH 模型是由 Glosten 等人于 1993 年提出的。所谓 TGARCH 模型，即门限 GARCH 模型，它利用虚拟变量来设置一个门限，用以区分负的和正的冲击对条件波动性的影响，模型如下：

$$r_t = \mu + \varepsilon_t$$

$$\varepsilon_t = \sqrt{h_t} v_t, v_t \sim i.i.d$$

$$h_t = \alpha_0 + \sum_{i=1}^{p} \alpha_i \varepsilon_{t-i}^2 + \sum_{j=1}^{q} \beta_j h_{t-j} + \sum_{k=1}^{r} \gamma_k d_{t-k} \varepsilon_{t-k}^2 \tag{4.4}$$

其中 $d_{t-k} = \begin{cases} 0, & \varepsilon_{t-k} \geqslant 0 \\ 1, & \varepsilon_{t-k} < 0 \end{cases}$

如果 γ_k 为正，则利空消息会比利好消息带来更剧烈的波动。反之，如果 γ_k 为负，则利空消息会比利好消息带来更小的波动。在实际中，前一种情形较为常见。

五、成分 GARCH 模型

在一般的 GARCH 模型中，一般假定条件方差的均值是恒定不变的。而 Ding 和 Granger（1996）以及 Engle 和 Lee（1999）等人提出的 CGARCH 模型假定条件方差的均值是随时间不断变化的。其形式如下。

$$r_t = \mu + \varepsilon_t$$

$$\varepsilon_t = \sqrt{h_t} v_t,\ v_t \sim i.i.d$$

$$h_t - c_t = \alpha(\varepsilon_{t-1}^2 - c_{t-1}) + \beta(h_{t-1} - c_{t-1})$$

$$c_t = \omega + \rho(c_{t-1} - \omega) + \lambda(\varepsilon_{t-1}^2 - h_{t-1}) \tag{4.5}$$

其中，$h_t - c_t$ 表示短期波动成分，且以 $\alpha + \beta$ 的势趋于 0，c_t 表示长期波动成分，且以 ρ 的势趋于 ω。

第三节 实证分析

一、数据选取与处理

本书研究的是全流通时代我国股票和债券市场的波动性。目前我国有上海证券交易所和深圳证券交易所两个交易所，代表了我国股票市场，本书选取沪深 300 指数来代表我国股市的发展状况。我国债券市场包括交易所债券市场（上交所和深交所）、银行间债券市场和场外柜台债券市场。我国债券市场的交易品种主要有政府债券（国债占主体）、政策性金融债券、企业债券、央行票据、中期票据、短期和超短期融资券等。为了从整体和局部两个角度研究我国债券市场的波动性，以及在接下来的章节里同我国股票市场的联动性，本书选取中证全债指数来代表我国债券市场的整体发展状况，以中证国债指数、中证金融债指数和中证企业债指数分别代表我国国债、金融债和企业债的发展状况。

沪深 300 指数是沪深证券交易所于 2005 年 4 月 8 日第一次联合发布的反映 A 股市场整体走势的指数。它的推出增加了一项用于观察股票市场走势的指标，完善了股票市场现有的指数体系，也进一步为指数衍生品的创新和发展提供了基础条件。沪深 300 指数样本覆盖了沪深市场六成左右的市值，具有良好的市场代表性。

中证全债指数是中证指数公司编制的综合反映银行间债券市场和沪深交易所债券市场的跨市场债券指数，也是中证指数公司编制并发布的首只债券类指数。该指数的样本由银行间市场和沪深交易所市场的国债、金融债券及企业债券组成，中证指数公司每日计算并发布中证全债的收盘指数及相应的债券属性指标，为债券投资者提供投资分析工具和业绩评价基准。该指数的一个重要特点是在异常价格和无价情况下使用了模型价，能更为真实地反映债券的实际价值和收益率特征。

中证国债指数是中证分信用类别债券指数的一种，选取银行间债券市场、上海证券交易所和深圳证券交易所的剩余期限在 1 年以上的国债所编制的指数，反映我国国债整体价格的变动趋势。

中证金融债指数是中证分信用类别债券指数的一种，选取银行间债券市场的剩余期限在 1 年以上的金融债所编制的指数，反映我国金融债整体价格的变动趋势。

中证企业债指数是中证分信用类别债券指数的一种，选取银行间债券市场、上海证券交易所和深圳证券交易所的剩余期限在 1 年以上的企业债所编制的指数，反映我国企业债整体价格的变动趋势。

本书选取的样本区间为 2002 年 12 月 31 日至 2016 年 9 月 30 日，共 3394 个交易日的数据，将其分为股权分置时期和全流通时代两个子样本，股权分置时期从 2002 年 12 月 31 日至 2008 年 4 月 16 日，全流通时代从 2008 年 4 月 17 日至 2016 年 9 月 30 日，数据均来自 Wind 数据库。首先求出日收盘价的对数收益率，即 $r = \ln p_t - \ln p_{t-1}$，然后对收益率序列进行正态性、平稳性和 ARCH 效应的检验。

从表 4 - 1 中的结果可知，沪深 300 和中证企业债的平均收益率都为 0.0002，而中证全债、中证国债和中证金融债的收益率都为 0.0001，是前者的一半；从最大值和最小值看，沪深 300 的最大值都远远大于任何一种债券，而最小值都远远小于任何一种债券，这表明沪深 300 的极差是最大的，这也从另一方面说明股票市场的风险要大于债券市场；在债券中，中证全债和中证国债的最大值小于中证金融债和中证企业债的最大值，而前两者的最小值却大于后两者的最小值，这表明中证全债和中证国债的极差小于中证金融债和中证企业债的极差，这也从另一方面说明中证全债和中证国债的风险小于中证金融债和中证企业债的风险；从标准差来看，沪深 300 的标准差远远大于任何一种债券的标准差，说明股票市场的风险大于债券市场的风险，这和前面的分析是一致的；中证全债和中证国债的标准差几乎一样，分别为 0.0014 和 0.0013，中证金融债和中证企业债的标准差也相差不大，分别为 0.0023 和 0.0027，几乎是中证全债和中证国债的两倍，这说明中证全债和中证国债的风险小于中证金融债和中证企业债的风险，这和前面的分析结果是一致的；从偏度和峰度来看，沪深 300 和中证金融债为负偏，其他债券都为正偏，而且中证金融债负偏的程度较大，达到 -2.61，而中证国债的正偏程度较大，达到 1.39，其他的数值都相对较小；沪深 300 的峰度是最小的，为 6.19，而中证金融债的峰度是最大的，为 99.67，其他三种债券的峰度相差不大。总之，从偏度和峰度看，股票和债券的收益率呈现尖峰厚尾特征；从 JB 统计量看，在 1% 显著水平下拒绝了原假设，这说明股票和债券不服从正态分布，而是服从尖峰厚尾分布。

表 4-1 描述性统计

收益率	均值	中位数	最大值	最小值	标准差	偏度	峰度	JB 值
沪深 300	0.0002	0.0007	0.0893	-0.0970	0.0174	-0.28	6.19	1217.17***
中证全债	0.0001	0.0001	0.0157	-0.0126	0.0013	0.54	26.61	64867.76***
中证国债	0.0001	0.0001	0.0167	-0.0093	0.0014	1.39	27.31	69502.27***
中证金融债	0.0001	0.0001	0.0308	-0.0404	0.0023	-2.61	99.67	1088327.00***
中证企业债	0.0002	0.0002	0.0302	-0.0234	0.0027	0.34	28.08	73102.84***

注：*** 表示在 1% 水平下显著。

二、平稳性检验

单位根检验是检验时间序列平稳性的一种标准方法。在构造经典的时间序列模型和向量自回归等模型之前必须进行时间序列的平稳性检验。对序列进行平稳性检验的方法有很多，如 DF 检验（Dickey - Fuller），ADF 检验（Augmented Dickey - Fuller），PP 检验（Phillips，perron，1998），ERS（Elliot，Rothenbergand Stock，1996）检验和 NP 检验（Ng，Perron，2001）等。在一般的平稳性检验中，原假设为时间序列存在单位根，即时间序列为非平稳序列；备择假设为时间序列不存在单位根，即时间序列为平稳序列。在这些检验平稳性的诸多方法中，前三种方法出现得比较早，在实际应用中较为常见。考虑如下模型：

$$Y_t = \alpha + \beta Y_{t-1} + \varepsilon_t \tag{4.6}$$

其中，ε_t 的均值为零、方差恒定，且不存在无自相关，亦即 ε_t 是白噪声过程。如果 β 为 1，则表明 Y_t 存在单位根，时间序列是非平稳序列。将上式两边减 Y_{t-1} 有

$$\nabla Y_t = \alpha + (\beta - 1) Y_{t-1} + \varepsilon_t \tag{4.7}$$

令 $\beta - 1 = \rho$，则上式变为

$$\nabla Y_t = \alpha + \rho Y_{t-1} + \varepsilon_t \tag{4.8}$$

如果接受零假设 H_0：$\rho = 0$，则说明时间序列 Y_t 存在单位根，是非平稳的。此时 Y_{t-1} 系数的估计值就是 DF 检验值，如果系数估计值的绝对值小于 DF 临界值的绝对值，则说明时间序列 Y_t 带有一个单位根，是非平稳的，反之是平稳的。这种检验方法称为 Dickey - Fuller 检验，简称 DF 检验，也称为单位根（unit root）检验。

在 DF 检验中，由于不能保证 ε_t 为白噪声过程，因此无法保证 ρ

的估计量的无偏性。于是，Dickey 和 Fuller 对 DF 检验进行了扩充，提出了 ADF（Augmented Dickey – Fuller）检验。在 ADF 检验中，为了保证 ε_t 为白噪声过程，在模型中增加了一些滞后项。模型如下：

$$\nabla Y_t = \alpha + \rho Y_{t-1} + \beta_i \sum_{i=1}^{m} \nabla Y_{t-i} + \varepsilon_t \qquad (4.9)$$

以上仅列出了含有常数项的单位根检验情况，事实上单位根检验一般包含三种情况：仅含常数项、含常数项和时间趋势以及无常数项和时间趋势。如果 $|\rho| > 1$，则时间序列为非平稳序列，其方差随着时间的增加而增加并趋向于无穷；如果 $|\rho| < 1$，则序列为平稳序列。因此，检验一个序列是否平稳本质上就是检验 $|\rho|$ 是否严格小于 1。

本书的平稳性检验采取不含截距项和趋势项的 ADF 检验，滞后项阶数由软件自动确定。

从表 4 – 2 中的结果可看出，无论是股票还是债券，其价格都是非平稳序列，而其一阶差分（收益率）皆为平稳序列，即价格序列是一阶单整的。

表 4 – 2　平稳性检验结果

变量	（c，t，p）	T 统计量	1% 临界值	5% 临界值	10% 临界值	P 值	结论
沪深 300	（c，t，0）	–0.87	–3.96	–3.41	–3.13	0.9573	非平稳
收益率	（0，0，0）	–51.85***	–2.57	–1.94	–1.62	0.0001	平稳
中证全债	（c，t，11）	–2.61	–3.96	–3.41	–3.13	0.2756	非平稳
收益率	（0，0，11）	–10.88***	–2.57	–1.94	–1.62	0	平稳
中证国债	（c，t，2）	–1.83	–3.96	–3.41	–3.13	0.6923	非平稳
收益率	（0，0，1）	–27.91***	–2.57	–1.94	–1.62	0	平稳
中证金融债	（c，t，10）	–2.07	–3.96	–3.41	–3.13	0.5592	非平稳
收益率	（0，0，9）	–15.08***	–2.57	–1.94	–1.62	0	平稳
中证企业债	（c，t，1）	–1.53	–3.96	–3.41	–3.13	0.8181	非平稳
收益率	（0，0，0）	–57.05***	–2.57	–1.94	–1.62	0.0001	平稳

注：沪深 300、中证全债、中证国债、中证金融债和中证企业债指的是其指数的对数，收益率指的是相应的对数收益率；（c，t，p）中，c 表示截距，t 表示时间趋势，p 表示滞后阶数；*** 表示在 1% 水平下显著。

三、ARCH 效应检验

本书采用 ARCH – LM 方法检验。首先将收益率序列对常数项进行回归得到残差序列，然后取滞后阶数为8，结果如表4-3所示，由此可知残差序列存在高阶ARCH效应，因此可使用GARCH模型进行分析。

表4-3 ARCH效应检验结果

收益率	全样本		股权分置		全流通	
	F统计量	P	F统计量	P	F统计量	P
沪深300	32.9017	0.0000	14.3882	0.0000	24.9068	0.0000
中证全债	17.8421	0.0000	13.5275	0.0000	11.8923	0.0000
中证国债	33.3109	0.0000	5.9223	0.0000	22.5672	0.0000
中证金融债	41.6037	0.0000	18.6828	0.0000	3.1388	0.0016
中证企业债	13.0949	0.0000	6.1985	0.0000	8.9091	0.0000

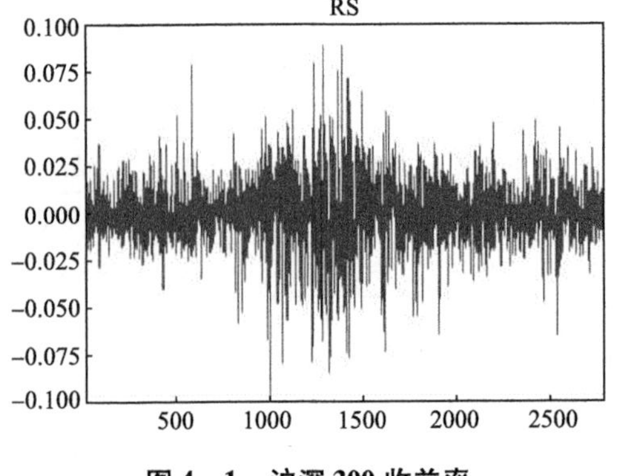

图4-1 沪深300收益率

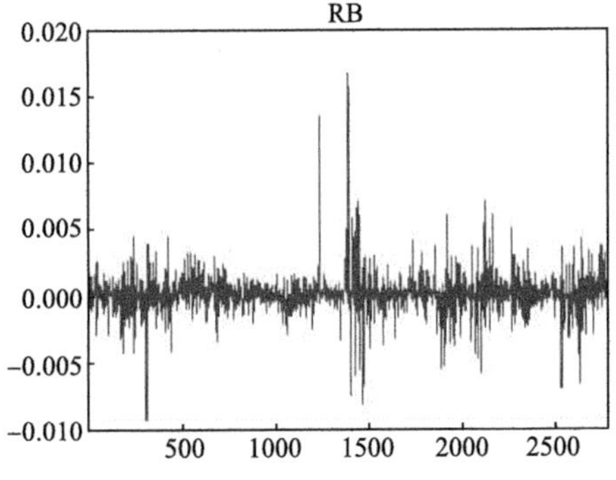

图4-2 中证国债收益率

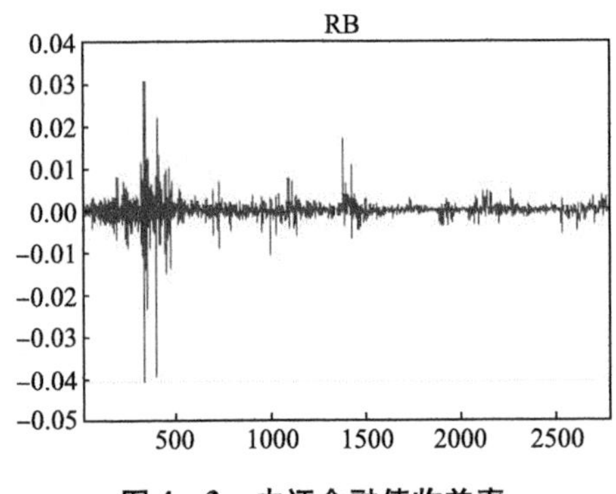

图4-3 中证金融债收益率

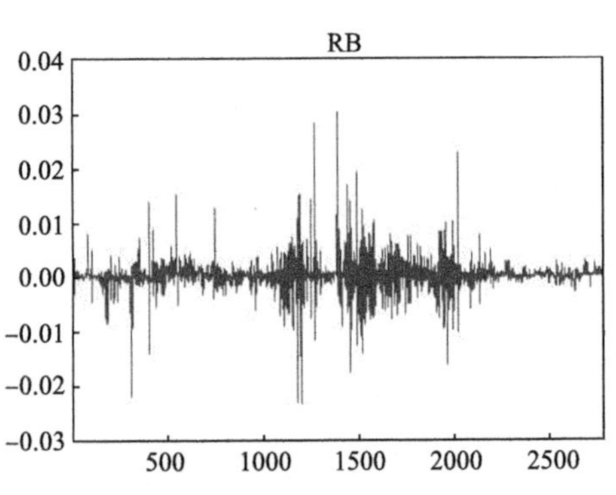

图4-4 中证企业债收益率

四、我国股票市场波动性的实证分析

1. 波动结构性变化分析

为了比较股权分置时期与全流通时代波动性是否发生了结构性变化，首先必须确定我国股票市场何时才开始真正进入全流通时代。关于全流通时代的起点，我国学者当中有多种说法，有些学者以 2005 年 4 月 29 日中国证监会发布《关于上市公司股权分置改革试点有关问题的通知》为分界点，之前是股权分置时期，之后就是全流通时代；也有学者以 2005 年 8 月 23 日证监会、国资委、财政部、中国人民银行、商务部五部门联合出台《关于上市公司股权分置改革的指导意见》为分界点；一部分学者以 2006 年底股权分置改革基本完成为分界点，还有一些学者以 2008 年 4 月 17 日腾达建设成为第一个真正意义上通过股改而实现全流通的公司为分界点。本书认为，最后一种说法较为合理，故本书选取 2008 年 4 月 17 日作为股权分置时期和全流通时代的分界点。

本书采用设定虚拟变量的方法来研究我国股市波动性在股权分置时期和全流通时代是否发生了结构性变化。股权分置时期从 2002 年 12 月 31 至 2008 年 4 月 16 日，虚拟变量的取值为 0，全流通时代从 2008 年 4 月 17 至 2016 年 9 月 30 日，虚拟变量的取值为 1。同时，为了反映风险与收益的关系，在模型的均值方程中加入风险这一变量，即我们采用 GARCH－M 模型，风险的度量采用标准差。从前面的分析可知，股票收益率不服从正态分布，而是呈现尖峰厚尾的特征，所以本书同时采用 t 分布和广义误差分布（GED）来拟合。结果如表 4－4 所示。

表 4－4　波动的结构变化

变量	t 分布		GED 分布	
	系数	Z 统计量	系数	Z 统计量
	均值方程			
标准差	0.2057	3.2202***	0.2202	3.5933***
常数项	－0.0028	－2.9396***	－0.0028	－3.1329***
	方差方程			
常数项	0.0000	2.4613**	0.0000	2.4253**
ARCH（－1）	0.0448	6.0294***	0.0481	5.7900***
GARCH（－1）	0.9502	117.2869***	0.9450	100.9166***
I	－4.13E－07	－0.6664	－4.00E－07	－0.5863

注：**、*** 分别表示在 5%、1% 水平下显著。

从表 4－4 中的结果可知：无论残差是服从 t 分布还是 GED 分布，其风险的系数为正，且在 1% 显著性水平下通过检验。因此，股票的收益和风险呈正向关系，即风险越大，投资者要求的期望收益也越高；虚拟变量 I 的系数都为负，但在 10% 的显著性水平下都未能通过显著性检验，这说明全流通时代股市波动性并没有比股权分置时期显著减小。

2. 波动持续性分析

本部分将收益率序列分成股权分置时期和全流通时代两个序列分别进行研究，且仍然在均值方程中考虑风险这一变量，即采用GARCH－M 模型来研究股市波动的持续性。

在股权分置时期，风险系数的符号为正，表明股票收益和风险是正相关的，而且在 1% 水平下通过显著性检验。

表 4－5　股权分置时期

变量	t 分布		GED 分布	
	系数	Z 统计量	系数	Z 统计量
	均值方程			
标准差	0.3031	3.1818***	0.2904	3.2494***
常数项	-0.0036	-2.6571***	-0.0032	-2.5687**
	方差方程			
常数项	0.0000	2.1606**	0.0000	1.9741**
ARCH（-1）	0.0782	4.7176***	0.0794	4.7989***
GARCH（-1）	0.9114	50.1881***	0.9112	50.4968***

注：**、*** 分别表示在 5%、1% 水平下显著。

从波动性来看，可得出以下结论：①t 分布下，a + b = 0.9896；GED 分布下，a + b = 0.9906，这表明波动具有稳定性；②t 分布下，b = 0.9114，GED 分布下，b = 0.9112，且都能通过显著性检验，这表明波动表现为较长的记忆特性。

在全流通时代，风险系数的符号为正，t 分布下未能通过显著性检验，但在 GED 分布和 5% 水平下可通过显著性检验，这表明股票收益和风险是正相关关系是能得到有力支持的。

从波动性来看，可得出以下结论：①t 分布下，a + b = 0.9971，GED 分布下，a + b = 0.9959，这表明波动具有稳定性；②t 分布下，b = 0.9795，GED 分布下，b = 0.9780，且都能通过显著性检验，这表明波动表现为较长的记忆特性。

表 4-6　全流通时代

变量	t 分布		GED 分布	
	系数	Z 统计量	系数	Z 统计量
	均值方程			
标准差	0.1418	1.6205	0.1736	2.0467**
常数项	-0.0023	-1.7362*	-0.0027	-2.0963**
	方差方程			
常数项	0.0000	1.0801	0.0000	1.2534
ARCH (-1)	0.0176	3.2133***	0.0179	3.1481***
GARCH (-1)	0.9795	184.1472***	0.9780	164.1804***

注：*、**、***分别表示在 10%、5%、1% 水平下显著。

比较股权分置时期和全流通时代债市的波动情况可知，首先，债券收益率和风险是呈正相关的，这表明风险越大，投资者要求的回报越高，但这种关系在全流通时代有所降低；其次，波动具有稳定性，全流通时代新信息引起的短期波动减小了，而历史波动比股权分置时期表现出更大的持久性。

3. *波动杠杆效应分析*

为了研究坏消息是否会比好消息引起更大的波动，即是否存在杠杆效应，本部分采用 TGARCH(1, 1)-M 模型，其结果如下。

表 4-7　股权分置时期

变量	t 分布		GED 分布	
	系数	Z 统计量	系数	Z 统计量
	均值方程			
标准差	0.3011	3.1590***	0.2896	3.2381***
常数项	-0.0036	-2.6370***	-0.0032	-2.5614**
	方差方程			
常数项	0.0000	2.1438**	0.0000	1.9857**
ARCH (-1)	0.0773	3.8306***	0.0782	3.6676***
杠杆效应	0.0023	0.1045	0.0029	0.1247
GARCH (-1)	0.9109	49.8679***	0.9106	50.3528***

注：**、***分别表示在 5%、1% 水平下显著。

在股权分置时期，风险系数的符号为正，且在 1% 显著性水平下可通过检验，表明股票收益和风险是正相关的。杠杆效应的系数为正，但在 10% 显著性水平下未能通过显著性检验，说明在股权分置时期不存在正向杠杆效应。

在全流通时代，风险系数的符号为正，这表明股票收益和风险是正相关的。但 t 分布下未能通过显著性检验，在 GED 分布和 10% 显著性水平下可通过检验。杠杆效应的系数为正，且在 10% 显著性水平下都能通过显著性检验，这说明在全流通时代存在正向杠杆效应。

表 4-8 全流通时代

变量	t 分布		GED 分布	
	系数	Z 统计量	系数	Z 统计量
	均值方程			
标准差	0.1354	1.5315	0.1654	1.9164 *
常数项	-0.0022	-1.6844 *	-0.0026	-2.0062 **
	方差方程			
常数项	0.0000	1.7601 *	0.0000	1.7945 *
ARCH (-1)	0.0059	0.9368	0.0085	1.2294
杠杆	0.0205	2.2703 **	0.0175	1.9333 **
GARCH (-1)	0.9786	191.5754 ***	0.9764	166.7699 ***

注：*、**、*** 分别表示在 1%、5%、10% 水平下显著。

4. 短期和长期波动分析

本部分采用成分 GARCH(1, 1)-M 模型来研究两个时期的短期和长期波动情况。

表 4-9 股权分置时期

变量	t 分布		GED 分布	
	系数	Z 统计量	系数	Z 统计量
	均值方程			
标准差	0.3037	3.2201 ***	0.3012	3.3852 ***
常数项	-0.0036	-2.6965 ***	-0.0034	-2.7078 ***
	方差方程			
ω	0.0004	1.5435	0.0018	0.0963
ρ	0.9892	102.0943 ***	0.9994	133.8095 ***
λ	0.0808	4.7698 ***	0.0445	1.3884
α	-0.0250	-1.3276	0.0456	1.5128
β	-0.9056	-12.0229 ***	0.9089	17.2944 ***

注：*** 表示在 1% 水平下显著。

在股权分置时期，风险系数的符号为正，且在 1% 显著性水平下可通过检验，这表明股票收益和风险是正相关的。

在 t 分布下，长期波动以 0. 9892 的速度趋于 0. 0004；在 GED 分布下，长期波动以 0. 9994 的速度趋于 0. 0018。

在 t 分布下，短期波动以 0. 9306 的速度趋于 0；在 GED 分布下，短期波动以 0. 9545 的速度趋于 0。

表 4 –10 全流通时代

变量	t 分布		GED 分布	
	系数	Z 统计量	系数	Z 统计量
	均值方程			
标准差	0. 1162	1. 3301	0. 1621	1. 8947 *
常数项	−0. 0019	−1. 4254	−0. 0025	−1. 9408 *
	方差方程			
ω	0. 0002	1. 8154 *	0. 0002	3. 1046 ***
ρ	0. 9970	354. 3546 ***	0. 9955	346. 6353 ***
λ	0. 0200	3. 4868 ***	0. 0200	3. 3331 ***
α	−0. 0380	−1. 8536 *	−0. 0272	−1. 1483
β	−0. 1675	−0. 2469	−0. 4218	−0. 5079

注：*、*** 分别表示在 10%、1% 水平下显著。

在全流通时代，风险系数的符号为正，表明股票收益和风险是正相关的。但 t 分布下未能通过显著性检验，在 GED 分布和 10% 显著性水平下可通过检验。

在 t 分布下，长期波动以 0. 9970 的速度趋于 0. 0002；在 GED 分布下，长期波动以 0. 9955 的速度趋于 0. 0002。

在 t 分布下，短期波动以 0. 2055 的速度趋于 0；在 GED 分布下，短期波动以 0. 4490 的速度趋于 0。

比较全流通时代和股权分置时期股市的波动性可知，全流通时代的长期波动要小于股权分置时期的波动，而且波动衰减的速度要慢，表现出更强的持久性。

五、债券市场波动性研究

1. 波动结构性变化分析

本部分同样采用 TGARCH 模型来研究股权分置时期和全流通时代我国债券市场的波动性是否发生了结构性变化。

表 4－11　中证全债波动结构变化

变量	t 分布		GED 分布	
	系数	Z 统计量	系数	Z 统计量
	均值方程			
标准差	0.0355	0.8931	0.0278	0.7826
常数项	0.0001	3.0441***	0.0001	4.1176***
	方差方程			
常数项	1.58E－07	3.9539***	1.21E－07	3.8645***
ARCH（－1）	0.3214	6.9959***	0.2496	9.4961***
GARCH（－1）	0.7127	30.5895***	0.7349	33.7796***
I	－9.03E－08	－2.6027***	－6.69E－08	－2.3864**

注：**、*** 分别表示在 5%、1% 水平下显著。

无论残差是服从 t 分布还是 GED 分布，其风险的系数都为正，但都不能通过显著性检验。因此，债券的收益和风险可能不呈正向关系；虚拟变量 I 的系数都为负，而且在 5% 的显著性水平下都能通过显著性检验，这说明全流通时代债市波动性比股权分置时期显著减小，波动性发生了显著变化。

表 4－12　中证国债波动结构变化

变量	t 分布		GED 分布	
	系数	Z 统计量	系数	Z 统计量
	均值方程			
标准差	0.0049	0.1601	0.0209	0.7110
常数项	0.0001	3.2038***	0.0001	2.7685***
	方差方程			
常数项	0.0000	3.1999***	0.0000	5.1233***
ARCH（－1）	0.7616	3.4308***	0.2596	8.0825***
GARCH（－1）	0.5703	19.5945***	0.7134	27.9964***
I	－8.98E－08	－1.6822*	－1.19E－08	－0.6845

注：*、*** 分别表示在 10%、1% 水平下显著。

无论残差是服从 t 分布还是 GED 分布，其风险的系数都为正，但都不能通过显著性检验。因此，债券的收益和风险可能不呈正向关系；

虚拟变量 I 的系数都为负，在 t 分布和 10% 水平下能通过显著性检验，这在一定程度上表明全流通时代债市波动性比股权分置时期显著减小，波动性发生了显著变化。

表 4－13 中证金融债波动结构变化

变量	t 分布		GED 分布	
	系数	Z 统计量	系数	Z 统计量
	均值方程			
标准差	0.0392	1.6111	0.0044	0.2292
常数项	0.0001	3.5736***	0.0001	8.7550***
	方差方程			
常数项	0.0000	3.6606***	0.0000	4.8267***
ARCH（－1）	0.3236	4.8390***	0.1931	9.3634***
GARCH（－1）	0.7802	41.6422***	0.8057	49.0278***
I	－1.73E－07	－3.3217***	－1.04E－07	－4.1715***

注：*** 表示在 1% 水平下显著。

无论在 t 分布还是 GED 分布下，其风险的系数为正，但在 10% 显著水平下未能通过显著性检验。虚拟变量 I 的系数都为负，而且在 1% 的显著性水平下都能通过显著性检验，这说明全流通时代债市波动性比股权分置时期显著减小，波动性发生了结构性显著变化。

表 4－14 中证企业债波动结构变化

变量	t 分布		GED 分布	
	系数	Z 统计量	系数	Z 统计量
	均值方程			
标准差	－0.0082	－0.4850	－0.0258	－1.6015
常数项	0.0002	7.3701***	0.0002	12.2481***
	方差方程			
常数项	0.0000	2.4454**	0.0000	4.3487***
ARCH（－1）	0.7175	3.0057***	0.3246	10.3823***
GARCH（－1）	0.7434	45.9237***	0.7536	49.5063***
I	－4.14E－08	－1.1460	－3.98E－08	－2.2407**

注：**、*** 分别表示在 5%、1% 水平下显著。

无论残差是服从t分布还是GED分布，其风险的系数都为负，但都不能通过显著性检验。因此，债券的收益和风险可能不呈负向关系；虚拟变量I的系数都为负，在t分布下未能通过显著性检验，但在GED分布和5%的显著性水平下能通过显著性检验，这在一定程度上表明全流通时代债市波动性比股权分置时期要小，波动发生了结构性变化。

2. 波动持续性分析

本部分同样采用GARCH－M模型来研究股权分置时期和全流通时代我国债券市场波动的持续性。

表4－15 中证全债股权分置时期

变量	t分布		GED分布	
	系数	Z统计量	系数	Z统计量
	均值方程			
标准差	－0.0355	－0.4462	－0.0319	－0.4519
常数项	0.0002	2.3151 **	0.0002	3.0084 ***
	方差方程			
常数项	0.0000	3.5250 ***	0.0000	3.9106 ***
ARCH（－1）	0.1596	4.3871 ***	0.1393	5.5917 ***
GARCH（－1）	0.8087	25.5456 ***	0.8058	25.9839 ***

注：**、*** 分别表示在5%、1%水平下显著。

在股权分置时期，风险系数的符号为负，这表明股票收益和风险是负相关的，但并未通过显著性检验。

从波动性来看，可得出以下结论：①t分布下，a＋b＝0.9683，GED分布下，a＋b＝0.9451，这表明波动序列是平稳的，具有可预测性；②t分布下，b＝0.8087，GED分布下，b＝0.8058，且都能通过显著性检验，这表明波动表现为较长的记忆特性。

表4－16 中证全债全流通时代

变量	t分布		GED分布	
	系数	Z统计量	系数	Z统计量
	均值方程			
标准差	0.0547	1.2205	0.0397	0.9400
常数项	0.0001	2.4051 **	0.0001	3.5616 ***

续表

变量	t 分布		GED 分布	
	系数	Z 统计量	系数	Z 统计量
	方差方程			
常数项	0.0000	3.8512***	0.0000	4.0908***
ARCH（-1）	0.5300	5.0435***	0.3568	7.3060***
GARCH（-1）	0.6315	20.7157***	0.6837	24.7370***

注：**、*** 分别表示在 5%、1% 水平下显著。

在全流通时代，风险系数的符号为正，但都未能通过显著性检验，这表明债券收益和风险的正相关关系是不能得到有力支持的。

从波动性来看，可得出以下结论：①t 分布下，a + b = 1.1615，GED 分布下，a + b = 0.9910，这表明波动呈发散趋势；②t 分布下，b = 0.6415，GED 分布下，b = 0.6837，且都能通过显著性检验，这表明波动表现为较长的记忆特性。

比较股权分置时期和全流通时代债市的波动情况可知，首先，在股权分置时期，债券收益率和风险是呈负相关的，在全流通时代，债券收益率和风险是呈正相关的，但都未找到足够的证据；其次，全流通时代新信息引起的短期波动增加了，而历史波动表现为更短的持久性。

表 4-17　中证国债股权分置时期

变量	t 分布		GED 分布	
	系数	Z 统计量	系数	Z 统计量
	均值方程			
标准差	0.0035	0.1113	0.0283	0.9379
常数项	0.0001	3.1682***	0.0001	2.5254**
	方差方程			
常数项	0.0000	3.5121***	0.0000	6.2371***
ARCH（-1）	0.7614	3.5289***	0.2956	8.1541***
GARCH（-1）	0.5593	18.7847***	0.6752	24.6670***

注：**、*** 分别表示在 5%、1% 水平下显著。

在股权分置时期，风险系数的符号为正，但在 10% 显著性水平下都未能通过显著性检验，这表明股票收益和风险负相关关系得不到有力支持。

从波动性来看，可得出以下结论：①t 分布下，a + b = 1.3207，波动呈发散趋势；GED 分布下，a + b = 0.9707，这表明波动序列是平稳的，具有可预测性；②t 分布下，b = 0.5593，GED 分布下，b = 0.6752，且都能通过显著性检验，但值相对较小，这表明波动表现为较短的记忆特性。

表 4 - 18　中证国债全流通时代

变量	t 分布		GED 分布	
	系数	Z 统计量	系数	Z 统计量
	均值方程			
标准差	0.0055	0.3301	-0.0045	-0.1710
常数项	0.0001	2.6004 ***	0.0001	3.3031 ***
	方差方程			
常数项	0.0000	0.2202	0.0000	4.4673 ***
ARCH（-1）	5.8595	0.2195	0.3680	5.9369 ***
GARCH（-1）	0.6452	19.1448 ***	0.6608	18.5571 ***

注：*** 表示在 1% 水平下显著。

在全流通时代，t 分布下风险系数的符号为正，GED 分布下风险系数的符号为负，但都未能通过显著性检验，表明债券收益和风险之间的相关关系是不能得到有力支持的。

从波动性来看，可得出以下结论：①t 分布下，a + b = 6.5046，GED 分布下，a + b = 1.0288，这表明波动呈发散趋势；②t 分布下，b = 0.6452，GED 分布下，b = 0.6608，且都能通过显著性检验，这表明波动表现为较长的记忆特性。

比较股权分置时期和全流通时代债市的波动情况可知，首先，在股权分置时期，债券收益率和风险是呈正相关的，在全流通时代，t 分布下风险系数的符号为正，GED 分布下风险系数的符号为负，但未找到足够的证据；其次，全流通时代新信息引起的短期波动增大了，而历史波动表现为更短的持久性。

表 4 - 19 中证金融债股权分置时期

变量	t 分布		GED 分布	
	系数	Z 统计量	系数	Z 统计量
	均值方程			
标准差	0.0090	0.2303	0.0195	0.6632
常数项	0.0001	1.4586	0.0001	1.4192
	方差方程			
常数项	0.0000	1.6314	0.0000	3.7991 ***
ARCH (-1)	0.4274	1.7128 *	0.1839	5.1482 ***
GARCH (-1)	0.7777	24.9694 ***	0.7978	26.4501 ***

注：*、*** 分别表示在 10%、1% 水平下显著。

在股权分置时期，风险系数的符号为正，这表明股票收益和风险是正相关的，但并未通过显著性检验。

从波动性来看，可得出以下结论：①t 分布下，a + b = 1.2051，这说明波动呈发散趋势；GED 分布下，a + b = 0.9817，这说明波动是平稳的，具有可预测性；②t 分布下，b = 0.7777，GED 分布下，b = 0.7978，且都能通过显著性检验，这表明波动表现为较长的记忆特性。

表 4 - 20 中证金融债全流通时代

变量	t 分布		GED 分布	
	系数	Z 统计量	系数	Z 统计量
	均值方程			
标准差	0.0558	1.3083	0.0087	0.2406
常数项	0.0001	2.6004 ***	0.0001	5.4307 ***
	方差方程			
常数项	0.0000	3.1285 ***	0.0000	3.5095 ***
ARCH (-1)	0.2879	4.5301 ***	0.2052	7.8072 ***
GARCH (-1)	0.7946	35.0352 ***	0.8107	42.4612 ***

注：*** 表示在 1% 水平下显著。

在全流通时代，风险系数的符号为正，但都未能通过显著性检验，表明债券收益和风险的正相关关系是不能得到有力支持的。

从波动性来看，可得出以下结论：①t 分布下，a + b = 1.0826，

GED 分布下，a + b = 1.0159，这表明波动呈发散趋势；②t 分布下，b = 0.7946，GED 分布下，b = 0.8107，且都能通过显著性检验，这表明波动表现为较长的记忆特性。

比较股权分置时期和全流通时代债市的波动情况可知，首先，股权分置时期和全流通时代债券收益率和风险是呈正相关的，但都未找到足够的证据；其次，波动呈现发散的趋势，全流通时代新信息引起的短期波动减小了，历史波动表现为更大的持久性。

表 4-21　中证企业债股权分置时期

变量	t 分布		GED 分布	
	系数	Z 统计量	系数	Z 统计量
	均值方程			
标准差	-0.0010	-0.0678	-0.0275	-1.2605
常数项	0.0002	3.4571 ***	0.0002	6.8265 ***
	方差方程			
常数项	0.0000	0.4542	0.0000	3.6052 ***
ARCH（-1）	2.1312	0.4568	0.3137	6.7842 ***
GARCH（-1）	0.7662	31.5942 ***	0.7585	32.2381 ***

注：*** 表示在 1% 水平下显著。

在股权分置时期，风险系数的符号为负，这表明股票收益和风险是负相关的，但并未通过显著性检验。

从波动性来看，可得出以下结论：①t 分布下，a + b = 2.8973，GED 分布下，a + b = 1.0722，这表明波动呈发散趋势；②t 分布下，b = 0.7662，GED 分布下，b = 0.7585，且都能通过显著性检验，这表明波动表现为较长的记忆特性。

表 4-22　中证企业债全流通时代

变量	t 分布		GED 分布	
	系数	Z 统计量	系数	Z 统计量
	均值方程			
标准差	-0.0095	-0.3382	-0.0124	-0.4775
常数项	0.0002	6.1961 ***	0.0002	7.9783 ***

续表

变量	t分布		GED分布	
	系数	Z统计量	系数	Z统计量
	方差方程			
常数项	0.0000	2.5838 ***	0.0000	3.4600 ***
ARCH（-1）	0.4308	4.0910 ***	0.3076	7.7952 ***
GARCH（-1）	0.7635	37.3759 ***	0.7594	37.4613 ***

注：*** 表示在1%水平下显著。

在全流通时代，风险系数的符号为负，但都未能通过显著性检验，这表明债券收益和风险的负相关关系是不能得到有力支持的。

从波动性来看，可得出以下结论：①t 分布下，a + b = 1.1943，GED 分布下，a + b = 1.0670，这表明波动呈发散趋势；②t 分布下，b = 0.7635，GED 分布下，b = 0.7594，且都能通过显著性检验，这表明波动表现为较长的记忆特性。

比较股权分置时期和全流通时代债市的波动情况可知，首先，债券收益率和风险是呈负相关的，但都未找到足够的证据；其次，波动呈现发散的趋势，全流通时代新信息引起的短期波动减小了，而历史波动表现为更大的持久性。

3. 波动杠杆效应分析

本部分同样采用 TGARCH - M 模型来研究股权分置时期和全流通时代我国债券市场波动的杠杆效应。

表 4-23 中证全债股权分置时期

变量	t分布		GED分布	
	系数	Z统计量	系数	Z统计量
	均值方程			
标准差	-0.3209	-3.6526 ***	-0.1940	-2.7161 ***
常数项	0.0005	5.5716 ***	0.0003	4.8629 ***
	方差方程			
常数项	0.0000	3.4610 ***	0.0000	3.8815 ***
ARCH（-1）	0.0054	0.6279	0.0019	0.3814
杠杆效应	0.1164	3.6074 ***	0.0502	4.1593 ***
GARCH（-1）	0.9105	55.9062 ***	0.9555	115.7973 ***

注：*** 表示在1%水平下显著。

在股权分置时期，风险系数的符号为负，且在1%显著性水平下能通过显著性检验，这表明债券收益和风险呈负相关关系。杠杆效应的系数为正，且在1%显著性水平下能通过显著性检验，这说明在股权分置时期存在正向杠杆效应。

表4-24　中证全债全流通时代

变量	t分布		GED分布	
	系数	Z统计量	系数	Z统计量
	均值方程			
标准差	0.0507	1.1232	0.0411	0.9922
常数项	0.0001	2.4771***	0.0001	3.6125***
	方差方程			
常数项	0.0000	3.8447***	0.0000	3.8033***
ARCH（-1）	0.5141	4.5693***	0.3106	6.1657***
杠杆效应	0.0243	0.2572	0.0289	0.4790
GARCH（-1）	0.6335	20.7600***	0.7121	26.7466***

注：***表示在1%水平下显著。

在全流通时代，风险系数的符号为正，但在10%显著性水平下并不能通过显著性检验，这表明债券收益和风险的正相关关系得不到有力证明。杠杆效应的系数为正，但在10%显著性水平下并不能通过显著性检验，这说明在全流通时代不存在正向杠杆效应。

表4-25　中证国债股权分置时期

变量	t分布		GED分布	
	系数	Z统计量	系数	Z统计量
	均值方程			
标准差	-0.1564	-1.6463*	-0.1848	-2.2266**
常数项	0.0003	3.2363***	0.0003	4.1879***
	方差方程			
常数项	0.0000	4.3512***	0.0000	5.9225***
ARCH（-1）	0.3238	3.6583***	0.2491	5.0429***
杠杆效应	0.1627	1.4303	0.1287	1.4005
GARCH（-1）	0.4550	6.7021***	0.5166	10.0225***

注：*、**、***分别表示在10%、5%、1%水平下显著。

在股权分置时期，风险系数的符号为负，且在10%显著性水平下能通过显著性检验，这表明债券收益和风险的负相关关系可得到有力证明。杠杆效应的系数为正，但在10%显著性水平下并不能通过显著性检验，这说明在股权分置时期不存在正向杠杆效应。

表4-26 中证国债全流通时代

变量	t分布		GED分布	
	系数	Z统计量	系数	Z统计量
	均值方程			
标准差	0.0041	0.2514	-0.0048	-0.1966
常数项	0.0001	2.6424***	0.0001	3.4003***
	方差方程			
常数项	0.0000	0.1504	0.0000	4.3353***
ARCH(-1)	8.2698	0.1501	0.4045	4.9326***
杠杆效应	0.2863	0.1108	-0.0102	-0.1148
GARCH(-1)	0.6467	19.1225***	0.6547	18.0792***

注：***表示在1%水平下显著。

在全流通时代，t分布下风险系数的符号为正，GED分布下风险系数的符号为负，但在10%显著性水平下并不能通过显著性检验，这表明债券收益和风险的相关关系得不到有力证明。t分布下杠杆效应的系数为正，GED分布下杠杆效应的系数为负，但在10%显著性水平下并不能通过显著性检验，这说明在全流通时代不存在杠杆效应。

表4-27 中证金融债股权分置时期

变量	t分布		GED分布	
	系数	Z统计量	系数	Z统计量
	均值方程			
标准差	0.0096	0.2394	0.0040	0.2135
常数项	0.0001	1.4242	0.0001	2.7442***
	方差方程			
常数项	0.0000	1.6235	0.0000	3.7818***
ARCH(-1)	0.3882	1.6372	0.1886	3.9684***
杠杆效应	0.0714	0.4454	0.0062	0.0869
GARCH(-1)	0.7784	25.0844***	0.7885	24.5019***

注：***表示在1%水平下显著。

在股权分置时期，风险系数的符号为正，但在10%显著性水平下并不能通过显著性检验，这表明债券收益和风险的正相关关系得不到有力证明。杠杆效应的系数为正，但在10%显著性水平下并不能通过显著性检验，这说明在股权分置时期不存在正向杠杆效应。

表4－28　中证金融债全流通时代

变量	t分布		GED分布	
	系数	Z统计量	系数	Z统计量
	均值方程			
标准差	0.0466	1.0986	-0.0033	-0.0884
常数项	0.0001	2.8141***	0.0001	5.6274***
	方差方程			
常数项	0.0000	3.1118***	0.0000	3.4759***
ARCH（-1）	0.2686	4.1678***	0.1842	6.7266***
杠杆效应	0.0313	0.5868	0.0168	0.4905
GARCH（-1）	0.7975	35.5640***	0.8192	44.6179***

注：***表示在1%水平下显著。

在全流通时代，t分布下风险系数的符号为正，GED分布下风险系数的符号为负，但在10%显著性水平下并不能通过显著性检验，这表明债券收益和风险的相关关系得不到有力证明。杠杆效应的系数为正，但在10%显著性水平下并不能通过显著性检验，这说明在全流通时代不存在正向杠杆效应。

表4－29　中证企业债股权分置时期

变量	t分布		GED分布	
	系数	Z统计量	系数	Z统计量
	均值方程			
标准差	0.0010	0.0679	-0.0268	-1.2343
常数项	0.0002	3.3255***	0.0002	8.0494***
	方差方程			
常数项	0.0000	0.4405	0.0000	3.5960***
ARCH（-1）	2.2946	0.4407	0.2918	5.2043***
杠杆效应	-0.2544	-0.3251	0.0285	0.4054
GARCH（-1）	0.7676	31.5413***	0.7636	33.2480***

注：***表示在1%水平下显著。

在股权分置时期，t 分布下，风险系数的符号为正，GED 分布下，风险系数的符号为负，但在 10% 显著性水平下不能通过显著性检验，这表明债券收益和风险的负相关关系得不到有力证明。t 分布下杠杆效应的系数为负，GED 分布下杠杆效应的系数为正，但在 10% 显著性水平下并不能通过显著性检验，这说明在股权分置时期不存在杠杆效应。

表 4 – 30　中证企业债全流通时代

变量	t 分布		GED 分布	
	系数	Z 统计量	系数	Z 统计量
	均值方程			
标准差	–0.0343	–1.2362	–0.0357	–1.4276
常数项	0.0002	6.9858 ***	0.0002	8.9411 ***
	方差方程			
常数项	0.0000	2.4635 **	0.0000	3.0874 ***
ARCH（–1）	0.2935	3.7893 ***	0.2335	6.6573 ***
杠杆效应	0.2485	2.2516 **	0.0785	1.3454
GARCH（–1）	0.7819	39.6161 ***	0.7879	41.9387 ***

注：**、*** 分别表示在 5%、1% 水平下显著。

在全流通时代，风险系数的符号为负，但在 10% 显著性水平下并不能通过显著性检验，这表明债券收益和风险的负相关关系得不到有力证明。杠杆效应的系数为正，且在 t 分布和 5% 显著性水平下能通过显著性检验，这在一定程度上说明在全流通时代存在正向杠杆效应。

4. 短期和长期波动分析

本部分同样采用 CGARCH – M 模型来研究股权分置时期和全流通时代我国债券市场的短期和长期波动。

表 4 – 31　中证全债股权分置时期

变量	t 分布		GED 分布	
	系数	Z 统计量	系数	Z 统计量
	均值方程			
标准差	0.0899	1.1915	–0.0394	–0.6164
常数项	0.0001	0.7891	0.0002	3.4199 ***

续表

变量	t 分布		GED 分布	
	系数	Z 统计量	系数	Z 统计量
	方差方程			
ω	1.72E-06	1.1870	1.32E-06	2.9508***
ρ	0.9967	331.2737***	0.9923	215.1208***
λ	0.0190	2.0454**	0.0256	1.6751*
α	0.1408	4.0018***	0.1643	4.2308***
β	0.7192	10.5464***	0.6598	8.1925***

注：*、**、*** 分别表示在 10%、5%、1% 水平下显著。

在股权分置时期，t 分布下风险系数的符号为正，GED 分布下风险系数的符号为负，但在 10% 显著性水平下并不能通过显著性检验，这表明债券收益和风险的相关关系得不到有力证明。

在 t 分布下，长期波动以 0.9967 的速度趋于 1.72E-06；在 GED 分布下，长期波动以 0.9923 的速度趋于 1.32E-06。

在 t 分布下，短期波动以 0.86 的速度趋于 0；在 GED 分布下，短期波动以 0.8241 的速度趋于 0。

表 4-32　中证全债全流通时代

变量	t 分布		GED 分布	
	系数	Z 统计量	系数	Z 统计量
	均值方程			
标准差	0.0790	1.5898	0.0603	1.3922
常数项	0.0001	2.4829**	0.0001	3.1729***
	方差方程			
ω	1.34E-05	0.6991	1.14E-05	0.2021
ρ	0.9994	1200.9670***	0.9992	230.1518***
λ	0.0979	5.3436***	0.0979	4.3322***
α	0.4166	9.5108***	0.3907	7.3172***
β	0.1769	2.6087***	0.1593	1.9401*

注：*、**、*** 分别表示在 10%、5%、1% 水平下显著。

在全流通时代，风险系数的符号为正，但在 10% 显著性水平下并不能通过显著性检验，这表明债券收益和风险的正相关关系得不到有力证明。

在t分布下，长期波动以0.9994的速度趋于1.34E-05；在GED分布下，长期波动以0.9992的速度趋于1.14E-05。

在t分布下，短期波动以0.5935的速度趋于0；在GED分布下，短期波动以0.55的速度趋于0。

比较全流通时代和股权分置时期债市的波动性可知，全流通时代的长期波动要大于股权分置时期的波动，而且波动衰减的速度要慢，表现出更强的持久性。

表4-33　中证国债股权分置时期

变量	t分布		GED分布	
	系数	Z统计量	系数	Z统计量
	均值方程			
标准差	-0.2025	-2.0006**	-0.0419	-0.4709
常数项	0.0003	3.6969***	0.0002	2.0354**
	方差方程			
ω	9.14E-07	6.5225***	9.36E-07	10.2253***
ρ	0.8404	30.0539***	0.8607	50.7092***
λ	0.2654	6.5280***	0.1784	6.4542***
α	0.0269	2.5930***	0.0813	4.4721***
β	-0.7788	-36.9476***	-0.7468	-15.4535***

注：**、***分别表示在5%、1%水平下显著。

在股权分置时期，风险系数的符号为负，且在t分布和5%显著性水平下能通过显著性检验，GED分布下未能通过显著性检验，这在一定程度上表明债券收益和风险的负相关关系可以得到有力证明。

在t分布下，长期波动以0.8404的速度趋于9.14E-07；在GED分布下，长期波动以0.8607的速度趋于9.36E-07。

在t分布下，短期波动以0.7519的速度趋于0；在GED分布下，短期波动以0.6655的速度趋于0。

在全流通时代，风险系数的符号为正，但在10%显著性水平下并不能通过显著性检验，这表明债券收益和风险的正相关关系得不到有力证明。

表 4－34　中证国债全流通时代

变量	t 分布		GED 分布	
	系数	Z 统计量	系数	Z 统计量
	均值方程			
标准差	0.0369	0.8321	0.0068	0.2230
常数项	0.0001	2.2182 **	0.0001	5.0859 ***
	方差方程			
ω	6.99E－05	0.6309	1.87E－05	0.1033
ρ	0.9997	1787.5150 ***	0.9987	81.8530 ***
λ	0.1112	5.3110 ***	0.1132	2.3934 **
α	0.3897	8.1410 ***	0.4032	6.1393 ***
β	0.2098	2.6283 ***	0.1902	1.9729 **

注：**、*** 分别表示在 5%、1% 水平下显著。

在 t 分布下，长期波动以 0.9997 的速度趋于 6.99E－05；在 GED 分布下，长期波动以 0.9987 的速度趋于 1.87E－05。

在 t 分布下，短期波动以 0.5995 的速度趋于 0；在 GED 分布下，短期波动以 0.5934 的速度趋于 0。

比较全流通时代和股权分置时期债市的波动性可知，全流通时代有更大的长期波动，而且表现出更强的持久性。

表 4－35　中证金融债股权分置时期

变量	t 分布		GED 分布	
	系数	Z 统计量	系数	Z 统计量
	均值方程			
标准差	0.0028	0.0502	－0.0050	－0.1681
常数项	0.0001	1.5516	0.0002	3.8909 ***
	方差方程			
ω	1.90E－04	0.0806	7.47E－06	1.3378
ρ	0.9987	61.4763 ***	0.9716	41.9438 ***
λ	0.2032	6.2464 ***	0.1845	4.8132 ***
α	0.0507	1.6886 *	－0.0365	－0.6812
β	－0.8015	－7.7188 ***	0.2693	0.1721

注：*、*** 分别表示在 10%、1% 水平下显著。

在股权分置时期，t 分布下风险系数的符号为正，GED 分布下风险系数的符号为负，但在 10% 显著性水平下都不能通过显著性检验，这表明债券收益和风险的相关关系得不到有力证明。

在 t 分布下，长期波动以 0.9987 的速度趋于 1.90E－04；在 GED 分布下，长期波动以 0.9716 的速度趋于 7.47E－06。

在 t 分布下，短期波动以 0.7508 的速度趋于 0；在 GED 分布下，短期波动以 0.2027328 的速度趋于 0。

表 4－36 中证金融债全流通时代

变量	t 分布		GED 分布	
	系数	Z 统计量	系数	Z 统计量
	均值方程			
标准差	0.0704	1.4041	0.0296	0.7425
常数项	0.0001	2.5334 **	0.0001	4.6325 ***
	方差方程			
ω	7.40E－05	0.9045	1.70E－05	0.2951
ρ	0.9998	4834.5150 ***	0.9991	307.1427 ***
λ	0.1359	5.8590 ***	0.1473	5.5899 ***
α	0.3691	7.9958 ***	0.3816	7.5195 ***
β	0.0692	1.0645	0.0947	1.2858

注：**、*** 分别表示在 5%、1% 水平下显著。

在全流通时代，风险系数的符号为正，但在 10% 显著性水平下并不能通过显著性检验，这表明债券收益和风险的相关关系得不到有力证明。

在 t 分布下，长期波动以 0.9998 的速度趋于 7.40E－05；在 GED 分布下，长期波动以 0.9991 的速度趋于 1.70E－05。

在 t 分布下，短期波动以 0.4383 的速度趋于 0；在 GED 分布下，短期波动以 0.4763 的速度趋于 0，但不显著。

比较全流通时代和股权分置时期债市的波动性可知，长期波动未发生显著变化，但波动衰减的速度较慢，表现出更强的持久性。

在股权分置时期，风险系数的符号为正，但在 10% 显著性水平下不能通过显著性检验，这表明债券收益和风险的正相关关系得不到有力证明。

表 4-37 中证企业债股权分置时期

变量	t 分布		GED 分布	
	系数	Z 统计量	系数	Z 统计量
	均值方程			
标准差	0.0232	0.5066	0.0046	0.1583
常数项	0.0001	2.2893 **	0.0002	4.4615 ***
	方差方程			
ω	7.71E-05	0.3335	3.91E-05	0.1245
ρ	0.9990	320.1330 ***	0.9980	61.7522 ***
λ	0.1640	6.6582 ***	0.1699	3.4170 ***
α	0.3362	7.3178 ***	0.3538	6.3234 ***
β	-0.0203	-0.3073	-0.0174	-0.2492

注：**、*** 分别表示在 5%、1% 水平下显著。

在 t 分布下，长期波动以 0.9990 的速度趋于 7.71E-05；在 GED 分布下，长期波动以 0.9980 的速度趋于 3.91E-05。

在 t 分布下，短期波动以 0.3159 的速度趋于 0，在 GED 分布下，短期波动以 0.3364 的速度趋于 0。

表 4-38 中证企业债全流通时代

变量	t 分布		GED 分布	
	系数	Z 统计量	系数	Z 统计量
	均值方程			
标准差	-0.0123	-0.3231	-0.0253	-0.9282
常数项	0.0002	6.0037 ***	0.0002	8.2175 ***
	方差方程			
ω	2.82E-03	0.9731	5.86E-04	1.7459 *
ρ	1.0000	546257.2 ***	1.0000	126647.1 ***
λ	0.1100	12.5566 ***	0.1127	7.3062 ***
α	0.2897	10.2415 ***	0.2577	5.3615 ***
β	0.2519	3.4806 ***	0.2287	1.6848 *

注：*、*** 分别表示在 10%、1% 水平下显著。

在全流通时代，风险系数的符号为负，但在 10% 显著性水平下并不能通过显著性检验，这表明债券收益和风险的负相关关系得不到有力证明。

在 t 分布下，长期波动以 1 的速度趋于 2.82E－03；在 GED 分布下，长期波动以 1 的速度趋于 5.86E－04。

在 t 分布下，短期波动以 0.5416 的速度趋于 0，在 GED 分布下，短期波动以 0.4864 的速度趋于 0。

比较全流通时代和股权分置时期债市的波动性可知，全流通时代的长期波动要大于股权分置时期的波动，而且波动衰减的速度要慢，表现出更强的持久性。

本章小结

本章通过运用 GARCH 族模型分析了我国股票和债券市场在股权分置时期和全流通时代的波动性，现总结如下：

1. 波动结构性变化分析

就我国股市来说，全流通时代股市波动性并没有比股权分置时期显著减小；就我国债券市场来说，中证全债、中证国债、中证金融债和中证企业债在全流通时代债市波动性比股权分置时期显著减小，波动性发生了结构性显著变化。

2. 波动持续性分析

就我国股市而言，全流通时代新信息引起的短期波动减小了，而历史波动比股权分置时期表现为更大的持久性。就我国债市而言，市场波动的持续性表现有所差异，具体来说，中证全债和中证国债在全流通时代新信息引起的短期波动增加了，而历史波动表现为更短的持久性；中证金融债和中证企业债在全流通时代新信息引起的短期波动减小了，历史波动表现为更长的持久性。

3. 波动杠杆效应分析

就我国股市而言，在股权分置时期不存在正向杠杆效应，在全流通时代存在正向杠杆效应。

就我国债市而言，杠杆效应各有差别。中证全债在股权分置时期存在正向杠杆效应，在全流通时代不存在正向杠杆效应；中证国债和中证金融债在股权分置时期和全流通时代都不存在正向杠杆效应；中证企业债在股权分置时期不存在杠杆效应，在全流通时代存在正向杠杆效应。

4. 短期和长期波动分析

就我国股市而言，全流通时代的长期波动要小于股权分置时期的波动，而且波动衰减的速度要慢，表现出更强的持久性。

就我国债市而言，短期和长期波动表现各异。中证全债、中证国债和中证企业债在全流通时代的长期波动要大于股权分置时期的波动，而且波动衰减的速度较慢，表现出更强的持久性；中证金融债的长期波动未发生显著变化，但波动衰减的速度较慢，表现出更强的持久性。

第五章 我国股债联动的实证分析

第一节 引言

我们知道，在任何一个国家，金融市场都是最重要的市场，它能促进本国经济的发展，为广大投资者提供金融产品的交易场所从而使他们获取收益。而在金融市场中股票和债券市场又是最为重要的两个市场。我国的股票和债券市场从无到有，不断发展壮大，我国股票总市值、发行量、交易量、上市公司数量等都有了飞跃式发展；我国债券市场的发行量、交易量、托管量不断提高，债券品种不断丰富，债券交易方式多样化。作为广大投资者最为重要的投资方式，股票和债券的收益波动是投资者最为关注的。同时，投资者也不断关注股票和债券收益之间的变动关系，根据不同的市场状况调整它们的投资组合以获取收益的最大化。因此，研究股票和债券市场之间的关系（联动性）就显得尤为重要。

国内外学者对股票和债券市场的联动性做了大量的研究，Peter 和 Wessel（2004）选取了美国 1982 ~ 2001 年股市和债市的相关数据，基于非对称 VECH 模型对股债之间的关系进行了实证分析。研究结果显示，股债价格之间的协方差具有显著的时变性。Cappiello、Engle 和 Sheppard（2006）运用 ADCC - GARCH 模型对欧美、日本和澳大利亚等 21 个国家和地区在 1987 ~ 2001 年的股债联动进行了分析研究。他们的研究表明，这些国家的股债动态条件相关系数普遍较低，最低的是北美区，动态条件相关系数只有 0. 0903，其次是澳大利亚区，动态条件相关系数为 0. 1316，最高的是欧洲区，但动态条件相关系数也只有0.2731；此外，国家与国家之间的股债动态条件相关系数也很低，有的还呈现负相关关系。他们还发现，当股市发生危机时，股债动态条件相关系数为负，债市交投活跃，投资者将资金转移到债市，这就是学者们所称的“投资转移”（Flight to Quality）的现象。曾志坚和江洲（2007）选取1997年1月至2005年8月为样本期间，以上证综指代表我国股票市场，以国债代表我国债券市场，运用VAR模型实证分析了我国股债之间的联动关系。研究结果表明，我国股债间的动态条件相关系数处于-0.5~0.8，而且大多数时期在-0.3~0.3波动；我国股市和债市之间存在长期的联动关系，而且这种关系具有时变性。王璐和庞皓（2008）以2002年1月至2007年6月间上证综合指数与中国债券总指数为样本，运用VAR模型研究了我国股债价格波动的溢出效应。他们的研究结果显示，我国股票市场和债券市场之间存在双向的波动溢出效应。袁超、张兵和汪慧建（2008）以2003~2006年我国沪深股票和债券价格为样本，基于ADCC-GARCH模型研究了我国股债的价格联动问题。结果表明，我国股债动态条件相关系数具有动态时变特征，经济条件不同，股债动态条件相关系数也不同，在研究的样本期内，大部分时间里我国股债之间存在较低的正相关关系，而在连续实施紧缩政策后，我国股债动态条件相关系数在2005年变为负数。韩蹇韬（2011）选取2003年4月1日至2010年6月11日我国股票指数、债券指数和基金指数为样本，通过构建VAR-DCC-MGARCH模型研究它们之间的动态相关性。研究结果表明，股债动态条件相关系数和基债动态条件相关系数有正有负，它们的波动范围在-0.3~0.4，其走势也非常相似，而且具有很强的动态时变性和集聚性。

第二节 研究方法介绍

一、向量自回归模型（VAR模型）

联立方程模型的运用在20世纪五六十年代很流行。这种方法克服了利用单个回归方程刻画经济现象的缺陷，消除了方程的随机误差项与解释变量相关带来的参数估计量的偏倚的影响。估计联立方程的方法有工具变量法、两阶段最小二乘法、有限信息极大似然估计法等。但联立方程模型也是有缺点的，为达到对模型可识别的目的就必须对变量实行零约束。

1980 年西姆斯将向量自回归模型（VAR 模型）应用到经济学中，使得经济系统动态性分析得到了广泛的应用。VAR 模型可以在不带有任何事先约束条件的情况下用来估计联合内生变量的动态关系。该模型的基本形式为：

假设时间序列向量 Y_t 是一个 n 维列向量：$Y_t = (y_{1t}, y_{2t}, \cdots, y_{nt})$，则 k 阶的 VAR 模型是：

$$Y_t = \mu + \sum_{i=1}^{k} \prod_i Y_{t-i} + V_t \quad V_t \sim iid(0, \sum) \tag{5.1}$$

其中，μ 是 $N \times 1$ 阶向量，可以包括常数项和时间趋势，$\prod_i$ 是一个 $N \times N$ 参数矩阵，V_t 为 $N \times 1$ 阶残差向量，Σ 代表一个 $N \times N$ 阶方差协方差矩阵。可以采用最小二乘法来估计 VAR 模型，假如对 Σ 矩阵不施加限制型条件，由最小二乘法可得 Σ 矩阵的估计量为：

$$\hat{\Sigma} = \frac{1}{T} \sum \hat{V}_t \hat{V}'_t \tag{5.2}$$

其中，$\hat{V}_t = Y_t - \sum_{i=1}^{k} \hat{\prod}_i Y_{t-i}$

需要提醒的是，滞后阶数 k 不能太大也不能太小。如果滞后阶数过大，则模型的自由度会减少，从而直接影响模型参数估计量的有效性；而如果滞后阶数过小，则可能导致比较严重的误差项自相关，使得模型参数估计的误差过大。一般来说，可以综合运用 LR、FPE、AIC、SC、HQ 等评判准则来确定，以保证合适的滞后阶数。

二、协整检验

20 世纪 70 年代以前，“经济时间序列为平稳序列”是建立时间序列模型的假设前提。但是，现实当中绝大多数宏观经济与金融时间序列都是非平稳时间序列，如果利用普通最小二乘法（OLS）对这些非平稳序列进行建模，则模型的 F 统计量可能很显著、拟合优度可能会很高，但 D. W. 检验值却很低，其原因很可能就是这些序列之间存在“伪回归”现象。为了满足建模的平稳性要求，学者们常常将非平稳时间序列进行差分①，如果差分后平稳，则用差分后的时间序列建模。但是，差分后的时间序列丢失了许多有用的信息。1987 年，Engle 和 Granger 在《协整与误差修正、描述、估计与检验》中正式提出了协整（Cointegration）的概念，将经济变量之间存在的长期稳定的均衡关系称为协整关系。

k 维向量：$y_t=(y_{1t}, y_{2t}, \cdots, y_{kt})$ 的分量间被称为（d，b）阶协整，如果满足：

（1）$y_t \sim I(d)$，要求 y_t 的每个分量 $y_{it} \sim I(d)$；

（2）存在非零列向量 β，使得 $\beta' y_t \sim I(d-b)$。

从其定义可以看出，虽然每个时间序列的均值、方差或协方差等随时间变化，但这些时间序列的某种线性组合（均衡关系）的均值、方差或协方差等是不变的。协整关系描述的是两个或多个非平稳经济时间序列的长期均衡关系，

通常来说，检验协整关系的方法有两种②：一是基于回归残差的 EG（Engle 和 Granger，1987）两步法，该方法首先做最小二乘回归，然后检验回归残差是否平稳，如果平稳则序列存在协整关系，否则就不存在；二是基于 VAR 框架的极大似然估计法，即人们所熟悉的 Johansen 极大似然值协整检验法。Johansen 检验法是在 VAR 模型中利用极大似然估计法来检验多个变量间是否存在协整关系的方法。假设 Y_t 是一个 2 ×1 阶时间序列向量，其 k 阶向量自回归模型为：

$$Y_t = \mu + \sum_{i=1}^{k} \prod\nolimits_i Y_{t-i} + V_t \quad V_t \sim iid(0,\Sigma) \tag{5.3}$$

其中，μ 是 2 ×1 阶向量，可以包括线性趋势和常数项，$\prod_i$ 是一个 2 ×2 参数矩阵，V_t 为 2 ×1 阶残差向量，Σ 代表一个 2 ×2 阶方差协方差矩阵。

对上式做一阶差分可得：

$$\Delta Y_t = \mu + \sum_{i=1}^{k-1} \Gamma_i \Delta Y_{t-i} + \prod Y_{t-k} + V_t \tag{5.4}$$

其中，Δ 为差分算子，$\Gamma_i = \left(I - \sum_{j=1}^{i} \prod\nolimits_j\right)(i = 1,2,\cdots,k-1)$，$\prod = -\left(I - \sum_{j=1}^{k} \prod\nolimits_j\right)$

① Box 和 Jenkins 指出时间序列的非平稳性是多种多样的，但是它们往往具有齐次非平稳特征，即经过多次差分后的时间序列可以变换成平稳序列。

② 参见封思贤等（2010）。

利用极大似然法可以估计矩阵 Γ_i 和 Π 中的参数。序列之间是否存在协整关系可以通过约束矩阵 Π 的秩来判断，如果矩阵 Π 的秩为 1，则表明序列之间存在协整关系。

三、Granger 因果关系检验

以二元平稳变量组合（X_{1t}，X_{2t}）变量为例，标准的均值 Granger 因果关系检验的主要思想是：I_{1t}、I_{2t}分别为变量 1、2 在 t 时刻的信息集，$I_1=(I_{1t}, I_{2t})$，$\bar{\omega}_{1t}$为变量 1 在 t 时刻基于信息集 I_{1t}的条件均值，如果 $E(X_{1t+1}\mid I_t)\neq E(X_{1t+1}\mid I_{1t})=\bar{\omega}_{1t+1}$，则认为变量 2 是变量 1 均值的 Granger 原因；变量 1 是否为变量 2 的均值的 Granger 原因可按照相同方法确定。后来，对 Granger 因果关系的检验逐渐从期望角度过渡到预测精度。如果 $\sigma^2(X_1\mid I_t)<\sigma^2(X_1\mid I_{1t})$，$\sigma^2(X_1\mid\cdot)$ 为给定信息集下对 X_1 的预测误差的方差，即 X_2 的加入显著提高了对 X_1 的预测精度，则可以认为变量 2 对变量 1 具有 Granger 因果引导关系。然后，在此基础上构建 χ^2 统计量或者 F 统计量进行假设检验。

四、多元 GARCH（MV－GARCH）模型

1988 年，Bollerslev、Engle 和 Wooldridge 最先提出了多元 GARCH 模型，与一元 GARCH 模型只能刻画单变量在时间维度上的波动变化相比，多元 GARCH 模型不但能够同时描述多个时间序列波动集聚的时变特征，而且还能有效捕捉多个时间序列彼此之间的波动传导过程。多元 GARCH 模型的基本设定形式如下：

考虑一个 n 维的向量随机过程 $\{y_t\}$，Ψ_{t-1}表示由开始直到 $t-1$ 时刻的信息产生的 σ 域流，θ 是有限的参数向量，那么 y_t 可以表示为：

$$y_t=\mu_t(\theta)+\varepsilon_t$$

$$\varepsilon_t=H_t^{1/2}(\theta)\eta_t \tag{5.5}$$

其中，$\mu_t(\theta)$ 是条件均值向量，ε_t 是 n 维随机向量，$H_t^{1/2}(\theta)$ 是 $n\times n$ 的正定矩阵，I_n 是 n 维单位阵，并且 η_t 满足：

$$E(\eta_t)=0$$

$$Var(\eta_t)=I_n \tag{5.6}$$

那么在 Ψ_{t-1}信息流下 y_t 的条件协方差矩阵为：

$$Var(y_t\mid\Psi_{t-1})=Var(\varepsilon_t)=H_t^{1/2}(\theta)Var(\eta_t)(H_t^{1/2}(\theta))'=H_t(\theta) \tag{5.7}$$

从上可见，条件均值向量 $\mu_t(\theta)$ 与条件协方差矩阵 H_t 的元素都是

关于未知参数向量 θ 的函数，可通过对方程式（5.5）至方程式（5.7）进行参数估计得到，从而实现对随机向量 y_t 的动态刻画。然而，如果不加任何假定直接进行模型估计几乎是不可能实现的，因此不少学者通过对 H_t 施加不同的约束条件和形式设定，以期能够更简洁真实地刻画 H_t 的动态结构，由此衍生出一系列多元 GARCH 模型。

1. VECH 模型

Bollerslev 等（1988）在一元 GARCH 模型的基础上进行扩展，提出了 VECH 模型。VECH 模型将条件协方差矩阵 H_t 中的每一个元素都定义为滞后误差项平方、误差项的交叉乘积以及 H_t 滞后项的线性函数，一般的 $vech(p, q)$ 模型结构如下：

$$vech(H_t) = c + \sum_{i=1}^{q} A_j vech(\varepsilon_{t-i}\varepsilon'_{t-i}) + \sum_{j=1}^{p} B_j vech(H_{t-j}) \tag{5.8}$$

其中，$vech(\cdot)$ 是一个算子，它表示把一个 $n \times n$ 矩阵的下三角部分依次排列成一个$\frac{n(n+1)}{2}$维向量，c 是$\frac{n(n+1)}{2}$维向量，A_i 和 B_j 都是$\frac{n(n+1)}{2} \times \frac{n(n+1)}{2}$维的参数矩阵。虽然 VECH 模型设定较为灵活，但模型的估计却面临很大的困难，估计的参数太多，仅仅是形式最简单的 $vech(1, 1)$ 模型所需估计的参数个数就达$\frac{n(n+1)[n(n+1)+1]}{2}$个，同时还必须在参数化的过程中保证方差协方差矩阵 H_t 的对称性和正定性。为了简化参数估计的过程同时保证 H_t 的正定性，Bollerslev 等（1988）将矩阵 A 和 B 都设定为对角矩阵，这样使模型的待估参数个数减少到 $n(n+5)/2$ 个，这就是对角 VECH 模型，即 DVECH 模型。然而即便如此，在高维情况下，对 DVECH 进行模型估计也不那么容易，如仅当 n = 3 时，所需估计的参数个数就有 12 个。此外，对角化的形式大大简化了变量之间的相关关系，使得 H_t 中的每个元素 h_{ijt} 仅由 $\varepsilon_t\varepsilon'_t$ 的滞后项和其自身滞后项所决定，因此 DVECH 模型形式并不能刻画多个时间序列的波动溢出效应。

1996 年，Morgan 建立了一种更为简化的 VECH 模型，即以指数加权移动平均（EWMA）模型来刻画方差协方差矩阵 H_t。该模型将 H_t 的基本结构设定为 IGARCH 模型的形式：

$$vech(H_t) = (1-\lambda) vech(\varepsilon_{t-i}\varepsilon'_{t-i}) + \lambda vech(H_{t-j}) \tag{5.9}$$

其中 λ 为衰减因子，其值并不是由模型估计而得，而是依据经验值进行设定。一般日数据将其设定为 0.94，月度数据将其设定为 0.97。可以看出，这种设定形式实际上是将 VECH 模型转化成了一个

标量 VECH 模型，H_t 中的每一个元素都具有相同的动态结构。虽然该模型估计简单，但没有考虑序列本身所具有的特征，将其不加区分地设定为相同的动态变化结构，这显然与现实情况不相符，在实际应用中具有很大的局限性。因此，一些学者对 H_t 提出了一些新的设定形式，以方便模型的参数估计。

2. BEKK 模型

为了研究多个金融市场之间波动的相互关系，1990 年，Hamao 等人开创性地提出了一元 GARCH 模型两步法，即首先估计单个变量的 GARCH 模型，然后将得到的条件方差作为外生变量加入到其他变量的 GARCH 模型的条件方差方程中。该方法相对简单，且得到了广泛应用，如 Park（2001）、陈蓉等（2009）。然而，在面对多个金融时间序列的情形下，一元 GARCH 模型显然不是有效的，因为在多变量波动关系分析中它不得不将多个市场分割以考察各自的条件波动性，损失了市场相关性所包含的有效信息（赵留彦和王一鸣，2003）。因此，在多元 GARCH 模型分析框架下研究波动溢出效应就成为一个自然选择，其可以大大降低信息的损失程度。与 Bollerslev 等（1988）提出的 VECH 模型相比，Engle 和 Kroner（1995）提出的 BEKK 模型在参数个数、方差协方差矩阵正定性和经济含义等方面有着明显的优势。因此，多元 GARCH－BEKK(p，q) 成为近年来研究金融市场波动溢出效应中应用最为广泛的计量模型。其形式如下：

$$H_t = CC' + \sum_{i=1}^{p} A_i \boldsymbol{\varepsilon}_{t-i} \boldsymbol{\varepsilon}'_{t-i} A'_i + \sum_{j=1}^{q} B_j H_{t-j} B'_j \tag{5.10}$$

其中，$C = \begin{bmatrix} c_{11} & c_{12} \\ c_{21} & c_{22} \end{bmatrix}$ 为常数项系数矩阵，$A = \begin{bmatrix} a_{11,i} & a_{12,i} \\ a_{21,i} & a_{22,i} \end{bmatrix}$，$B = \begin{bmatrix} b_{11,j} & b_{12,j} \\ b_{21,j} & b_{22,j} \end{bmatrix}$，矩阵 A 中对角线元素 a_{11}、a_{22} 反映 ARCH 效应，即两个市场受自身信息的冲击，为市场的短期波动，矩阵 B 中对角线元素 b_{11}、b_{22} 反映 GARCH 效应，即两个市场自身波动持久性特征，为市场的长期波动，矩阵 A 和矩阵 B 中的非对角元素 a_{12}、a_{21}、b_{12}、b_{21} 表示两个金融市场之间的波动溢出效应。

当 $i=j=1$ 时，展开（5.11）式得：

$$h_{11,t} = c_{11}^2 + (a_{11}\varepsilon_{1t-1} + a_{12}\varepsilon_{2t-1})^2 + b_{11}^2 h_{11t-1} + 2b_{11}b_{12}h_{12t-1} + b_{12}^2 h_{22t-1}$$

$$h_{22,t} = c_{22}^2 + c_{21}^2 + (a_{21}\varepsilon_{1t-1} + a_{22}\varepsilon_{2t-1})^2 + b_{21}^2 h_{11t-1} + 2b_{21}b_{22}h_{12t-1} + b_{22}^2 h_{22t-1}$$

$$h_{12,t} = c_{11}c_{21} + a_{11}a_{21}\varepsilon_{1t-1}^2 + (a_{21}a_{12} + a_{22}a_{11})\varepsilon_{1t-1}\varepsilon_{2t-1} + a_{12}a_{22}\varepsilon_{2t-1}^2 + b_{11}b_{21}$$

$$h_{11t-1}+(b_{21}b_{12}+b_{22}b_{11})h_{12t-1}+b_{21}b_{22}h_{22t-1} \quad (5.11)$$

然后通过以下极大似然函数来估计出各个参数：

$$l(\theta)_n = -T\ln 2\pi - \frac{1}{2}\sum_{i=1}^{T}(\ln|H_t| + \varepsilon'_t H_t^{-1}\varepsilon_t) \quad (5.12)$$

从条件方差方程可以看出，矩阵 A、B 的非对角线元素决定了市场之间是否具有波动溢出效应。以 BEKK(1，1) 形式为例，股票市场对债券市场是否具有波动溢出取决于系数 a_{21}和 b_{21}是否显著不为零；同样，判断债券市场对股票市场是否存在波动溢出主要检验系数 a_{12}和 b_{12}是否显著异于零。因此，判断股票和债券市场之间的波动溢出效应时，除了观察系数 a_{12}、b_{12}、a_{21}、b_{21}的估计值的显著性水平外，还可以进行联合假设检验：如果假定债券市场对股票市场没有波动溢出，则原假设为 H_0：$a_{12}=0$、$b_{12}=0$；如果假定股票市场对债券市场没有波动溢出，则原假设为 H_0：$a_{21}=0$、$b_{21}=0$。然后使用 Wald 统计量进行假设检验，在原假设成立的情况下，上述 Wald 统计量服从 $\chi^2(2)$ 分布。高阶 GARCH 模型的假设检验过程类似，此处不再赘述。

以上是基于条件残差服从正态分布的参数估计，如果条件残差向量服从二元 t 分布，则极大似然函数为：

$$l(\theta)_t = T\left[\ln\frac{\Gamma((v+2)/2)}{((v-2)\pi)\times\Gamma(v/2)}\right] - \frac{1}{2}\sum_{i=1}^{T}\left[\ln|H_t| + (v+2)\ln\left(1+\frac{\varepsilon'_t H_t^{-1}\varepsilon_t}{v-2}\right)\right] \quad (5.13)$$

其中，T 为样本总量，θ 为模型中待估的全部参数向量，v 为自由度参数（$v>2$），Γ 为 Gamma 函数。

3. 条件相关 GARCH 模型

条件相关性模型为条件方差协方差矩阵 H_t 的设定提供了一种新的思路，它将条件方差协方差矩阵转化成为条件方差和相关性矩阵乘积的形式，从而实现对多个变量波动的动态刻画。条件相关性模型允许不同变量选择各自适合的条件方差模型进行估计，并且各个变量序列选择的条件方差模型可以不同，在此基础上估计条件动态条件相关系数矩阵，整个估计过程相对简单，参数估计个数也较少，故自其问世以来就得到了广泛的应用。以下将对最具代表性的常数条件相关多元 GARCH（CCC－MGARCH）模型和动态条件相关多元 GARCH（DCC－MGARCH）模型做一基本概述。

（1）常数条件相关多元 GARCH 模型。常数条件相关（Constant Conditional Correlation）多元 GARCH 模型最早是由 Bollerslev 于 1990

年提出的，该模型设定为：

$$H_t = D_t R D_t \tag{5.14}$$

其中，D_t 是各序列条件标准差组成的对角矩阵，即每个对角线上的元素都是各序列一元 GARCH 模型方差的平方根，$D_t = diag(h_{11,t}^{1/2}, h_{22,t}^{1/2}, \cdots, h_{nn,t}^{1/2})$。$R$ 是不随时间变化的常数相关矩阵，$R = (\rho_{ij})$，它是主对角线元素全为 1 的实对称正定矩阵，$|\rho_{ij}| \leqslant 1$。

CCC – MVGARCH 模型一元 GARCH 表示过程 $\{\varepsilon_{it}\}$，当 D_t 中所包含的条件方差具有 GARCH(1，1) 特征时，条件方差方程可表示为：

$$h_t = \omega + A\varepsilon_{t-1}^2 + Bh_{t-1} \tag{5.15}$$

其中，ω 为 $n \times 1$ 的向量，矩阵 A 和 B 都是 $n \times n$ 的对角矩阵，该模型中需要估计的参数有 $n(5+n)/2$ 个，且 H_t 的正定性依赖于条件动态条件相关系数矩阵 R 是正定的，并要求 ω、A 和 B 的对角元素均为正。在 CCC – MVGARH 模型基础上，Jeantheau（1998）提出了 ECCC – MVGARCH 模型。该模型放松了对矩阵 A 和矩阵 B 的对角假设，认为某一个变量的条件方差不仅由自身扰动项平方滞后项与条件方差的滞后项决定，还取决于其他变量过去扰动项的平方与过去的条件方差，从而允许 n 维向量有更自由灵活的自相关结构。对于一阶 ECCC – MVGARCH 模型，其第 i 个条件方差方程可以表示为：

$$h_{it} = \omega_i + \sum_{i=1}^{n} a_{1i}\varepsilon_{it-1}^2 + \sum_{i=1}^{n} b_{1i}h_{it-1} \tag{5.16}$$

常数条件相关多元 GARCH 模型的条件方差可以由一元 GARCH 模型估计得到，但对条件协方差的估计则会因为 H_t 的非线性设定而具有一定的困难。而且，把所有变量之间的动态条件相关系数设定为一个不随时间变化的常数，虽简化了模型估计，但以牺牲多元 GARCH 模型刻画序列之间的动态相关特征为代价，极大地限制了多元 GARCH 模型功能的充分发挥，也有悖于现实经济特征的真实刻画。

（2）动态条件相关多元 GARCH 模型。为了克服 CCC – MVGARCH 模型将动态条件相关系数设定为常数的缺陷，更好地捕捉变量之间相关特征的时变性，动态条件相关（Dynamic Conditional Correlation）多元 GARCH 模型便应运而生。

Engle 和 Sheppard（2001）提出了 DCC(E) – MVGARCH 模型，其将方差协方差矩阵 H_t 的形式设定为：

$$H_t = D_t R_t D_t \tag{5.17}$$

其中，D_t 的结构与 CCC – MVGARCH 模型相同，$D_t = diag(h_{11,t}^{1/2}, h_{22,t}^{1/2}, \cdots, h_{nn,t}^{1/2})$，每个对角线上的元素都是各序列一元 GARCH 模型方

差的平方根，R$_t$ 是条件动态条件相关系数矩阵，其基本结构设定为：

$$R_t = diag(q_{11,t}^{-1/2}, q_{22,t}^{-1/2}, \cdots, q_{nn,t}^{-1/2}) Q_t diag(q_{11,t}^{-1/2}, q_{22,t}^{-1/2}, \cdots, q_{nn,t}^{-1/2}) \quad (5.18)$$

Q_t 是一个 $n \times n$ 的矩阵，其结构设定为：

$$Q_t = (q_{ij,t})_{n\times n} = (1 - a - b)\overline{Q} + a\eta_{t-1}\eta'_{t-1} + bQ_{t-1} \quad (5.19)$$

式（5.19）中，a 和 b 均为大于零的参数，当 $a + b < 1$ 时，可以保证 H_t 在参数化过程中的正定性。$\overline{Q}$ 是 η_t 的无条件方差协方差矩阵，η_t 是标准化的残差，$\eta_t = D_t^{-1}\varepsilon_t$。由此可见，条件动态条件相关系数矩阵 R_t 的动态特征是由 $n \times n$ 的矩阵 Q_t 刻画的，而 Q_t 中各个元素具有相同的动态特征，这一设定也并不符合现实情形。DCC(E) – GARCH 模型仍将 D_t 中的条件方差 h_{ijt} 设定为一元 GRACH 模型，且 Engle（2002）提出了分两步对该模型进行估计的方法：首先，估计出每个变量的一元 GARCH 模型；其次，利用第一步一元 GARCH 模型得到的标准化残差估计动态条件相关系数。不可否认，两步法有效降低了模型中待估参数的个数，同时又能较好地描述不同变量之间的波动传递，比 CCC – MVGARCH 模型具有更好的应用前景。

2002 年，Tse 和 TSui 提出了另一种刻画时变条件相关的 DCC(T) – GARCH 模型。该模型的基本结构与 DCC(E) – MVGARCH 模型是一致的，所不同的是对条件相关矩阵 R_t 的设定。该模型将 R_t 设定为：

$$R_t = (1 - a - b)R + a\psi_{t-1} + bR_{t-1} \quad (5.20)$$

其中，a 和 b 为大于零的参数，且有 $a + b < 1$。R 是主对角线上均为 1 的对称正定参数矩阵，ψ_{t-1} 表示标准化残差 $\eta_\tau(\tau = t - M, t - M + 1, \cdots, t - 1)$ 在 M 期内的样本动态条件相关系数矩阵 $\psi_t = (\psi_{ij,t-1})_{n\times n}$，其第 i，j 个元素可表示为 $\psi_{ij,t-1} = \dfrac{\sum_{m=1}^{M}\eta_{it-m}\eta_{jt-m}}{\sqrt{(\sum_{m=1}^{M}\eta_{i,t-m}^2)(\sum_{m=1}^{M}\eta_{j,t-m}^2)}}$，且 $M > n$ 是保证 ψ_{t-1} 正定的必要条件，而 ψ_{t-1} 的正定性保证了条件动态条件相关系数矩阵 R_t 的正定性。

比较 DCC(E) – MVGARCH 模型和 DCC(T) – MVGARH 模型对条件动态条件相关系数矩阵 R_t 的设定可以发现，DCC(E) 采取的是先将 Q_t 表示成一个 GARCH 过程，再把 Q_t 转化为 R_t 的方式，而 DCC(T) 则是将 R_t 表示成了无条件动态条件相关系数 R、前 M 期样本动态条件相关系数和前一期条件动态条件相关系数的加权平均的形式。因为两种模型设定中的参数 a 和 b 都是标量，故 DCC – MVGARCH 模型实际上是表明，所有变量的条件相关都具有相同的动态结构，虽然不符合现实情形，但也能在一定程度上刻画变量之间的动态相关性；而在模型参数估计问题上，对于形如 DCC – MVGARCH(1，1）的条件方差方程，该模型中待估参数的数目均为（$n+1$）($n+4$)/2 个。

相比于常数条件相关多元 GARCH 模型，动态条件相关多元 GARCH 模型考虑了变量之间时变的相关特性，模型设定更切合实际。虽然待估参数的个数有所增加，但条件相关模型将条件方差协方差矩阵转换为条件方差同动态条件相关系数矩阵乘积形式，可以采用两步法对模型进行参数估计，这降低了模型估计的难度，提高了模型在实际应用中的可行性与适用性。

（3）残差项服从 t 分布的 DCC – MVGARCH 模型。对于残差项的设定，往往假定其服从正态分布。然而，张秋莉等（2012）指出，国内外大量实证研究表明，资产收益向量的联合经验分具有尖峰厚尾的特性。此时可以假定残差服从 t 分布，基于 t 分布的 DCC – MVGARCH 模型表述如下：

假设有 k 个资产，其条件收益率 r_t 服从均值为 0、时变参数矩阵为 Σ_t 的多元联合 t 分布，可以表示为：

$$
\begin{aligned}
& r_t \mid \Omega_{t-1} \sim t(0,\ \Sigma_t,\ v) \\
& \Sigma_t = H_t(v-2)/v = D_t R_t D_t (v-2)/v \\
& D_t^2 = diag\{\omega_i\} + diag\{\kappa_i\} \circ r_{t-1}r'_{t-1} + diag\{\lambda_i\} \circ D_{t-1}^2 \\
& \varepsilon_t = D_t^{-1} r_t \\
& Q_t = S\circ(\iota\iota' - A - B) + A\circ \varepsilon_{t-1}\varepsilon'_{t-1} + B\circ Q_{t-1} \\
& R_t = diag(Q_t)^{-1/2} Q_t diag(Q_t)^{-1/2}
\end{aligned}
\tag{5.21}
$$

其中，r_t 为资产收益率，Ω_{t-1} 为时刻 $t-1$ 以前的信息集，H_t 为误差项的方差协方差矩阵，D_t 为单变量 *GARCH* 所求出的随时间变动的条件标准差取对角元素所形成的 $k\times k$ 对角矩阵，即 $D_t = diag(\sqrt{h_{it}})$，$h_{it}$ 为单变量 r_i 的条件异方差，R_t 为动态条件相关系数，ε_t 为标准化残差向量，Q_t 为 ε_t 的条件协方差矩阵，ι 为单位向量，S 为无条件方差协方差矩阵，$\circ$ 表示两矩阵对应元素相乘的 *Hadamard* 乘积，ω_i、κ_i、λ_i、A、B 均为估计参数。对数似然函数为：

$$
L = -\frac{1}{2}\sum_{t=1}^{T}\left\{\ln\left[\Gamma\left(\frac{v+k}{2}\right)\right] - \ln\left[\Gamma\left(\frac{v}{2}\right)\right] - \frac{k}{2}\ln(\pi v) - \ln\left(\frac{v-2}{v}\right)\right\} - \sum_{t=1}^{T}\left[\frac{1}{2}\ln|D_t^2| + \frac{1}{2}\ln|R_t| + \frac{v+k}{2}\ln\left(1+\frac{\varepsilon'_t R_t^{-1}\varepsilon_t}{v-2}\right)\right] \tag{5.22}
$$

张秋莉等（2012）指出，该对数似然函数不能拆分成包含 D_t 的波动项和包含 ε_t 的相关项，因此不能用 Newey 与 McFadden 的两步法进行参数估计，而应该采用拟极大似然法（Quasi - Maximum Likelihood）对模型进一步估计。

第三节 实证分析

一、数据选取

本章的研究对象仍然是沪深 300 指数、中证全债指数、中证国债指数、中证金融债指数和中证企业债指数。从上一章的实证结果可知，全流通时代我国股市和债市的波动性与股权分置时期相比发生了很大的变化。因此，本章及下面的章节不再研究全样本数据，而是着重研究全流通时代我国股市和债市之间的联动性。在上一章我们以 2008 年 4 月 17 日为全流通时代与股权分置时期的分界点，因此本章的样本区间为 2008 年 4 月 17 日至 2016 年 9 月 30 日，共 2114 个数据。

从表 5 - 1 中的结果可知，在全流通时代，沪深 300 的平均收益率为 - 0. 0003，而中证全债、中证国债、中证金融债和中证企业债的平均收益率都为 0. 0002。从最大值和最小值看，沪深 300 的最大值为 0. 0893，最小值为 - 0. 0846，中证全债的最大值为 0. 0157，最小值为 - 0. 0068，中证国债的最大值为 0. 0167，最小值为 - 0. 0081，中证金融债的最大值为 0. 0170，最小值为 - 0. 0065，中证企业债的最大值为 0. 0302，最小值为 - 0. 0175，可以看出，沪深 300 最大值远远大于任何一种债券，而最小值远远小于任何一种债券，这表明沪深 300 的极差是最大的，这也从另一方面说明股票市场的风险要大于债券市场。中证企业债的最大值远大于中证全债、中证国债和中证金融债的最大值，而最小值却远小于后三者的最小值，这表明中证企业债的风险是相对较大的。从标准差来看，沪深 300 的标准差为 0. 0177，远远大于任何一种债券的标准差，这说明股票市场的风险大于债券市场的风险，这和前面的分析是一致的。中证全债、中证国债、中证金融债和中证企业债的标准差分别为 0. 0013、0. 0015、0. 0011 和 0. 0027，中证企业债的标准差在债券中是最大的，几乎是中证国债的 2 倍，是中证全债和中证金融债的2倍多，这说明中证企业债的风险是最大的，这和前面的分析结果是一致的。从偏度和峰度来看，沪深300的偏度系数为-0.14，峰度为5.98，而债券的偏度系数均为正，峰度相对较大；其中中证全债的偏度系数为1.94，峰度为27.59，中证国债的偏度系数为1.62，峰度为24.12，中证金融债的偏度系数为2.70，峰度为43.14，偏度和峰度在债券中都是最大的，中证企业债的偏度为1.27，峰度为23.87。从JB统计量看，在1%显著水平下拒绝了原假设，这说明股票和债券不服从正态分布，而是服从尖峰厚尾分布。

表5-1　描述性统计

收益率	均值	中位数	最大值	最小值	标准差	偏度	峰度	JB值
沪深300	-0.0003	0.0001	0.0893	-0.0846	0.0177	-0.14	5.98	563.34***
中证全债	0.0002	0.0001	0.0157	-0.0068	0.0013	1.94	27.59	38933.35***
中证国债	0.0002	0.0001	0.0167	-0.0081	0.0015	1.62	24.12	28698.23***
中证金融债	0.0002	0.0001	0.0170	-0.0065	0.0011	2.70	43.14	103055.50***
中证企业债	0.0002	0.0002	0.0302	-0.0175	0.0027	1.27	23.87	27775.87***

注：***表示在1%水平下显著。

二、信息溢出效应研究

许多学者从报酬溢出（均值溢出）和波动溢出两个层面来研究金融市场间的信息溢出效应，采用的模型主要是多元GARCH模型，而其中的BEKK模型应用最为广泛，经济意义也最为明显。但是，大多数研究都建立在随机扰动项服从正态分布的基础上，而大量的研究表明，许多金融资产的收益率是呈尖峰厚尾分布的（张秋莉等，2012）。因此，为了使研究结果更加符合实际，更加具有可靠性，本书建立了基于t分布的VECM-MVGARCH-BEKK(1，1）模型来研究我国股债之间的联动性，其中的均值溢出效应通过建立VECM模型来研究，而波动溢出效应则通过建立基于t分布的MVGARCH-BEKK(1，1）模型进行分析。

1. *均值溢出效应*

本部分通过建立VECM模型来研究我国股债之间的均值溢出效应，该模型是基于VAR模型的分析框架的。

（1）单位根检验。在建立VAR模型之前，需要对各个时间序列进行平稳性检验，本书采用ADF检验，其结果如表5-2所示。

表 5－2　平稳性检验结果

变量	(c, t, p)	T 统计量	1% 临界值	5% 临界值	10% 临界值	结论
沪深 300	(c, t, 0)	－2.23	－3.96	－3.41	－3.13	非平稳
收益率	(0, 0, 0)	－38.18***	－2.57	－1.94	－1.62	平稳
中证全债	(c, t, 2)	－2.26	－3.96	－3.41	－3.13	非平稳
收益率	(0, 0, 1)	－20***	－2.57	－1.94	－1.62	平稳
中证国债	(c, t, 1)	－2.22	－3.96	－3.41	－3.13	非平稳
收益率	(0, 0, 1)	－20.94***	－2.57	－1.94	－1.62	平稳
中证金融债	(c, t, 2)	－2.39	－3.96	－3.41	－3.13	非平稳
收益率	(0, 0, 1)	－19.58***	－2.57	－1.94	－1.62	平稳
中证企业债	(c, t, 1)	－2.4	－3.96	－3.41	－3.13	非平稳
收益率	(0, 0, 0)	－47.83***	－2.57	－1.94	－1.62	平稳

注：(c, t, p) 中 c、t、p 分别表示截距、时间趋势、滞后阶数；*** 表示在 1% 水平下显著。

从表 5－2 中的结果可知，价格序列均为非平稳序列，而收益率序列均为平稳序列，这说明价格序列是一阶单整的。

（2）滞后阶数的确定。为了建立 VAR 模型，首先必须确定该模型的最佳滞后阶数。在实证分析中，一般用 AIC 值来确定，当该模型的 AIC 值达到最小时，此时的滞后阶数就是最佳的滞后阶数。

表 5－3　各滞后阶数的 AIC 值

市场	1	2	3	4	5	6
中证全债	－15.7693	－15.8424	－15.8588	－15.8584	－15.8588	－15.8542
中证国债	－15.3683	－15.4762	－15.4768	－15.4767	－15.4763	－15.4726
中证金融债	－15.9731	－16.0371	－16.0598	－16.0581	－16.0648	－16.0595
中证企业债	－14.2121	－14.2579	－14.2568	－14.2525	－14.2504	－14.2460

注：中证全债表示沪深 300 与中证全债建立的 VAR 模型，中证国债、中证金融债和中证企业债同理。

从表 5－3 中的结果可知，沪深 300 和中证全债所建立的 VAR 模型最佳滞后阶数为 3，此时 AIC 值达到最小，为－15.8588；沪深 300 和中证国债所建立的 VAR 模型最佳滞后阶数为 3，此时 AIC 值达到最小，为－15.4768；沪深 300 和中证金融债所建立的 VAR 模型最佳滞后阶数为5，此时AIC值达到最小，为-16.0648；沪深300和中证企业债所建立的VAR模型最佳滞后阶数为2，此时AIC值达到最小，为-14.2579。

（3）VAR模型的建立。在确定了最佳滞后阶数后，便可建立沪深300与中证全债、中证国债、中证金融债和中证企业债的VAR模型，以下是VAR模型的结果①。

从表5-4中可看出，在沪深300和中证全债建立的VAR模型中，在5%水平下，股票价格主要受其本身滞后一阶和中证全债滞后3阶的影响；在5%水平下，债券价格主要受其本身滞后1、2、3阶的影响，同时受到股票价格滞后一阶的影响。

表5-4 沪深300与中证全债的VAR模型结果

变量	LNPS	LNPB	变量	LNPS	LNPB
LNPS（-1）	1.0126	-0.0072	LNPB（-1）	0.0464	1.2201
t值	39.3114***	-4.1925***	t值	0.1216	47.6289***
LNPS（-2）	-0.0160	0.0040	LNPB（-2）	0.9236	-0.0985
t值	-0.4360	1.6240	t值	1.5284	-2.4313**
LNPS（-3）	-0.0005	0.0024	LNPB（-3）	-0.9655	-0.1232
t值	-0.0201	1.4007	t值	-2.5431**	-4.8382***
C	0.0084	0.0145	LL	11971.5000	
t值	0.1627	4.1845***	AIC	-15.8588	

注：**、***分别表示在5%、1%水平下显著。

从表5-5中可看出，在沪深300和中证国债建立的VAR模型中，在5%水平下，股票价格主要受其本身滞后一阶的影响，而不受债券价格的影响；在5%水平下，债券价格主要受其本身滞后1、2、3阶的影响，同时还受到股票价格滞后1、2阶的影响。

① 该部分各个表中的LNPS和LNPB分别表示沪深300指数和中证全债指数、中证国债指数、中证金融债和中证企业债指数的对数。

表 5 – 5　沪深 300 与中证国债的 VAR 模型结果

变量	LNPS	LNPB	变量	LNPS	LNPB
LNPS（–1）	1.0140	–0.0092	LNPB（–1）	0.3327	1.2799
t 值	39.2372***	–4.4103***	t 值	1.0450	49.5707***
LNPS（–2）	–0.0149	0.0061	LNPB（–2）	0.0377	–0.2198
t 值	–0.4053	2.0528**	t 值	0.0734	–5.2831***
LNPS（–3）	–0.0032	0.0023	LNPB（–3）	–0.3639	–0.0622
t 值	–0.1224	1.0899	t 值	–1.1517	–2.4256**
C	0.0000	0.0168	LL	11683.5000	
t 值	–0.0003	3.7660***	AIC	–15.4768	

注：**、*** 分别表示在 5%、1% 水平下显著。

从表 5 – 6 中可看出，在沪深 300 和中证金融债建立的 VAR 模型中，在 5% 水平下，股票价格主要受其本身滞后一阶的影响，同时还受到债券价格滞后三阶的影响；在 5% 水平下，债券价格主要受其本身滞后一、三、五阶的影响，同时还受到股票价格滞后一、五阶的影响。如果将显著性水平提高到 10%，那么债券价格还受其本身滞后 2、4 阶的影响。

表 5 – 6　沪深 300 与中证金融债的 VAR 模型结果

变量	LNPS	LNPB	变量	LNPS	LNPB
LNPS（–1）	1.0132	–0.0053	LNPB（–1）	0.5726	1.2009
t 值	39.2424***	–3.3728***	t 值	1.3484	46.7003***
LNPS（–2）	–0.0145	0.0026	LNPB（–2）	0.8048	–0.0701
t 值	–0.3957	1.1521	t 值	1.2103	–1.7414*
LNPS（–3）	0.0151	–0.0004	LNPB（–3）	–2.0899	–0.1417
t 值	0.4140	–0.1898	t 值	–3.1519***	–3.5296***
LNPS（–4）	0.0209	–0.0028	LNPB（–4）	0.7790	0.0674
t 值	0.5745	–1.2852	t 值	1.1677	1.6682*
LNPS（–5）	–0.0384	0.0052	LNPB（–5）	–0.0593	–0.0581
t 值	–1.4967	3.3668***	t 值	–0.1397	–2.2615**
C	–0.0065	0.0140	LL	12134.8300	
t 值	–0.1159	4.1541***	AIC	–16.0648	

注：*、**、*** 分别表示在 10%、5%、1% 水平下显著。

从表 5 -7 中可看出，在沪深 300 和中证企业债建立的 VAR 模型中，在 5% 水平下，股票价格主要受其本身滞后一阶的影响，而不受债券价格的影响；在 5% 水平下，债券价格主要受其本身滞后一、二阶的影响，而不受股票价格的影响。

表 5 -7　沪深 300 与中证企业债的 VAR 模型结果

变量	LNPS	LNPB	变量	LNPS	LNPB
LNPS（-1）	1.0138	-0.0033	LNPB（-1）	-0.2671	0.7803
t 值	39.3645 ***	-0.8612	t 值	-1.5825	30.9991 ***
LNPS（-2）	-0.0199	0.0019	LNPB（-2）	0.2658	0.2176
t 值	-0.7736	0.5065	t 值	1.5765	8.6567 ***
C	0.0552	0.0212	LL	10760.4400	
t 值	1.2306	3.1662 ***	AIC	-14.2579	

注：*** 表示在 1% 水平下显著。

（4）协整关系检验。为了研究我国股票市场和债券市场是否存在长期稳定的均衡关系，需要检验股票和债券序列是否存在协整关系。如果存在，则可通过建立 VECM 模型来研究我国股债之间的均值溢出效应，否则只能通过建立股债收益率的 VAR 模型来研究。如前部分所述，检验多个序列间是否存在协整关系有两种方法：一种是 EG 两步法，另一种是 Johnson - Jensen 检验法。本书采用后面一种来分别检验沪深 300 指数与中证全债、中证国债、中证金融债和中证企业债是否存在协整关系。结果如表 5 -8 和表 5 -9 所示。

表 5 -8　迹统计量检验结果

指数	原假设	特征根	迹统计量		
			统计量值	5% 临界值	p 值
中证全债	无协整关系	0.0132	22.9105 ***	15.4947	0.0032
	最多 1 个协整关系	0.0019	2.9201 *	3.8415	0.0875
中证国债	无协整关系	0.0104	19.6185 **	15.4947	0.0113
	最多 1 个协整关系	0.0025	3.7894 *	3.8415	0.0516
中证金融债	无协整关系	0.0129	23.2144 ***	15.4947	0.0028
	最多 1 个协整关系	0.0024	3.6077 *	3.8415	0.0575
中证企业债	无协整关系	0.0093	15.6871 **	15.4947	0.0468
	最多 1 个协整关系	0.0011	1.5999	3.8415	0.2059

注：*、**、*** 分别表示在 10%、5%、1% 水平下显著。

表 5-9　最大特征根检验结果

指数	原假设	特征根	最大特征根检验		
			统计量值	5%临界值	p值
中证全债	无协整关系	0.0132	19.9904***	14.2646	0.0056
	最多1个协整关系	0.0019	2.9201*	3.8415	0.0875
中证国债	无协整关系	0.0104	15.8292**	14.2646	0.0281
	最多1个协整关系	0.0025	3.7894*	3.8415	0.0516
中证金融债	无协整关系	0.0129	19.6067***	14.2646	0.0065
	最多1个协整关系	0.0024	3.6077*	3.8415	0.0575
中证企业债	无协整关系	0.0093	14.0872*	14.2646	0.0533
	最多1个协整关系	0.0011	1.5999	3.8415	0.2059

注：*、**、*** 分别表示在10%、5%、1%水平下显著。

从表5-8、表5-9可知，迹统计量和最大特征根统计量检验都表明，在5%显著性水平下，沪深300与中证全债、中证国债、中证金融债和中证企业债之间至多存在1个协整关系。

（5）误差修正模型（VECM模型）的建立。从上部分的协整检验的结果可知，沪深300与中证全债、中证国债、中证金融债和中证企业债之间至多存在1个协整关系。因此，可以通过建立VECM模型来研究股票市场和债券市场的均值溢出效应。建立VECM模型所必须确定的最优滞后阶数可从上一部分对价格对数所建立的VAR模型中得出。结果如表5-10～表5-13所示①。

从表5-10中可看出，在沪深300和中证全债所建立的VECM模型中，在5%显著性水平下，沪深300收益率没有受到其本身滞后阶的影响，但受到中证全债收益率滞后2阶的影响，这说明中证全债收益率是沪深300收益率的短期格兰杰原因，亦即存在中证全债对沪深300的均值溢出效应；ecm项的系数为负，符合反向修正原理，亦即当沪深300和中证全债的关系偏离长期均衡状态时，这种偏离会在下一期得到修正，修正的速度为0.0026。但遗憾的是，在5%水平下，ecm项不显著，这说明中证全债不是沪深300的长期格兰杰原因。

① 该部分各个表中的D（lnps）和D（lnpb）分别表示沪深300指数和中证全债指数、中证国债指数、中证金融债指数和中证企业债指数对数的一阶差分；ecm表示误差修正项。

表5-10　沪深300与中证全债的VECM模型结果

变量	D（LNPS）	D（LNPB）	变量	D（LNPS）	D（LNPB）
ecm（-1）	-0.0026	-0.0008	D（LNPB（-1））	0.0466	0.2216
t值	-0.9022	-4.3403***	t值	0.1221	8.6689***
D（LNPS（-1））	0.0171	-0.0064	D（LNPB（-2））	0.9722	0.1231
t值	0.6635	-3.7227***	t值	2.5594**	4.8353***
D（LNPS（-2））	0.0010	-0.0024	C	-0.0005	0.0001
t值	0.0399	-1.4062	t值	-1.0592	3.6545***
LL	11970.0400				
AIC	-15.8568				
SC	-15.8074				

注：**、*** 分别表示在5%、1%水平下显著。

协整方程：ecm = lnps + 1.7624lnpb - 16.5301　　　　(5.23)

(3.4328) 括号内为t统计量值

在5%显著性水平下，中证全债收益率受到其本身滞后一、二阶的影响，而且还受到沪深300滞后一阶的影响，这说明沪深300收益率是中证全债收益率的短期格兰杰原因，亦即存在沪深300对中证全债的均值溢出效应；ecm项的系数为负，符合反向修正原理，亦即当中证全债和沪深300的关系偏离长期均衡状态时，这种偏离会在下一期得到修正，修正的速度为0.0008，而且在1%水平下，ecm项可通过显著性检验，这说明沪深300是中证全债的长期格兰杰原因。

从表5-11中可看出，在沪深300和中证国债所建立的VECM模型中，在5%显著性水平下，沪深300收益率没有受到其本身滞后阶的影响，也不受中证国债收益率滞后阶的影响，这说明中证国债收益率不是沪深300收益率的短期格兰杰原因，亦即不存在中证国债对沪深300的均值溢出效应；ecm项的系数为负，符合反向修正原理，亦即当沪深300和中证全债的关系偏离长期均衡状态时，这种偏离会在下一期得到修正，修正的速度为0.0022。但遗憾的是，在5%水平下，ecm项不显著，这说明中证国债不是沪深300的长期格兰杰原因。

表 5－11　沪深 300 与中证国债的 VECM 模型结果

变量	D（LNPS）	D（LNPB）	变量	D（LNPS）	D（LNPB）
ecm（－1）	－0.0022	－0.0009	D（LNPB（－1））	0.3325	0.2819
t 值	－0.7908	－3.8372***	t 值	1.0456	10.9393***
D（LNPS（－1））	0.0188	－0.0084	D（LNPB（－2））	0.3729	0.0620
t 值	0.7241	－4.0173***	t 值	1.1796	2.4187**
D（LNPS（－2））	0.0038	－0.0023	C	－0.0004	0.0001
t 值	0.1446	－1.0963	t 值	－0.9121	2.6663***
LL	11681.6100				
AIC	－15.4743				
SC	－15.4249				

注：**、*** 分别表示在 5%、1% 水平下显著。

协整方程：$ecm = lnps + 2.1070lnpb - 18.1961$　　（5.24）

（3.1588）括号内为 t 统计量值

在 5% 显著性水平下，中证国债收益率受到其本身滞后一、二阶的影响，而且还受到沪深 300 滞后一阶的影响，这说明沪深 300 收益率是中证国债收益率的短期格兰杰原因，亦即存在沪深 300 对中证国债的均值溢出效应；ecm 项的系数为负，符合反向修正原理，亦即当中证国债和沪深 300 的关系偏离长期均衡状态时，这种偏离会在下一期得到修正，修正的速度为 0.0009，而且在 1% 水平下，ecm 项可通过显著性检验，这说明沪深 300 是中证国债的长期格兰杰原因。

从表 5－12 中可看出，在沪深 300 和中证金融债所建立的 VECM 模型中，在 5% 显著性水平下，沪深 300 收益率没有受到其本身滞后阶的影响，但受到中证金融债收益率滞后二阶的影响；如果将显著性水平提高到 10%，则沪深 300 还受中证金融债收益率滞后三阶的影响，这说明中证金融债收益率是沪深 300 收益率的短期格兰杰原因，亦即存在中证金融债对沪深 300 的均值溢出效应；ecm 项的系数为负，符合反向修正原理，亦即当沪深 300 和中证金融债的关系偏离长期均衡状态时，这种偏离会在下一期得到修正，修正的速度为 0.0020。但遗憾的是，在 5% 水平下，ecm 项不显著，这说明中证金融债不是沪深 300 的长期格兰杰原因。

表 5-12　沪深 300 与中证金融债的 VECM 模型结果

变量	D（LNPS）	D（LNPB）	变量	D（LNPS）	D（LNPB）
ecm（-1）	-0.0020	-0.0007	D（LNPB（-1））	0.5724	0.2025
t 值	-0.6971	-4.3549***	t 值	1.3489	7.8898***
D（LNPS（-1））	0.0177	-0.0046	D（LNPB（-2））	1.3767	0.1324
t 值	0.6814	-2.9065***	t 值	3.1774***	5.0513***
D（LNPS（-2））	0.0030	-0.0020	D（LNPB（-3））	-0.7153	-0.0093
t 值	0.1144	-1.2662	t 值	-1.6465*	-0.3545
D（LNPS（-3））	0.0184	-0.0024	D（LNPB（-4））	0.0671	0.0580
t 值	0.7141	-1.5484	t 值	0.1579	2.2589**
D（LNPS（-4））	0.0392	-0.0052	C	-0.0005	0.0001
t 值	1.5272	-3.3740***	t 值	-1.0713	3.3933***
LL	12133.0300				
AIC	-16.0624				
SC	-15.9848				

注：*、**、*** 分别表示在 10%、5%、1% 水平下显著。

协整方程：$ecm = lnps + 2.0759lnpb - 18.0642$　　(5.25)

(3.4270)　括号内为 t 统计量值

在 5% 显著性水平下，中证金融债收益率受到其本身滞后一、二、四阶的影响，而且还受沪深 300 滞后一、四阶的影响，这说明沪深 300 收益率是中证金融债收益率的短期格兰杰原因，亦即存在沪深 300 对中证金融债的均值溢出效应；ecm 项的系数为负，符合反向修正原理，亦即当中证金融债和沪深 300 的关系偏离长期均衡状态时，这种偏离会在下一期得到修正，修正的速度为 0.0007，而且在 1% 水平下，ecm 项可通过显著性检验，这说明沪深 300 是中证金融债的长期格兰杰原因。

从表 5-13 中可看出，在沪深 300 和中证企业债所建立的 VECM 模型中，在 5% 显著性水平下，沪深 300 收益率没有受到其本身滞后阶的影响，也不受中证企业债收益率的影响，这说明中证企业债收益率不是沪深 300 收益率的短期格兰杰原因，亦即不存在中证企业债对沪深 300 的均值溢出效应；ecm 项的系数为负，符合反向修正原理，亦即当沪深 300 和中证企业债的关系偏离长期均衡状态时，这种偏离会在下一期得到修正，修正的速度为 0.0058，而且在 5% 水平下，ecm 项可通过显著性检验，这说明中证企业债是沪深 300 的长期格兰杰原因。

表 5-13 沪深 300 与中证企业债的 VECM 模型结果

变量	D（LNPS）	D（LNPB）	变量	D（LNPS）	D（LNPB）
ecm（-1）	-0.0058	-0.0014	D（LNPB（-1））	-0.2641	-0.2178
t 值	-1.9601**	-3.1771***	t 值	-1.5663	-8.6650***
D（LNPS（-1））	0.0204	-0.0020	C	-0.0003	0.0003
t 值	0.7900	-0.5169	t 值	-0.5474	3.9243***
LL	10759.6400				
AIC	-14.2568				
SC	-14.2216				

注：**、*** 分别表示在 5%、1% 水平下显著。

协整方程：$ecm = lnps + 1.1275lnpb - 13.4638$ （5.26）

（2.4248） 括号内为 t 统计量值

在 5% 显著性水平下，中证企业债收益率受到其本身滞后一阶的影响，但不受沪深 300 滞后阶的影响，这说明沪深 300 收益率不是中证企业债收益率的短期格兰杰原因，亦即不存在沪深 300 对中证企业债的均值溢出效应；ecm 项的系数为负，符合反向修正原理，亦即当中证企业债和沪深 300 的关系偏离长期均衡状态时，这种偏离会在下一期得到修正，修正的速度为 0.0014，而且在 1% 水平下，ecm 项可通过显著性检验，这说明沪深 300 是中证企业债的长期格兰杰原因。

（6）格兰杰因果关系检验。本部分通过格兰杰因果关系检验来进一步确认我国股债之间是否存在均值溢出效应，结果如表 5-14 所示。

表 5-14 格兰杰因果关系检验结果

指数	原假设	F 统计量	P 值
中证全债	中证全债不是沪深 300 的格兰杰原因	2.9218**	0.0202
	沪深 300 不是中证全债的格兰杰原因	7.6182***	0.0000
中证国债	中证国债不是沪深 300 的格兰杰原因	2.0885	0.1242
	沪深 300 不是中证国债的格兰杰原因	10.2432***	0.0000
中证金融债	中证金融债不是沪深 300 的格兰杰原因	6.3624***	0.0018
	沪深 300 不是中证金融债的格兰杰原因	6.7841***	0.0012
中证企业债	中证企业债不是沪深 300 的格兰杰原因	2.1548	0.1423
	沪深 300 不是中证企业债的格兰杰原因	0.5295	0.4669

注：**、*** 分别表示在 5%、1% 水平下显著。

表5－14中的结论与前一部分是一致的：中证全债和沪深300指数存在双向的格兰杰原因，即存在双向的均值溢出效应；中证国债不是沪深300指数的格兰杰原因，而沪深300指数是中证国债的格兰杰原因，即不存在中证国债对沪深300指数的均值溢出效应，存在沪深300指数对中证国债的均值溢出效应；中证金融债和沪深300指数存在双向的格兰杰原因，即存在双向的均值溢出效应；中证企业债和沪深300指数之间不存在格兰杰原因，即不存在均值溢出效应。

2. 波动溢出效应分析

上一部分利用VECM模型分析了均值溢出效应，本部分将各个收益率VECM模型的残差作为研究股票和债券之间的波动溢出效应的原始序列①。从前面的分析可知，各个收益率序列不服从正态分布，具有尖峰厚尾的特性，而且还呈现波动聚集的特点。因此，本部分将利用基于t分布的MVGARCH－BEKK（1，1）模型来研究我国股票和债券之间的波动溢出效应，结果如表5－15所示。

表5－15　波动溢出效应结果

系数	中证全债	中证国债	中证金融债	中证企业债
均值1	-0.0001	-0.0001	-0.0002	-0.0002
t统计量值	-0.1974	-0.3795	-0.7143	-0.5381
均值2	0.0000	0.0000	0.0000	-0.0001
t统计量值	-0.9594	-0.3374	1.6005	-2.5096***
c_{11}	0.0011	0.0013	0.0010	0.0012
t统计量值	5.5918***	5.8289***	4.6278***	5.5937***
c_{21}	-0.0001	-0.0001	-0.0001	0.0000
t统计量值	-0.8018	-2.6336***	-1.6552*	-0.1954
c_{22}	0.0002	0.0002	0.0001	-0.0002
t统计量值	7.5473***	5.6970***	1.8239*	-8.7072***
a_{11}	0.1701	0.1827	0.1556	0.1715
t统计量值	13.5920***	12.7412***	11.3999***	13.1813***
a_{21}	-0.0016	-0.0058	-0.0063	0.0003
t统计量值	-1.9862**	-5.0675***	-5.8801***	2.1552**
a_{12}	0.2639	0.0398	0.1490	-0.0483

① Tse（1999）指出，要估计VECM－GARCH模型，可以进行一次联合估计，也可以分两步来估计，这两种方法是渐进等价的。本部分观测值的个数是1690，样本容量可以说是足够大，因此本书选取两步法来估计。

续表

系数	中证全债	中证国债	中证金融债	中证企业债
t 统计量值	2.1851 **	0.2270	1.6547 *	-2.4958 **
a_{22}	0.4568	0.4133	0.4959	0.5339
t 统计量值	18.8360 ***	17.7119 ***	22.2768 ***	26.3194 ***
b_{11}	0.9828	0.9799	0.9855	0.9826
t 统计量值	392.8397 ***	301.9325 ***	366.7483 ***	359.6955 ***
b_{21}	0.0005	0.0014	0.0014	0.0002
t 统计量值	2.1811 **	4.4199 ***	4.1693 ***	2.2943 **
b_{12}	-0.1017	0.0334	-0.0573	0.0214
t 统计量值	-1.9927 **	0.4587	-1.9066 *	1.6535 *
b_{22}	0.8823	0.8918	0.8911	0.8932
t 统计量值	77.8451 ***	75.9907 ***	105.4548 ***	149.5601 ***

注：*、**、*** 分别表示在 10%、5%、1% 水平下显著。

在沪深 300 与中证全债所建立的 BEKK 模型中，在 5% 显著性水平下，所有系数都能通过显著性检验，这说明沪深 300 和中证全债的波动不仅受其本身 ARCH 项和 GARCH 项的影响，而且还受对方的 ARCH 项和 GARCH 项的影响，这说明沪深 300 和中证全债之间存在相互的短期和长期波动溢出效应。具体而言，a_{21} 的值为 -0.0016，这表明沪深 300 对中证全债具有负的短期波动溢出效应；而 a_{12} 的值为 0.2639，这表明中证全债对沪深 300 具有正的短期波动溢出效应。从系数的绝对值看，中证全债对沪深 300 的短期波动溢出程度要远远大于沪深 300 对中证全债的短期波动溢出程度；b_{21} 的值为 0.0005，这表明沪深 300 对中证全债具有正的长期波动溢出效应，而 b_{12} 的值为 -0.1017，这表明中证全债对沪深 300 具有负的长期波动溢出效应；从系数的绝对值看，中证全债对沪深 300 的长期波动溢出程度要远远大于沪深 300 对中证全债的长期波动溢出程度。

在沪深 300 与中证国债所建立的 BEKK 模型中，在 5% 显著性水平下，除 a_{12} 和 a_{12} 两个系数外，其他系数都能通过显著性检验，这说明沪深 300 的波动性仅仅受其本身 ARCH 项和 GARCH 项的影响，而不受中证国债的 ARCH 项和 GARCH 项的影响，这说明不存在中证国债对沪深 300 的短期和长期波动溢出效应；另外，中证全债的波动不仅受其本身 ARCH 项和 GARCH 项的影响，而且还受到沪深 300 的 ARCH

项和 GARCH 项的影响，这说明存在沪深 300 对中证国债的短期和长期波动溢出效应。具体而言，a_{12}的值为 -0.0058，这表明沪深 300 对中证国债具有负的短期波动溢出效应，而 a_{12}的值为 0.0398，这表明中证国债对沪深 300 具有正的短期波动溢出效应；从系数的绝对值看，中证国债对沪深 300 的短期波动溢出程度要远远大于沪深 300 对中证国债的短期波动溢出程度；b_{21}的值为 0.0014，这表明沪深 300 对中证国债具有正的长期波动溢出效应，而 b_{12}的值为 0.0334，这表明中证国债对沪深 300 具有正的长期波动溢出效应，从系数的绝对值看，中证国债对沪深 300 的长期波动溢出程度要远远大于沪深 300 对中证国债的长期波动溢出程度。

在沪深 300 与中证金融债所建立的 BEKK 模型中，在 5% 显著性水平下，除 a_{12}和 b_{12}两个系数外，其他系数都能通过显著性检验，而如果将显著性水平提高到 10%，则 a_{12}和 b_{12}两个系数也是显著的，这说明沪深 300 和中证金融债的波动不仅受其本身 ARCH 项和 GARCH 项的影响，而且还受到对方的 ARCH 项和 GARCH 项的影响，这说明沪深 300 和中证金融债之间存在相互的短期和长期波动溢出效应。具体而言，a_{21}的值为 -0.0063，这表明沪深 300 对中证金融债具有负的短期波动溢出效应；而 a_{12}的值为 0.1490，这表明中证金融债对沪深 300 具有正的短期波动溢出效应；从系数的绝对值看，中证金融债对沪深 300 的短期波动溢出程度要远远大于沪深 300 对中证金融债的短期波动溢出程度；b_{21}的值为 0.0014，这表明沪深 300 对中证金融具有正的长期波动溢出效应；而 b_{12}的值为 -0.0573，这表明中证金融债对沪深 300 具有负的长期波动溢出效应；从系数的绝对值看，中证金融债对沪深 300 的长期波动溢出程度要远远大于沪深 300 对中证金融债的长期波动溢出程度。

在沪深 300 与中证企业债所建立的 BEKK 模型中，在 5% 显著性水平下，除 b_{12}系数外，其他系数都能通过显著性检验；而如果将显著性水平提高到 10%，则 b_{12}也是显著的，这说明沪深 300 和中证企业债的波动不仅受其本身 ARCH 项和 GARCH 项的影响，而且还受对方的 ARCH 项和 GARCH 项的影响，这说明沪深 300 和中证企业债之间存在相互的短期和长期波动溢出效应。具体而言，a_{21}的值为 0.0003，这表明沪深 300 对中证企业债具有正的短期波动溢出效应；而 a_{12}的值为 -0.0483，这表明中证企业债对沪深 300 具有负的短期波动溢出效应；从系数的绝对值看，中证企业债对沪深 300 的短期波动溢出程度要远远大于沪深 300 对中证企业债的短期波动溢出程度；b_{21} 的值为 0.0002，这表明沪深 300 对中证企业债具有正的长期波动溢出效应；而 b_{12} 的值为 0.0214，这表明中证企业债对沪深 300 具有正的长期波动溢出效应；从系数的绝对值看，中证企业债对沪深 300 的长期波动溢出程度要远远大于沪深 300 对中证企业债的长期波动溢出程度。

从横向比较看，沪深 300 对中证全债、中证国债和中证金融债的短期波动溢出效应都为负效应，只有对中证企业债为正效应；而债券的情况正好相反，中证全债、中证国债和中证金融债对沪深 300 的短期波动溢出效应都为正效应，只有中证企业债为负效应。

沪深 300 对中证全债、中证国债、中证金融债和中证企业债的长期波动溢出效应都为正效应，中证全债和中证金融债对沪深 300 的长期波动溢出效应都为负效应，中证国债和中证企业债对沪深 300 的长期波动溢出效应都为正效应。

三、基于 DCC – MVGARCH(1，1) 模型我国股债联动性研究

在信息溢出效应部分研究中，本书通过建立基于 t 分布的 VECM – MVGARCH – BEKK(1，1) 模型从均值溢出效应和波动溢出效应两个层面研究了我国股债之间的联动关系。而如果要利用一个指标来表征我国股债之间的联动关系，那么 VECM – MVGARCH – BEKK(1，1) 模型就显得无能为力了。为此，本部分通过建立基于 t 分布的 DCC – MVGARCH(1，1) 模型来估计我国股票和债券市场之间的动态条件相关系数，利用动态条件相关系数这个指标来分析我国股债之间的联动性，国内外许多学者从这个角度分析了股债之间的联动性。

本部分所使用的方法和数据如前所述，此处只将结果列示，如表 5 – 16 所示。

表 5 – 16　动态条件相关系数的描述性统计

指数	均值	中位数	最大值	最小值	标准差	偏度	峰度	JB 值
中证全债	0.0126	0.0062	0.7246	–0.7868	0.2517	–0.0221	2.7306	8.6520**
中证国债	0.0039	0.0030	0.7038	–0.7914	0.2441	–0.0428	2.8068	5.1893*
中证金融债	0.0284	0.0305	0.6681	–0.6891	0.2133	–0.1102	2.8372	8.7197**
中证企业债	0.0308	0.0431	0.7082	–0.6788	0.2230	–0.0711	2.8268	5.8345*

注：中证全债表示沪深 300 指数与中证全债指数收益率的动态条件相关系数，中证国债、中证金融债和中证企业债同理；*、** 分别表示在 10%、5% 水平下显著。

从表 5 - 16 可知，沪深 300 与中证全债、中证国债、中证金融债和中证企业债的动态条件相关系数均值皆为正数，但数值相对较小。最大的是沪深 300 与中证企业债的动态条件相关系数，为 0.0308；其次是沪深 300 与中证金融债和中证全债的，分别为 0.0284、0.0126；沪深 300 与中证国债的最小，只有 0.0039。从最大值和最小值看，中证全债的最大值最大，为 0.7246；其次是中证企业债，为 0.7082；然后是中证国债，为 0.7038；最小的是中证金融债，为 0.6681。中证国债的最小值最小，为 - 0.7914；其次为中证全债，为 - 0.7868；然后是中证金融债，为 - 0.6891；最后是中证企业债，为 - 0.6788。从标准差看，最大的是中证全债，为 0.2571；其次是中证国债，为 0.2441；然后是中证企业债，为 0.2230；最后是中证金融债，为 0.2133。从偏度和峰度看，四个动态条件相关系数都为负偏，偏度最大的是中证金融债，为 - 0.1102；其次是中证企业债，为 - 0.0711；然后是中证国债，为 - 0.0428；最后是中证全债，为 - 0.0221。四个动态条件相关系数的峰度接近 3，JB 统计量值都相对较小。从其伴随概率 P 值看，在显著性水平 5% 下，中证国债和中证企业债动态条件相关系数的分布不能拒绝正态分布的原假设，而中证全债和中证金融债拒绝了原假设，呈现尖峰厚尾的分布特征。

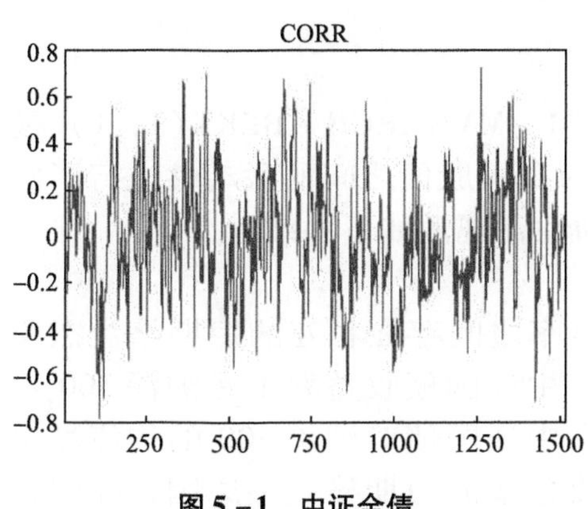

图 5 - 1　中证全债

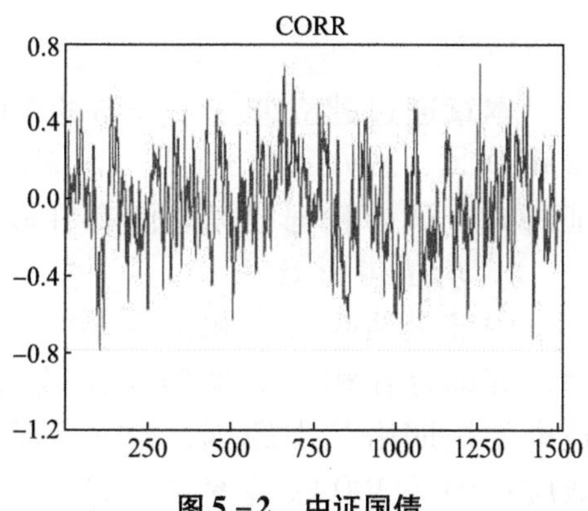

图 5 - 2　中证国债

从动态条件相关系数的走势图可看出，大部分动态条件相关系数值都集中在 - 0.4 ~ 0.4，这与一些学者的研究结论是相同的。而且，这些动态条件相关系数都呈现出明显的波动聚集特征。同时，我们还发现，这些动态条件相关系数呈现出阶段性特征，也就是说，在某一时段动态条件相关系数主要表现为正相关，而在另一时段表现为负相关。因此，我们自然会问，动态条件相关系数的这种正负之间变化或者说转换是如何进行的？是跳跃性的？线性的还是非线性的？这正是下一章要回答的问题。

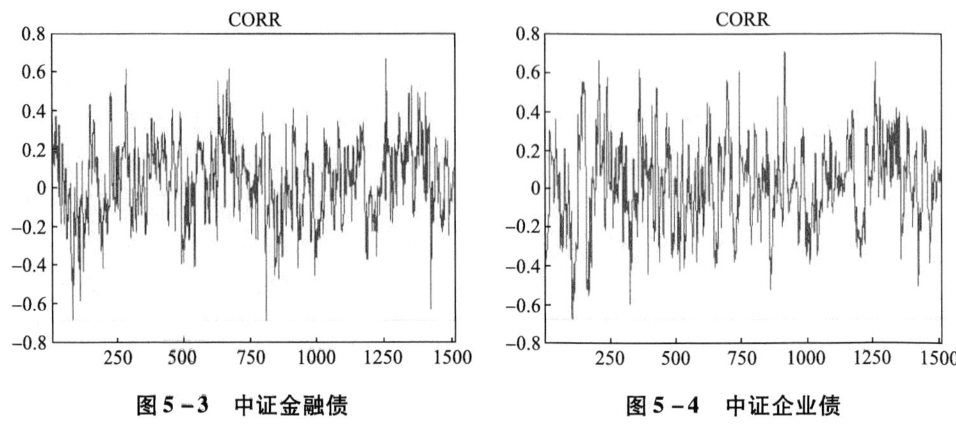

图 5-3　中证金融债　　**图 5-4　中证企业债**

本章小结

本章通过建立基于 t 分布的 VECM - MVGARCH - BEKK(1，1) 模型和 DCC - MVGARCH(1，1) 模型对我国股债之间的联动性进行了实证研究，认为我国股债之间存在联动性，现做如下小结：

1. 均值溢出效应

中证全债收益率和沪深 300 收益率之间存在相互的短期格兰杰原因，亦即存在相互的均值溢出效应；中证国债收益率不是沪深 300 收益率的短期格兰杰原因，亦即不存在中证国债对沪深 300 的均值溢出效应；沪深 300 收益率是中证国债收益率的短期格兰杰原因，亦即存在沪深 300 对中证国债的均值溢出效应；中证金融债收益率和沪深 300 收益率之间存在相互的短期格兰杰原因，亦即存在相互的均值溢出效应；中证企业债收益率和沪深 300 收益率之间不存在相互的短期格兰杰原因，亦即不存在相互的均值溢出效应。

2. 波动溢出效应

沪深 300 和中证全债之间存在相互的短期和长期波动溢出效应。

中证全债对沪深300的短期波动溢出程度要远远大于沪深300对中证全债的短期波动溢出程度，中证全债对沪深300的长期波动溢出程度要远远大于沪深300对中证全债的长期波动溢出程度。

沪深300和中证国债之间不存在中证国债对沪深300的短期和长期波动溢出效应，存在沪深300对中证国债的短期和长期波动溢出效应。

沪深300和中证金融债之间存在相互的短期和长期波动溢出效应。中证金融债对沪深300的短期波动溢出程度要远远大于沪深300对中证金融债的短期波动溢出程度，中证金融债对沪深300的长期波动溢出程度要远远大于沪深300对中证金融债的长期波动溢出程度。

沪深300和中证企业债之间存在相互的短期和长期波动溢出效应。中证企业债对沪深300的短期波动溢出程度要远远大于沪深300对中证企业债的短期波动溢出程度，中证企业债对沪深300的长期波动溢出程度要远远大于沪深300对中证企业债的长期波动溢出程度。

从横向比较看，沪深300对中证全债、中证国债和中证金融债的短期波动溢出效应都为负效应，只有对中证企业债为正效应；而债券的情况正好相反，中证全债、中证国债和中证金融债对沪深300的短期波动溢出效应都为正效应，只有中证企业债为负效应；沪深300对中证全债、中证国债、中证金融债和中证企业债的长期波动溢出效应都为正效应，中证全债和中证金融债对沪深300的长期波动溢出效应都为负效应，中证国债和中证企业债对沪深300的长期波动溢出效应都为正效应。

3. 动态条件相关系数

大部分动态条件相关系数值都集中在 -0.4 ~ 0.4，而且都呈现出明显的波动聚集特征。同时，这些动态条件相关系数呈现出阶段性特征，也就是说，在某一时段动态条件相关系数主要表现为正相关，而在另一时段表现为负相关。

第六章　我国股债联动的非线性特征分析

第一节　前言

任何事物或现象的运动规律都可以用线性和非线性描述。从数学意义上来讲，线性指的是变量之间的数学关系，是指方程的解满足线性叠加原理，即方程任意两个解的线性叠加，仍然是方程的一个解；所谓非线性，是指变量之间的数学关系不是直线的而是曲线、曲面，或不确定的属性，非线性是自然界复杂性的典型性质之一。线性意味着系统的简单性，但自然现象就其本质来说，都是复杂的，非线性的。与线性相比，非线性更接近客观事物的性质本身，是量化研究认识复杂知识的重要方法之一。自然现象如此，社会经济现象也不例外，特别是在金融经济领域，许多金融时间序列的运动规律是非线性的，这也得到了许多学者的实证结果的支持。如赵春艳和南士敬（2011）对我国通货膨胀率以其滞后一阶为转换变量建立了 LSTAR 模型，结果显示该模型的拟合效果很好，这表明我国低通货膨胀与高通货膨胀之间存在明显的非线性转换特征。沈春华、许涤龙和路芸（2013）采用 LSTR 模型对我国通货膨胀率的非线性特征和动态波动路径进行了实证研究，结果显示：我国通货膨胀率呈现出明显的非线性特征，且经常在三区制间快速转移。通货膨胀率的转移速度较快，这在很大程度上表明我国货币政策的灵敏性、有效性和稳健性。谢朝华等（2010）对上海股市的分形与混沌特性的研究揭示了我国股市的非线性本质，在制定股市发展政策时应该以非线性观为指导。王成勇和艾春荣

（2010）运用 STAR 模型理论对我国 1979 年第一季度至 2009 年第三季度的季度 GDP 增长率的研究表明我国 GDP 呈非线性运动。王晓燕和李美洲（2012）基于误差修正模型基础上的两机制门限协模型分析我国中期和长期国债收益率，结果发现我国中期和长期国债收益率存在非线性调整过程。

我国股债之间的联动是否也是呈非线性关系，对这一问题的研究有利于深化对股债联动理论的认识，有利于投资者根据股债联动特征调整最优投资组合以获取最大收益，也有利于监管者完善监管政策以促进我国股票和债券市场进一步发展。

第二节 研究方法介绍

很多时候，经济时间序列会受到外界冲击或各种政策变动的影响，此时经济时间序列可能会发生偏离而进入另一种状态，用传统的线性模型是无法刻画这种偏离的，必须借助非线性模型。自 20 世纪 90 年代末以来，非线性时间序列模型得到了广泛应用，相关研究成果不断出现，目前非线性模型主要有状态转换模型（Regime Switching Model）和混沌论模型（Chaos Model）两种。常见的状态转换模型主要有马尔可夫状态转换模型（Markov Regime Switching Model，MRS）、门限自回归模型（Threshold Autoregression Model，TAR）和平滑转换自回归模型（Smooth Transition Auto－regression model，STAR），这三个模型刻画了各种不同形式的状态转换行为（王俊等，2006）。

一、马尔可夫机制转换模型

自 Hamilton（1994）将马尔可夫区制转换模型（Markov Regime Switching Model）应用到经济学实证研究中以来，马尔科夫区制转换模型就被广泛应用于经济冲击、世界经济周期、金融波动和国家间经济关联等方面的研究中。

Hamilton 将不同的状态变量引入到马尔可夫区制转换模型中，通过模型的估计可以得到状态转移概率和一系列结构方程，这些状态转移概率和结构方程能够刻画不同状态下的经济趋势和转换特征。一般化的马尔可夫过程可以表示如下：

$$Y_t = \beta_0^{s^k} + \sum_{i=1}^{n1} \beta_i^{s^k} X_i + \sum_{j=1}^{n2} \beta_j^{s^k} Y_{t-j} + \varepsilon^{s^k} \tag{6.1}$$

其中，$\varepsilon^{s^k} \sim NID(0, \sigma^{s^k})$，$k$ 为区制的个数，s^k 表示不同的区制状态，n_1 表示外生变量个数，n_2 表示自回归滞后阶数。该模型与一般线性模型的区别在于：截距、均值、变量系数和误差项的方差既可以是恒定不变的，又可以随区制的变动而变化。一般来说，截距项或均值区制转换模型基本上就可以拟合不同经济条件下的时间序列，必要的时候也可以设定方差区制转换模型。模型中的 s^k 是一个不可观测的状态变量，在任何时刻都无法确定其所处的状态，状态变量被假定是一个离散的马尔可夫随机过程，其转换概率遵循：

$$P_{ij} = \Pr(S_{t+1} = i \mid S_t = j) \tag{6.2}$$

其中，$\sum_{i=1}^{k} P_{ij} = 1, (i,j = 1, \cdots, k)$，$P_{ij}$ 表示从状态 j 转换到状态 i 的概率，其大小仅仅依赖于前一时刻所处的状态。本质上说，不同状态间的转换是由一个概率转移矩阵决定的，可以被描述为：

$$P = \begin{bmatrix} P_{11} \cdots P_{1k} \\ \vdots \\ P_{k1} \cdots P_{kk} \end{bmatrix} \tag{6.3}$$

估计马尔可夫区制转换模型的方法主要有极大似然估计和迭代计算两种。如果已知经济时间序列所有的状态，则可以使用极大似然法直接进行计算。但状态通常是未知的，此时每种状态的加权平均值即为似然估计值，权重就是每种状态发生的概率。然而概率也是未知的，只能利用历史数据的信息来计算状态转换概率。计算步骤如下：

首先通过迭代计算得到联合概率密度函数。如果随机误差独立同分布，则可以得到：

$$f(Y_1, Y_2, \cdots, Y_T; \psi) = \prod_{t=1}^{T} f(Y_t \mid Y_{t-1}; \psi) \tag{6.4}$$

其中 ψ 表示一系列待估参数。为求联合概率密度函数最大化值，可以将上述公式进行对数处理，把乘法转换为加法，即 $\max \sum_{t=1}^{T} \ln f(Y_t \mid Y_{t-1}; \psi)$。

$$\begin{aligned} f(Y_t \mid Y_{t-1}) &= \sum_{j=1}^{k} f(Y_t \mid S_{t-1} = j, Y_{t-1}) = \sum_{i=1}^{k} \sum_{j=1}^{k} f(Y_t, S_t = i \mid S_{t-1} = j, Y_{t-1}) \\ &= \sum_{i=1}^{k} \sum_{j=1}^{k} f(Y_t \mid S_t = i, S_{t-1} = j, Y_{t-1}) p(S_t = i \mid S_{t-1} = j, Y_{t-1}) \end{aligned}$$

$$= \sum_{i=1}^{k} \sum_{j=1}^{k} f(Y_t \mid S_t = i, S_{t-1} = j, Y_{t-1}) p(S_{t-1} = j \mid Y_{t-1}) P_{ij} \tag{6.5}$$

同时可以得出：

$$P(S_t = j \mid Y_t) = \frac{\sum_{m=1}^{k} f(Y_t, S_t = j \mid S_{t-1} = m, Y_{t-1})}{f(Y_t \mid Y_{t-1})}$$

$$P(S_t = j \mid Y_t) = \frac{\sum_{m=1}^{k} f(Y_t \mid S_t = j, S_{t-1} = m, Y_{t-1}) P(S_t = j \mid S_{t-1} = m, Y_{t-1})}{f(Y_t \mid Y_{t-1})}$$

$$P(S_t = j \mid Y_t) = \frac{\sum_{m=1}^{k} f(Y_t \mid S_t = j, S_{t-1} = m, Y_{t-1}) P(S_{t-1} = m \mid Y_{t-1}) P_{mj}}{f(Y_t \mid Y_{t-1})} \tag{6.6}$$

设置初始状态。假设经济初始处于稳定状态，即在 t = 0 时以稳态概率开始，根据上述计算式不断迭代计算，得到含有一系列待估计参数的联合密度函数。最后运用极大似然法估计出待估参数 ψ、状态转移概率以及不同时间上的状态平滑概率。

二、门限自回归模型（TAR）

门限自回归模型是一种非线性模型，最初是由 Tong 于 1980 年提出来的。门限自回归模型假定在某一特定的时点之前时间序列处于一种状态或区制，而在该时点之后，时间序列处于另外一种状态或区制，也就是说，时间序列所处的区制在该时点上发生了跳跃。1989 年，Ruey S. Tsay 提出了相对来说较为简单的建模方法，门限自回归模型也因此得到了广泛的应用。

一般地，假设初始值（X_0，X_{-1}，…，X_{-p_j+1}）是已知的，时间序列 $\{X_t, t=1, 2, \cdots\}$ 称为满足一个 k 段门限自回归模型（TAR），如果其满足下式：

$$X_t = \varphi_{j0} + \varphi_{j1} X_{t-1} + \varphi_{j2} X_{t-2} + \cdots + \varphi_{jp_j} + \xi_{jt}, \quad r_{j-1} < Z_{t-d} \leqslant r_j \tag{6.7}$$

其中，Z_{t-d}为门限变量，$-\infty = r_0 < r_1 < \cdots < r_{k-1} < r_k = \infty$；$\{r_j, j = 1, 2, \cdots, k\}$ 表示门限；k 表示区间数，取正整数，j 表示第 j 个区间，$j = 1, 2, \cdots, k$；要求门限变量 Z_{t-d}在空间 F_{t-1}上可测（即 Z_{t-d}是 F_{t-1}内元素的可测函数），在这里 F_{t-1}是时刻 $t-1$ 之前可用信息的域；参数 d 被称为延迟变量，取正整数；$\{\xi_{jt}\}$ 是独立的时间序列，其均值

为 0，方差为 σ_j^2，$j=1, 2, \cdots, k$，实际上对于相同的 j，$\{\xi_{jt}\}$ 服从独立同分布，满足以上条件的模型记为 $TAR(d, k, p_1, p_2, \cdots, p_k)$。当 $p_1=p_2=\cdots=p_k=p$ 时，模型记为 $TAR(d, k, p)$。

在实际应用中，Tong（1983，1990）提出了涉及若干含有分离高阶 AR（p）过程的不同状态的 TAR 过程。以两状态的 TAR 模型为例，其一般形式如下：

$$y_t=\begin{cases}a_{10}-a_{11}y_{t-1}+\cdots+a_{1p}y_{t-p}+e_{1t}, & y_{t-1}>\tau \\ a_{20}-a_{21}y_{t-1}+\cdots+a_{2p}y_{t-r}+e_{2t}, & y_{t-1}\leqslant\tau\end{cases} \tag{6.8}$$

由此可知，由 y_{t-1} 的值确定了两个可分离状态。

如果门限值是已知的，将处于门限之上和门限之下的 y_{t-1} 值分成两个区间，然后用 OLS 法估计出每个区间的方程式①；在门限值未知的情况下，根据 Chan（1993）提出的方法来获取门限 τ 的超一致估计量，为了确保在门限两侧有适当数量的观测值，将 y_t 按大小顺序排列，再剔除最高和最低部分各 15% 的值，然后运用程序估计 τ 的每一个观测值时的 TAR 模型，相应残差平方和最小时的回归方程是门限的一致估计。

三、平滑转换自回归（STAR）模型

STAR 模型的思想最早是由 Bacon 和 Watts（1971）以及 Chan 和 Tong（1986）提出来的，经过 Teräsvirta 和 Anderson（1992）、Granger 和 Teräsvirta（1993，1994）的不断完善和发展，至今已形成了一套较为成熟的建模程序，主要包括模型的设定、估计和诊断测试（谢赤等，2005）。

1. 基本模型

根据 Teräsvirta、Anderson（1992）和 Teräsvirta（1994）的研究，一个 p 阶 STAR 模型的一般表达式为：

$$y_t=\pi_{10}+\pi'_1w_t+(\pi_{20}+\pi'_2w_t)\cdot F(y_{t-d}, \gamma, c)+u_t \tag{6.9}$$

其中，$u_t\sim nid(0, \sigma^2)$，$\pi_j=(\pi_{j1}, \cdots, \pi_{jp})'$，$j=1, 2$，$w_t=(y_{t-1}, \cdots, y_{t-p})'$；$F(\cdot)$ 是一个连续的转换函数，其取值范围为 $[0, 1]$；转换参数 $\gamma>0$，它反映了时间序列在两个区制之间转换的平滑性和转换速度的大小，如果值较大，说明转换速度较快，反之亦然；y_{t-d} 是转换变量，d 是延迟参数，c 是阀值变量。从模型可知，非线性

① 方程中的滞后阶数 p 和 r 的确定方法同建立一般的 AR 模型一样，通常采用 AIC 和 SC 准则。另外，可以采用 t 检验法对单个系数进行显著性检验。

是以时间序列的滞后项为条件产生的（谢赤等，2005）。

常见的转换函数 $F(\cdot)$ 有两种，一种是逻辑斯蒂克函数（Logistic Function），其表达式为：

$$F(y_{t-d}, \gamma, c) = \frac{1}{1+\exp\{-\gamma(y_{t-d}-c)\}} \tag{6.10}$$

当 $\gamma \to +\infty$，$F(y_{t-d}, \gamma, c) = \begin{cases} 0, & y_{t-d} \leqslant c \\ 1, & y_{t-d} > c \end{cases}$，LSTAR 模型就变成了 SETAR 模型；当 $\gamma \to 0$，$F(y_{t-d}, \gamma, c) = 0.5$，LSTAR 模型就变成了线性 AR 模型。式（6.9）和式（6.10）构成了 logistic 平滑转移自回归模型，即 LSTAR 模型。

另一种是指数函数（Exponential Function），其表达式为：

$$F(y_{t-d}, \gamma, c) = 1-\exp[-\gamma(y_{t-d}-c)^2] \tag{6.11}$$

当 $\gamma \to +\infty$，$F(y_{t-d}, \gamma, c) = 1$，ESTAR 模型就变成了线性 AR 模型；当 $\gamma \to 0$，$F(y_{t-d}, \gamma, c) = 0$，ESTAR 模型同样变成了线性 AR 模型。式（6.9）和式（6.11）构成了指数平滑转移自回归模型，即 ESTAR 模型。

在 LSTAR 模型中，当 $y_{t-d} \to +\infty$ 时，$F=1$，时间序列处于高区制（upper regime）；当 $y_{t-d} \to -\infty$ 时，$F=0$，时间序列处于低区制（lower regime），相应的，LSTAR 模型变成两种不同的线性 AR 模型；当 $y_{t-d} \to c$ 时，$F=0.5$，此时时间序列处于两种区制之间的转折点（half - way point），LSTAR 模型变成线性 AR 模型，其系数介于两个区制所对应的线性 AR 模型的系数之间。在 ESTAR 模型中，当 $y_{t-d} \to \pm\infty$ 时，$F=1$，时间序列处于外区制（outer regime），ESTAR 模型变成相同的线性 AR 模型；当 $y_{t-d} \to c$ 时，$F=0$，时间序列处于内区制（middle regime），ESTAR 模型变成一个线性 AR 模型，其系数大小并不介于两种区制所对应的线性 AR 模型系数之间。

2. 模型的设定

Teräsvirta（1994）指出，STAR 模型设定过程分以下三步：

第一步，线性 AR 模型的建立。对时间序列建立各个阶数的自回归模型，在残差项不存在自相关的情况下，根据 AIC 值最小的原则确定最优滞后阶数 p，从而确定 AR 模型。

第二步，模型的线性检验和延迟参数的确定。假设延迟参数 d 的取值范围是［1，D］之间的整数，针对不同的 d 值进行线性检验，其原假设是 H_0：线性 AR 模型成立，备择假设是 H_1：STAR 模型成立。由于在原假设下存在未被识别的多余参数，为了避开这个问题，

Teräsvirta（1994）采用3阶泰勒展开，建立辅助回归方程进行线性检验。方法如下：

$$y_t = \beta_0 + \beta'_1 w_t + \sum_{j=1}^{p} \beta_{2j} y_{t-j} y_{t-d} + \sum_{j=1}^{p} \beta_{3j} y_{t-j} y_{t-d}^2 + \sum_{j=1}^{p} \beta_{4j} y_{t-j} y_{t-d}^3 + v_t \tag{6.12}$$

其中，$w_t = (y_{t-1},\ y_{t-2},\ \cdots,\ y_{t-p})'$，$v_t$ 是误差项。

其线性检验的原假设为：H_0：$\beta_{2j} = \beta_{3j} = \beta_{4j} = 0$，$j = 1,\ \cdots,\ p$。对式（6.12）进行LM检验，并计算其所对应的伴随概率值 p。如果存在多个 d 值所对应的线性检验原假设被拒绝，则应该选择伴随概率最小时所对应的 d 值。

第三步，模型的选择。在拒绝了线性假设的情况下，需要在LSTAR模型和ESTAR模型之间做出选择。选择的过程是由一系列LM检验完成的：

H_{04}：$\beta_{4j} = 0$，$j = 1,\ \cdots,\ p$

H_{03}：$\beta_{3j} = 0 \mid \beta_{4j} = 0$，$j = 1,\ \cdots,\ p$

H_{02}：$\beta_{2j} = 0 \mid \beta_{3j} = \beta_{4j} = 0$，$j = 1,\ \cdots,\ p$

如果 H_{04} 被拒绝，应该选择LSTAR模型；如果接受 H_{04} 而拒绝 H_{03}，则应该选择ESTAR模型；如果接受 H_{03} 和 H_{04} 而拒绝 H_{02}，则应该选择LSTAR模型。

王俊和孔令夷（2006）指出，在非线性时间序列的三种区制转换模型中，门限自回归模型（TAR）和马尔可夫区制转换模型（MSR）都假定时间序列从一种区制（regime）转换到另一种机制的过程是跳跃的，而平滑转换自回归模型（Smooth Transition Autoregression，STAR）假定时间序列在两个极端区制之间的转换是平滑的。大量实证研究表明，STAR模型模拟经济现实和突发性经济政策的效果很好。基于此，本章采用STAR模型对我国股债联动性的非线性动态特征进行实证分析。

第三节　实证分析

一、数据选取

本章所用的数据为上一章利用基于t分布的DCC－MVGARCH（1，

1）模型计算出的沪深300指数与中证全债指数、中证国债指数、中证金融债指数和中证企业债指数的动态条件相关系数。本章将全流通时代——2008年4月17日到2016年9月30日分为两个区间，第一个区间是2008年4月17日至2014年6月30日，共1506个数据；第二个区间是2014年7月1日至2016年9月30日，共608个数据。第一个区间的数据用来建立非线性平滑转换自回归模型，第二个区间的数据用来做样本外的预测，以评价平滑转换自回归模型的拟合效果。

根据Anderson（1984）、郑振龙和杨伟（2012）等的做法，首先将动态条件相关系数 *corr* 进行Fisher转换，这种转换可以将处于[-1, 1]范围变化的动态条件相关系数转化为处于（-∞，+∞）的数值，使之充满整个数轴。并且转换之后的费雪动态条件相关系数具有渐进的标准正态分布性质。费雪转换的公式如下：

$$FC = \frac{1}{2}\ln[(1 + corr)/(1 - corr)] \tag{6.13}$$

转换后的费雪动态条件相关系数的描述性统计如表6-1所示。

表6-1　费雪动态条件相关系数描述性统计

动态条件相关系数	均值	中位数	最大值	最小值	标准差	偏度	峰度	JB值
中证全债	0.0135	0.0062	0.9173	-1.0630	0.2697	-0.01	3.24	6.65**
中证国债	0.0039	0.0030	0.8748	-1.0753	0.2608	-0.06	3.31	12.37***
中证金融债	0.0294	0.0305	0.8073	-0.8461	0.2241	-0.10	3.25	11.41***
中证企业债	0.0324	0.0432	0.8836	-0.8269	0.2356	-0.02	3.23	6.21**

注：中证全债表示经费雪转换后的沪深300与中证全债的动态条件相关系数，中证国债、中证金融债和中证企业债同理；**、***分别表示在5%、1%水平下显著。

从表6-1可知，在沪深300与中证全债、中证国债、中证金融债和中证企业债的动态条件相关系数中，中证企业债的动态条件相关系数最大，为0.0324；其次是中证金融债，为0.0294；再次是中证全债，为0.0135；最小的是中证国债，为0.0039。从中位数看，中证企业债最大，为0.0432；其次是中证金融债，为0.0305；再次是中证全债，为0.0062；最小的是中证国债，为0.0030。从最大值看，最大的是中证全债，为0.9173；其次是中证企业债，为0.8836；再次是中证国债，为0.8748；最后是中证金融债，为0.8073。从最小值看，最小的为中证国债，为-1.0753；其次是中证全债，为-1.0630；再次是中证金融债，为-0.8461；最后是中证企业债，为-0.8269。从标准差看，波动最大的是中证全债，为0.2697；其次是中证国债，为0.2608；再次是中证企业债，为0.2356；最后是中证金融债，为0.2241。从偏度系数看，四个市场的偏度系数均为负数，偏斜程度最小的是中证全债，为-0.01；其次是中证企业债，为-0.02；再次是中证国债，为-0.06；最大的是中证金融债，为-0.1。从峰度看，四个市场相差非常小，均稍大于3，与正态分布的峰度差不多。从JB值看，中证国债和中证金融债差不多，分别为12.37和11.41；中证全债和中证企业债也差不多，分别为6.65和6.21。从JB统计量相应的P值看，在显著性水平5%下，四个市场的动态条件相关系数都不服从正态分布。

从图6-1~图6-4可看出，转换后的费雪动态条件相关系数的走势同转换前的动态条件相关系数是一样的，呈现出明显的时变性和阶段性的特征，动态条件相关系数在负值和正值之间来回转换。

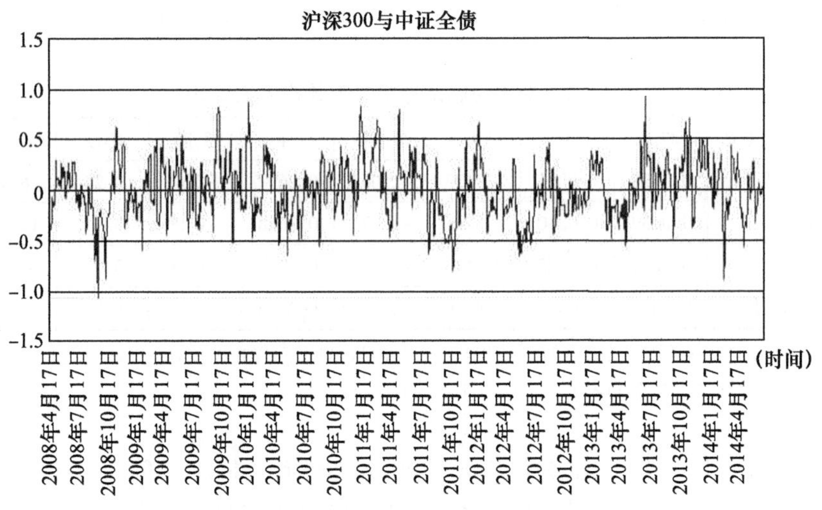

图6-1 沪深300与中证全债费雪相关系数

二、单位根检验

本节仍然采用常用的ADF方法对各个市场的费雪动态条件相关系数进行平稳性检验，结果如表6-2所示。

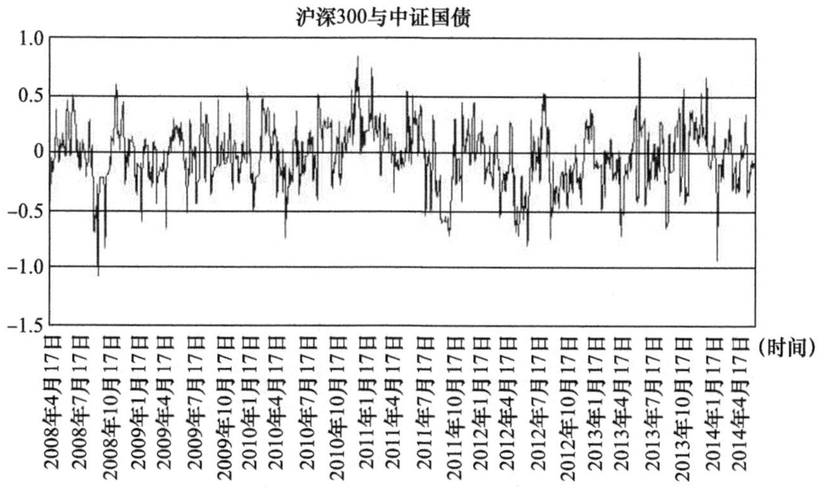

图 6－2　沪深 300 与中证国债费雪相关系数

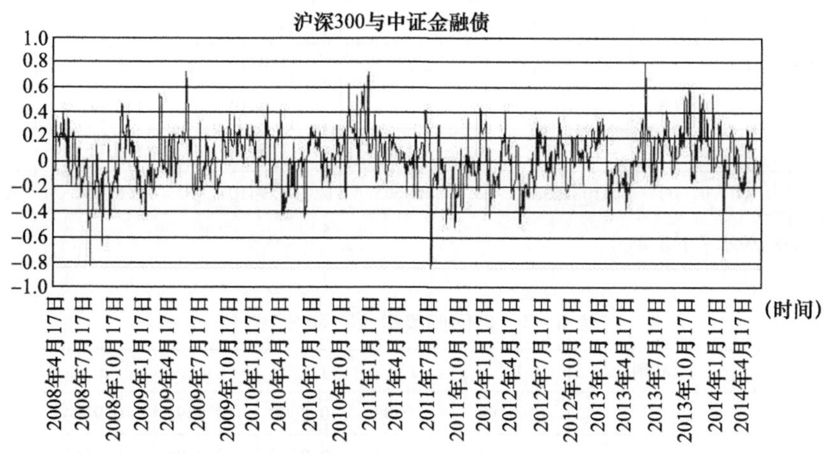

图 6－3　沪深 300 与中证金融债费雪相关系数

从表 6－2 可看出，四个动态条件相关系数都是平稳序列。

三、滞后阶数的确定

本部分对各个市场的动态条件相关系数建立自回归模型，根据 AIC 和 SC 值最小的原则来确定最优的滞后阶数，结果如表 6－3 所示。

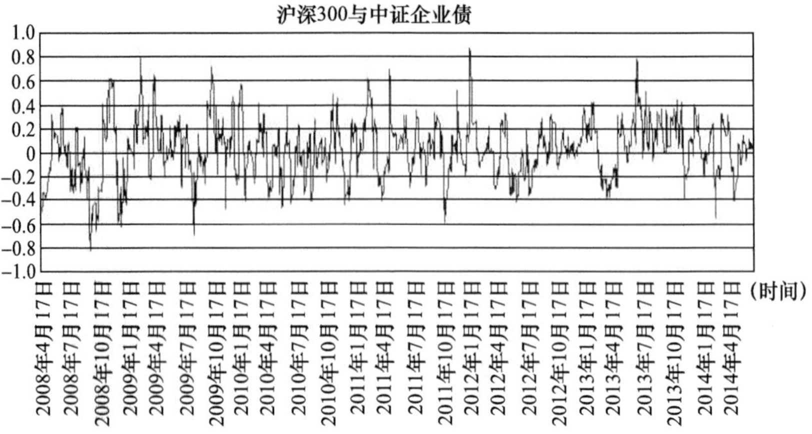

图 6-4 沪深 300 与中证企业债费雪相关系数

表 6-2 动态条件相关系数平稳性检验

变量	(c, t, p)	T 统计量	1% 临界值	5% 临界值	10% 临界值	结论
中证全债	(0, 0, 0)	-11.6626***	-2.5665	-1.9410	-1.6166	平稳
中证国债	(0, 0, 0)	-11.6746***	-2.5665	-1.9410	-1.6166	平稳
中证金融债	(0, 0, 0)	-11.3829***	-2.5665	-1.9410	-1.6166	平稳
中证企业债	(0, 0, 0)	-10.4036***	-2.5665	-1.9410	-1.6166	平稳

注：*** 表示在 1% 水平下显著。

表 6-3 自回归模型 AIC 和 SC 值

指数	准则	1	2	3	4	5	6
中证全债	AIC	-0.9499	-0.9498	-0.9500	-0.9492	-0.9484	-0.9501
	SC	-0.9457	-0.9434	-0.9415	-0.9385	-0.9357	-0.9351
中证国债	AIC	-1.0387	-1.0407	-1.0404	-1.0397		
	SC	-1.0344	-1.0343	-1.0319	-1.0291		
中证金融债	AIC	-1.3384	-1.3383	-1.3373	-1.3363	-1.3353	
	SC	-1.3341	-1.3320	-1.3288	-1.3257	-1.3225	
中证企业债	AIC	-1.4638	-1.4629	-1.4620	-1.4612		
	SC	-1.4596	-1.4565	-1.4535	-1.4505		

注：中证全债表示沪深 300 与中证全债的动态条件相关系数的自回归模型，中证国债、中证金融债和中证企业债同理。

从表 6 -3 中结果可看出，对于中证全债、中证金融债和中证企业债的动态条件相关系数，AIC 和 SC 值都是在 1 阶自回归时达到最小；对于中证国债的动态条件相关系数，AIC 和 SC 值都是在 2 阶自回归时达到最小。

四、迟延参数的确定

根据本节所阐述的方法，本部分对［1，8］之间的各个迟延参数进行了辅助回归，同时进行了线性检验，结果如表 6 -4 所示。

表 6 -4　各迟延参数的结果

指数	统计量	1	2	3	4	5	6	7	8
中证全债	F 统计量	0.5448	0.473	0.6157	0.0498	0.061	0.1822		
	卡方统计量	0.5448	0.4728	0.6156	0.0495	0.0607	0.1819		
中证国债	F 统计量	0.4335	0.3145	0.9549	0.7984	0.1451	0.1363	0.0266	0.1643
	卡方统计量	0.4332	0.3142	0.955	0.7985	0.1447	0.1359	0.0263	0.1638
中证金融债	F 统计量	0.0831	0.1981	0.0662	0.9382	0.8398	0.9652		
	卡方统计量	0.0829	0.1978	0.066	0.9382	0.8398	0.9652		
中证企业债	F 统计量	0.1677	0.1364	0.0991	0.0554	0.2808	0.2435	0.0657	0.5534
	卡方统计量	0.1674	0.1361	0.0989	0.0552	0.2806	0.2433	0.0654	0.5534

注：中证全债表示沪深 300 与中证全债的动态条件相关系数的自回归模型，中证国债、中证金融债和中证企业债同理。

从表 6 -4 中可看出，对于中证全债，在 5% 显著性水平下，只有当延迟参数为 4 时，F 统计量和卡方统计量所对应的 p 值最小；对于中证国债，在 5% 显著性水平下，只有当延迟参数为 7 时，F 统计量和卡方统计量所对应的 p 值最小；对于中证金融债，在 5% 显著性水平下，F 统计量和卡方统计量所对应的 p 值都大于 0.05；而如果将显著性水平提高到 10%，则延迟参数 1 和 3 所对应的 p 值小于 0.1，此时延迟参数 3 所对应的 p 值小于延迟参数 1 所对应的 p 值，根据选取原则应该选择延迟参数 3；对于中证金融企业债，在 5% 显著性水平下，F 统计量和卡方统计量所对应的 p 值都大于 0.05；而如果将显著性水平提高到 10%，则延迟参数 3、4、7 所对应的 p 值小于 0.1，此时延迟参数 4 所对应的 p 值小于延迟参数 3、7 所对应的 p 值，根据选取原则应该选择延迟参数 4。

五、非线性模型的选择

在确定了最优的迟延参数后，便可利用前述方法对动态条件相关系数序列做三阶泰勒展开，拟合出辅助回归方程，利用 LM 方法对原假设进行检验，从而对各个市场的动态条件相关系数在 LSTAR 和 ESTAR 模型之间进行选择，检验结果如表 6－5 所示。

表 6－5　模型选择结果

动态条件相关系数	统计量	H4		H3		H2	
		统计量值	p 值	统计量值	p 值	统计量值	p 值
中证全债	F 统计量	5.5538 **	0.0185				
	卡方统计量	5.5538 **	0.0184				
中证国债	F 统计量	1.1376	0.3207	1.7680	0.1709	4.2492 **	0.0144
	卡方统计量	2.2751	0.3206	3.5360	0.1707	8.4984 **	0.0143
中证金融债	F 统计量	2.5353	0.1114	4.3598 **	0.0369		
	卡方统计量	2.5353	0.1113	4.3598 **	0.0368		
中证企业债	F 统计量	1.3154	0.2515	0.9449	0.3311	5.3338 **	0.0210
	卡方统计量	1.3154	0.2514	0.9449	0.3310	5.3338 **	0.0209

注：** 表示在 5% 水平下显著。

从表 6－5 可知，对于沪深 300 和中证全债的动态条件相关系数所建立的模型，根据 F 统计量值和卡方统计量值及其相应的 p 值，在显著性水平为 5% 下，H4 被拒绝，因此应该选择 LSTAR 模型；对于沪深 300 和中证国债的动态条件相关系数所建立的模型，根据 F 统计量值和卡方统计量的值及其相应的 p 值，在显著性水平为 5% 下，H4 和 H3 都没有被拒绝，H2 被拒绝，因此应该选择 LSTAR 模型；对于沪深 300 和中证金融债的动态条件相关系数所建立的模型，根据 F 统计量值和卡方统计量的值及其相应的 p 值，在显著性水平为 5% 下，H4 没有被拒绝，而 H3 被拒绝，因此应该选择 ESTAR 模型；对于沪深 300 和中证企业债的动态条件相关系数所建立的模型，根据 F 统计量值和卡方统计量的值及其相应的 p 值，在显著性水平为 5% 下，H4 和 H3 都没有被拒绝，H2 被拒绝，因此应该选择 LSTAR 模型。

在确定了各个市场的非线性模型后，利用非线性最小二乘法更进一步地拟合出模型的表达式。

表 6－6 是中证全债的非线性拟合结果。

表达式如下：

$$fc = -0.1491 + 0.0615fc(-1) + \frac{0.1611 + 0.3005fc(-1)}{1 + \exp\{-605.63 \times [fc(-4) + 0.2901]\}} \quad (6.14)$$

表 6－6 中证全债的非线性模型结果

变量	π_{10}	π_{11}	π_{20}	π_{21}	γ	c
系数	－0.1491	0.0615	0.1611	0.3006	605.6299	－0.2901
t 统计量	－18.49***	2.04***	6.36***	2.61***	—	－791.47***
AIC	SC	R^2	SL	S	Q（8）	ARCH（8）
－3.3018	－3.2039	0.1616	0.1863	0.1836	5.0728***	6.4469***

注：*** 表示在 1% 水平下显著。

在上述结果中，S 是非线性回归的标准误，SL 为自回归的标准误，Q（8）是对残差项进行 Ljung－Box 检验的滞后 8 阶 Q 统计量，容易判断，在 5% 的显著性水平下，残差序列不存在自相关；ARCH（8）是对残差序列进行滞后 8 阶 *ARCH* 效应检验的 *LM* 统计量，容易判断，在 5% 的显著性水平下，残差序列不存在条件异方差；S/SL 是 LSTAR 模型回归的标准误与 AR（1）模型回归标准误的比值，结果为 0.9855，该值小于 1，表明 LSTAR 模型要优于 AR（1）模型；AIC 和 SC 相对较小，说明 LSTAR 模型较好地拟合了原始序列；转换参数 γ 的估计值为正号，满足 LSTAR 模型的条件，但其值较大，说明动态条件相关系数在两种不同制度之间转换的速度相对迅速。总之，用 LSTAR 模型来刻画我国沪深 300 和中证全债的动态条件相关系数的非线性特征是合适的。

表 6－7 是中证国债的非线性拟合结果。

表 6－7 中证国债的非线性模型结果

变量	π_{10}	π_{11}	π_{12}	π_{20}	π_{21}	π_{22}	γ	c
系数	－0.0163	0.2045	0.0079	－0.0267	0.5233	－0.3409	1066.9840	0.1012
t 统计量	0.56	1.56	0.05	－0.41	1.24	－1.39	1.9*	28.73***

注：*、*** 分别表示在 10%、1% 水平下显著。

剔除不显著的参数后重新回归得到如下结果：

表 6-8 剔除不显著变量后的结果

变量	π_{10}	π_{20}	γ	c	AIC
系数	-7.4102	7.3913	126.4839	-0.5885	-3.3234
t 统计量	—	313.90***	—	-926.84***	
SC	R^2	SL	S	Q (8)	ARCH (8)
-3.2900	0.2370	0.1863	0.1859	11.13***	15.23***

注：*** 表示在 1% 水平下显著。

表达式如下：

$$fc = -7.4102 + \frac{7.3913}{1 + \exp\{-126.48 \times [fc(-7) + 0.5885]\}} \quad (6.15)$$

所有符号意义同前。容易判断，在 5% 的显著性水平下，残差序列不存在自相关，残差序列不存在条件异方差；S/SL 值小于 1，表明 LSTAR 模型要优于 AR（2）模型；AIC 和 SC 相对较小，说明 LSTAR 模型较好地拟合了原始序列；转换参数 γ 的估计值为正号，满足 LSTAR 模型的条件，但其值较大，说明动态条件相关系数在两种不同制度之间转换的速度较为迅速。总之，用 LSTAR 模型来刻画我国沪深 300 和中证国债动态条件相关系数的非线性特征是合适的。

表 6-9 是中证金融债的非线性拟合结果。

表 6-9 中证金融债的非线性模型结果

变量	π_{10}	π_{11}	π_{20}	π_{21}	γ	c
系数	-1.1933	13.0653	1.4253	-14.9506	0.1136	4.0765
t 统计量	-1.23	2.29**	1.81*	—	-0.54	0.73

注：*、** 分别表示在 10%、5% 水平下显著。

剔除不显著的参数后重新回归得到如下结果：

表 6-10 剔除不显著变量后的结果

变量	π_{10}	π_{11}	π_{20}	γ	AIC
系数	0.0466	0.4580	-0.0534	78.8106	-4.0484
t 统计量	1.26	3.79***	-1.02	1.97**	

续表

变量	π_{10}	π_{11}	π_{20}	γ	AIC
SC	R^2	SL	S	Q (8)	ARCH (8)
-3.9836	0.2021	0.1653	0.1283	7.02***	2.74***

注：**、*** 分别表示在5%、1%水平下显著。

其表达式如下：

$$fc = 0.0466 + 0.4580 \times fc(-1) - 0.0534 \times \{1 - \exp[-78.8106 fc(-3)^2]\} \quad (6.16)$$

所有符号意义同前。容易判断，在5%的显著性水平下，残差序列不存在自相关，残差序列不存在条件异方差；S/SL值小于1，表明ESTAR模型要优于AR（1）模型；AIC和SC相对较小，说明ESTAR模型较好地拟合了原始序列；转换参数γ的估计值为正号，满足ESTAR模型的条件，但其值较大，说明动态条件相关系数在两种不同制度之间转换的速度是相对较快的。总之，用ESTAR模型来刻画我国沪深300和中证金融债动态条件相关系数的非线性特征是合适的。

表6-11 中证企业债的非线性模型结果

变量	π_{10}	π_{11}	π_{20}	π_{21}	γ	c
系数	0.0258	-0.0154	0.0064	0.2781	1646.7765	-0.0453
t统计量	0.62	-0.06	0.13	1	0	0

以上系数都未通过显著性检验，保留几个重要的参数重新回归后得到如下结果：

表6-12 剔除不显著变量后的结果

变量	π_{10}	π_{20}	γ	AIC	SC
系数	-0.5925	1.2435	0.2956	-3.5525	-3.5198
t统计量	-29.06***	—	-1.16		
R^2	SL	S	Q (8)	ARCH (8)	
0.2097	0.1638	0.1608	9.41***	6.96***	

注：*** 表示在1%水平下显著。

其表达式如下：

$$fc = -0.5925 + \frac{1.2435}{1 + \exp\{-0.2956 \times [fc(-4)]\}} \tag{6.17}$$

所有符号意义同前。容易判断，在5%的显著性水平下，残差序列不存在自相关，残差序列不存在条件异方差；S/SL值小于1，表明LSTAR模型要优于AR（1）模型；AIC和SC相对较小，说明LSTAR模型较好地拟合了原始序列；转换参数γ的估计值为正号，满足LSTAR模型的条件，其值较小，说明动态条件相关系数在两种不同制度之间转换的速度是很慢的。总之，用LSTAR模型来刻画我国沪深300和中证企业债动态条件相关系数的非线性特征是合适的。

六、样本外预测

如前所述，本部分采用2014年7月1日至2016年9月30日共608个数据进行样本外的预测，以比较自回归模型和平滑转换自回归模型的拟合效果。我们用平均绝对误差（MAE）、均方误差平方根（RMSE）、Theil不相等系数和成功率（SR）这四个指标①来评价模型的优劣，Theil不相等系数是RMSE的标量不变版本，其值处于0～1，0意味着完全的拟合。成功率是动态条件相关系数符号预测准确所占的比例；RMSE和MAE被用于非线性模型间和非线性与线性模型间的比较，比如Artis等（2007）、Stock和Watson（1999）。Ocal和Osborn（2000）将成功率运用于STR模型。结果如表6－13所示。

表6－13　样本外预测结果

动态条件相关系数	模型	RMSE	MAE	Theil	Success ratio
中证全债	AR（1）	0.1504	0.1457	0.4581	0.6642
	LSTAR	0.1436	0.1373	0.4462	0.6853
中证国债	AR（2）	0.1437	0.1495	0.4714	0.6315
	LSTAR	0.1369	0.1446	0.4577	0.6567
中证金融债	AR（1）	0.1239	0.1077	0.4295	0.6334
	ESTAR	0.1213	0.1031	0.4069	0.6527
中证企业债	AR（1）	0.1163	0.1246	0.4475	0.5948
	LSTAR	0.1068	0.0318	0.4138	0.6139

① $MAE = \sum_{i=1}^{n} |y_i - \hat{y}_i| / n RMSE = \sqrt{\sum_{i=1}^{n} (y_i - \hat{y}_i)^2 / n}, SR = \sum_{i=1}^{n} I_i / n$，其中$I_i = \begin{cases} 1, \text{如果 } y_i \text{ 和 } \hat{y}_i \text{ 同号} \\ 0, \text{如果 } y_i \text{ 和 } \hat{y}_i \text{ 异号} \end{cases}$

从表 6－13 中的各项结果可知，非线性模型比自回归模型的预测效果更好，这进一步说明了我国股债动态条件相关系数是非线性的。

七、原因分析

本书认为，我国股债之间的联动性之所以呈现非线性特征，主要有以下两个原因：

第一，我国股票和债券市场中投资者的异质性（Peters，1994）。

目前，我国股票市场上的投资者有个人投资者和机构投资者，机构投资者包括保险公司、证券投资基金、证券公司、信托公司、养老基金、企业年金、商业银行、社保基金、各类企业法人以及合格境外机构投资者（QFII）。一般理论都假定投资者是理性的，而行为金融学理论认为，投资者是有限理性甚至是非理性的，他们的教育背景、知识结构、个人禀赋、社会阅历以及个人偏好等方面都不同，他们对同一问题分析的角度和深度都不同，从而导致了投资行为的不同。在我国股票市场上，散户或者个人投资者占主体，他们存在着较为严重和普遍的过度自信心理、过度投机行为、损失厌恶心理等。而机构投资者拥有一支金融专业知识扎实，投资经验极为丰富，信息搜集、处理和分析能力非常强的人才队伍，他们在投资策略制定、投资组合构造和管理、风险规避、投资理财方式运用以及上市公司研究等方面相对个人投资者有着绝对的优势。

在我国债券市场上，交易所债券市场的投资主体有个人投资者和机构投资者，机构投资者包括上市商业银行、证券投资基金、证券公司、信托公司、养老基金、企业年金、社保基金、各类企业法人等，而非上市商业银行不能在交易所债券市场交易。而银行间债券市场的投资主体只有机构投资者，包括商业银行和其他非银行金融机构，目前个人投资者是不能直接进入银行间债券市场的。因此，这种人为的市场分割导致了我国债券市场投资者的异质性。

第二，金融资产在股票市场和债券市场之间配置存在交易成本。

任何交易都是存在交易成本的。在我国股票市场上，交易成本主要有佣金[①]、资本利得税、印花税和过户费等。在我国债券市场上，交易成本包括佣金、成交手续费、签证手续费、过户费和税收成本。每笔债券成交后，交易双方要向交易所上缴成交手续费，其金额占交易

① 包括经纪佣金、证券交易监管费、证券交易所交易经手费等。

额的3‰；达成口头交易后在债券交易柜台办理鉴别债券真伪业务时还要缴纳签证手续费；在记名债券交割划账时，债券买方还需要缴纳过户手续费，其金额占购买总金额的2‰；如果投资的是企业债券，在企业债券卖出时必须缴纳个人收益调节税，其金额占投资收益额的20%①。因此，虽然大量的实证研究表明（如王茵田和文志瑛，2010），在股市向好时，投资者为了获取高投资回报将资金撤离债券市场而投资于股票市场，而当经济衰退时，出于资本安全性的考虑而将资金从股市撤出，转而投资于债券市场，但这种转移是有成本的，只有当投资者预期在资金转移后的收益大于交易成本时，资金的转移才会发生。否则，资金不会撤出原来的市场。

本章小结

本章经过单位根检验、自回归模型的滞后阶数的确定、迟延参数的确定、非线性模型的选择和样本外预测等步骤，对我国沪深300指数与中证全债、中证国债、中证金融债和中证企业债指数的联动性进行了非线性特征分析，现总结如下：

沪深300指数与中证全债、中证国债、中证金融债和中证企业债指数的联动性呈现非线性特征。具体来说，沪深300指数和中证全债、中证国债、中证企业债指数的联动性的非线性特征可通过LSTAR模型来刻画，而沪深300指数和中证金融债指数的联动性的非线性特征可通过ESTAR模型来刻画。也就是说，我国股票市场和债券市场联动性呈非线性特征，整体上看可用LSTAR模型来刻画。但各个子市场各有不同，其中中证国债和中证企业债可用LSTAR模型刻画，而中证金融债可用ESTAR模型来刻画。

从转换系数看，整体上看是相对较大的，而各个子市场有所不同，其中中证国债和中证金融债的转换系数较大，而中证企业债的转换系数较小。

① 这笔税款在每笔交易最终完成后清算资金账户时由证券交易所代为扣除。

第七章　我国股债非线性联动的影响因素分析

第一节　前言

股票和债券市场作为金融市场中最重要的两个子市场，为经济的发展发挥了重要作用。同时，经济状况的好坏也会影响股票和债券的收益大小。研究股债联动的影响因素无论对投资者还是市场监管者都具有重要意义：投资者可以依据经济形势来调整投资组合中的股票和债券的比例，达到最大限度地规避风险的同时获取最大收益的目的；市场监管者可以根据经济形势制定相应的政策，使股票和债券市场更好地为我国经济的发展服务。

国内外学者对股债联动的影响因素进行了大量的研究。Campbell 和 Airnner（1993）研究了美国 1952～1987 年股债收益的关系。研究结果显示，实际利率的波动性较低，然而却是股债收益相关的重要影响因素；预期通货膨胀率的提高使股债的收益向相反的方向变化，也就是会促使股市繁荣，债市萧条。Addona 和 Rind（2005）利用真实利率、通货膨胀及股利收益这三个因素仿射定价模型，分析了西方七国集团（G7）国家 1980～2003 年的股债关系。他们经研究发现，真实利率的波动会增强股债之间的相关关系。通货膨胀的冲击则倾向于降低股债之间的相关关系，这意味着股票市场有助于规避通货膨胀波动带来的风险；高的股利收益率波动性会减小股债相关关系，而会加剧股票收益的波动性。Stivers 和 Sun（2002）研究发现，在股市处于较低的不确定性时期，股债价格呈现出高度一致性，而当股票市场处于高度不确定性时，股债之间只存在很弱的相关关系甚至是负相关关系。Aslanidis 和 Christiansen（2010）利用分位数回归的方法研究了已实现的股债动态条件相关系数的影响因素。他们的研究结果显示，在极端低的分位数上，股市的波动性、短期利率和利差（10 年期国债与 3 个月国债之间的收益差）对动态条件相关系数会产生很大影响；而在极端高的分位数上，股债动态条件相关系数主要受到债券市场的流动性影响。Li（2002）研究指出，影响股债相关性的不是宏观基本面因素的水平值，而是这些宏观经济因素的不确定性，即波动率。实际利率的波动性与股债相关性呈正相关；而未预期到的通货膨胀率的波动性对股债相关性的影响是不确定的。他们通过对（西方七国集团）进行实证研究发现，长期预期的通货膨胀率和实际利率的波动性是影响股债相关性的两个最主要因素。Ilmanen（2003）认为股债动态条件相关系数受宏观经济周期和通货膨胀率的影响。Guidolin 和 Timmermann（2006）研究了宏观经济在决定股债动态条件相关系数状态中的作用。Baele 等（2010）的研究指出股债动态条件相关系数的状态转换可能和股市波动指数有关。Pastor 和 Stambaugh（2003）认为股债动态条件相关系数的变化由不同的流动性水平所致。Yang 等（2009）基于平滑转换分析框架，利用 150 年的数据研究了经济周期和股债动态条件相关系数的关系。研究表明，经济周期不同，股债动态条件相关系数有明显的不同。Baele 等（2010）运用半结构机制转换模型，选取利率、通货膨胀率、经济增长率和现金流增长率作为状态变量，同时以通货膨胀率、流动性因子、风险厌恶和经济增长的波动性作为潜在变量，研究了美国股票和债券市场的相关性。研究结果表明，股债相关性主要受到流动性因子的影响，而宏观因子的贡献并不大。因此，他们认为宏观经济环境究竟如何影响股债的相关性是没有定论的。Aslanidis 和 Christiansen（2012）以多个宏观经济变量作为转换变量，运用平滑转换回归（STR）模型研究了它们这些转换变量对已实现的股债动态条件相关系数的影响。他们的研究结果表明，股市的波动性、短期利率和利差（10 年期国债与 3 个月国债之间的收益差）对股债动态条件相关系数有很大影响。Andersson 等（2008）的研究显示，在高通货膨胀预期时期，股债呈现正相关关系，反之呈负相关；股票市场的剧烈波动会导致股票和债券价格的相互依赖，而预期的经济增长率基本不影响股债相关性。

郑振龙和陈志英（2011）将动态条件相关关系序列作为被解释变

量，以同期股市波动率、利率、通货膨胀率和货币流动性为解释变量建立了多元线性回归模型，以研究这些经济变量对股债收益相关关系的影响。他们的分析结果表明，股市波动率与我国股债动态条件相关系数呈现负相关关系，即当股市处于高波动时，股债的相关关系变弱，反之则相关关系变强；通货膨胀率与股债的动态条件相关系数表现为正相关关系，即当存在高通货膨胀预期时，股票和债券价格的相关关系增强，反之股债之间的相关关系将减弱；而其他变量在统计意义上并不显著。

王璐（2008）以利率、宏观经济景气指数、通货膨胀、股市和债市溢出效应、货币供应量作为共变因素，以个人投资者和机构投资者的情绪作为互变因素，实证研究了我国 2002 年 1 月至 2007 年 6 月期间这些因素对股债收益率的影响。实证分析结果显示，利率、货币供应量和通货膨胀率对股债的溢出效应有显著影响，可以使股债市场同方向变动，而国民经济景气指数对股债市场也有明显的影响，但却促使股债向反方向变化。

郑振龙和杨伟（2012）研究发现，股票市场风险和通货膨胀率对我国股债之间的相关性会产生显著影响。

张雪春（2005）探讨了我国股市与债市的动态条件相关系数变化，同时研究了经济周期、通货膨胀率和货币政策等因素对我国股债相关性产生的影响，他们认为我国股债相关性与通货膨胀率及其不确定性呈负相关。

徐林（2006）研究了我国股票市场和国债市场动态条件相关系数的影响因素，他认为这些因素可以归纳成三类：一是具有内生性质的因素，二是政策性影响因素，三是影响资产供需面的因素。同时，他们运用向量误差修正模型分析得出结论，政策变量对我国股债相关性的影响较小，而另外两方面因素与股债指数之间存在长期相关关系。

第二节　研究方法介绍[①]

一个非常著名的状态转换模型就是由 Teräsvirta 和 Anderson

① 参见 Aslanidis 和 Christiansen（2012）。

（1992）、Granger 和 Teräsvirta（1993）以及 Teräsvirta（1994）提出的平滑转换回归（STR）模型族。STR 模型如下：

$$FC_t = \alpha_1 + \alpha_2 F(s_{t-1}) + \varepsilon_t \tag{7.1}$$

其中，FC_t① 是动态条件相关系数（经过费雪转换），α_1 是在状态 1 的常动态条件相关系数，而 $\alpha_1 + \alpha_2$ 是在状态 2 的常动态条件相关系数。因此，动态条件相关系数遵从 STR 框架中最简单的可能结构。$F(s_{t-1})$是转换函数，该函数被假设是连续的，并且其值限定在 0 和 1 之间。因而，处于 0 到 1 之间的 $F(s_{t-1})$ 函数值就表明了观测的动态条件相关系数是两个极端的常相关状态的混合。

处于极端状态下的 STR 模型具有简约性，它允许有 k 个转换变量而不是通常的 1 个。这 k 个变量就组成了一个 k 维向量 s_{t-1} =（$s_{1,t-1}$，$s_{2,t-1}$，…，$s_{k,t-1}$），这就是转换变量（实际中将它们标准化），转换函数 F（s_{t-1}）通常有两种。

第一种是逻辑斯蒂克函数（logistic function），其形式如下：

$$\begin{aligned} F(s_{t-1}) &= \frac{1}{1 + \exp[-\gamma(s_{t-1} - c)]} \\ &= \frac{1}{1 + \exp[-\gamma_1(s_{1,t-1} - c) - \gamma_2(s_{2,t-1} - c) - \cdots - \gamma_k(s_{k,t-1} - c)]} \end{aligned} \tag{7.2}$$

其中至少有一个 $\gamma_k > 0$，这是具有多个转换变量的 STR 模型所需要的一个识别条件；参数 c 是两个极端状态的门限，斜率参数向量 γ =（γ_1，γ_2，…，γ_k）决定了转换函数值变化的平滑程度，从而决定了极端状态之间的转换速度；多个转换变量向量减去门限变量被定义为（$s_{t-1} - c$）= [（$s_{1,t-1} - c$），（$s_{2,t-1} - c$），…，（$s_{k,t-1} - c$）]，对于给定的转换变量 $s_{k,t-1}$，其倾斜参数 γ_k 越大，那么由该转换变量导致的转换就越剧烈。多个转换变量的引入相比于单个转换变量情形就会有附加的弹性。

虽然只有一个门限参数，但还是可以解释转换函数的位置。为了看得更清楚些，简单起见，假定倾斜参数在所有的转换变量上都相同，那么上式可重新写成：

$$F(s_{t-1}) = \frac{1}{1 + \exp\left[-\gamma k\left(\frac{s_{1,t-1} + s_{2,t-1} + \cdots + s_{k,t-1}}{k} - c\right)\right]} \tag{7.3}$$

① Aslanidis 和 Christiansen（2012）采用的是经过费雪转换的已实现相关系数，即 FRC。

这表明$\frac{s_{1,t-1}+s_{2,t-1}+\cdots+s_{k,t-1}}{k}$是“平均”转换变量，$c$是转换函数的门限参数。因此，多个转换变量的STR模型可以看成是单个转换变量STR模型的自然延伸。

第二种转换函数便是指数平滑转换回归模型（ESTR）[①]，其形式如下：

$$\begin{aligned}F(s_{t-1}) &= 1-\exp[-\gamma(s_{t-1}-c)^2] \\ &= 1-\exp[-\gamma_1(s_{1,t-1}-c)^2-\gamma_2(s_{2,t-1}-c)^2-\cdots-\gamma_k(s_{k,t-1}-c)^2]\end{aligned} \tag{7.4}$$

其中至少有一个$\gamma_k>0$，这是具有多个转换变量的STR模型所需要的一个识别条件；参数c是两个极端状态的门限，斜率参数向量$\gamma=(\gamma_1,\gamma_2,\cdots,\gamma_k)$决定了转换函数值变化的平滑程度，从而决定了极端状态之间的转换速度；多个转换变量向量减去门限变量被定义为$(s_{t-1}-c)=[(s_{1,t-1}-c),(s_{2,t-1}-c),\cdots,(s_{k,t-1}-c)]$，对于给定的转换变量$s_{k,t-1}$，其倾斜参数$\gamma_k$越大，那么由该转换变量导致的转换就越剧烈。多个转换变量的引入相比于单个转换变量情形就会有附加的弹性。

在金融文献中，除了Christiansen等（2011），还没有学者运用多个转换变量的STR模型来描述时间序列的特征。STR模型的估计用的是非线性最小二乘法，该方法等价于极大似然法。

第三节　实证分析

一、变量的选取

本章的样本区间为全流通时代（2008年4月至2016年8月）的月度数据，共101个数据。各个变量的选择方法如下：

1. 因变量的选用

本书的因变量是沪深300指数与中证全债、中证国债、中证金融债和中证企业债指数的经费雪转换后的动态条件相关系数。在第五章，

① Aslanidis和Christiansen（2012）并没有采用该转换函数，这是本书的拓展。

利用基于t分布的DCC－MVGARCH（1，1）模型估计出了各个市场的动态条件相关系数，在第六章，将动态条件相关系数进行了费雪转换。因此，本章在费雪转换动态条件相关系数的基础上，将每个月的日动态条件相关系数求算术平均数，将此平均数作为月度动态条件相关系数，并作为因变量。由于月度动态条件相关系数与日动态条件相关系数的描述性统计是一样的，故此不再赘述，只列示其图形。

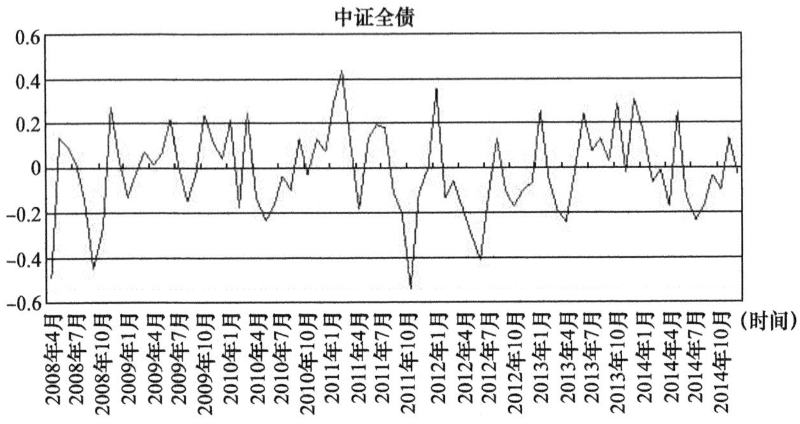

图7－1　中证全债月度相关系数图

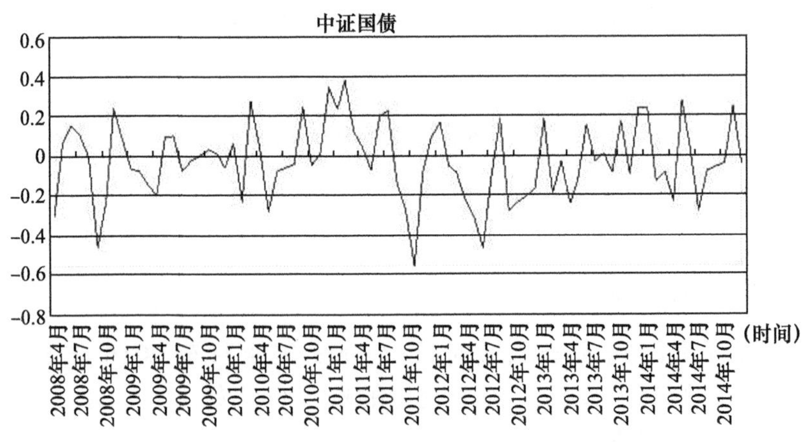

图7－2　中证国债月度相关系数图

2. 自变量的选取

本书依据Aslanidis和Chritiansen（2012）的方法，选取股市波动

指数、短期利率、利差、股票收益率、债券收益率、通货膨胀率和经济增长率作为转换变量。除了通货膨胀率和经济增长率是月度数据外，其他变量都是日数据，转换成月度数据的方法同因变量。

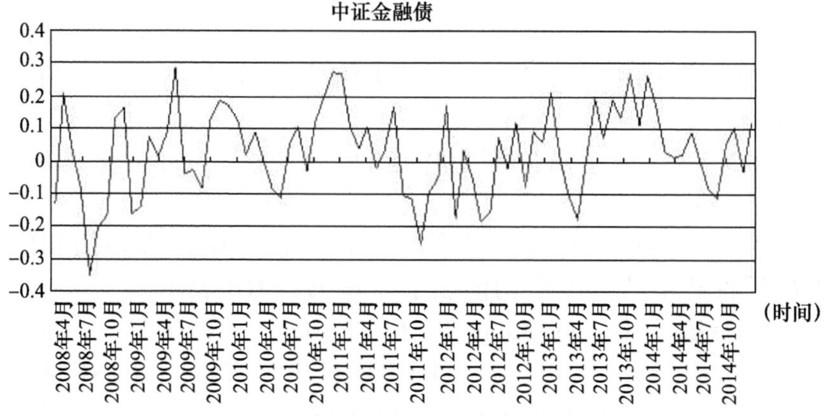

图7－3　中国金融债月度相关系数图

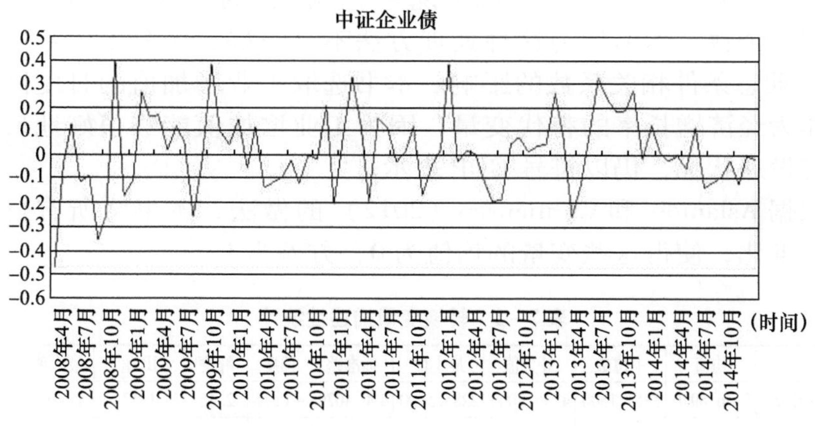

图7－4　中证企业债月度相关系数图

（1）股市波动指数：Aslanidis 和 Chritiansen（2012）是以标准普尔 100 指数的期权波动指数来代表股市的波动。由于我国尚未推出股指期权，所以本书选取沪深 300 波动率加权指数，其编制的基本方法是以母指数的股票为样本空间，从中选取历史波动率最小的 100 只股票作为样本股，且以这 100 只股票的历史波动率的倒数作为权重分配依据，波动率越小权重越大，波动率越大权重越小，以此实现降低整个指数组合波动率（风险）的目的。本书以 VIX 表示。

（2）短期利率：Aslanidis 和 Chritiansen（2012）以 3 个月国债收益率为短期利率。我国学者基本上都是以银行间债券市场 7 天回购利率或者上海同业拆借市场（SHIBOR）1 周利率作为短期利率。本书选取 SHIBOR1 周利率作为短期利率，以 R 表示。

（3）利差：同 Aslanidis 和 Chritiansen（2012）的做法一样，本书选取我国 10 年期国债收益率与 3 个月国债收益率之差来表示利差，以 SPR 表示。

（4）股票收益率：以沪深 300 指数日收益率的月度平均值表示。本文以 RS 表示。

（5）债券收益率：以中证全债、中证国债、中证金融债和中证企业债指数日收益率的月度平均值表示。本书以 RB 表示。

（6）通货膨胀率：同 Aslanidis 和 Chritiansen（2012）一样，本书选取消费者价格指数（CPI）月度同比增长率来表示，以 INF 表示。

（7）经济增长率：Aslanidis 和 Chritiansen（2012）选取的是 GDP，由于 GDP 是季度数据，因此他们将该季度 GDP 的增长率作为该季度内每一周的 GDP 增长率，也就是说一个季度大约 13 周的 GDP 增长率都是同一个数。本书认为这种处理方法不是很好，区分不了不同时间 GDP 对动态条件相关系数的影响。本书选取工业增加值的月度同比增长率作为经济增长率的替代变量，因为工业增加值能够很好地反映我国经济发展状况，仍以符号 GDP 表示。

根据 Aslanidis 和 Chritiansen（2012）的做法，本书将所有自变量进行标准化，使得这些变量的均值为 0，方差为 1。

表 7－1　转换变量描述性统计

变量	均值	中位数	最大值	最小值	标准差	偏度	峰度	JB 值	最大值	最小值
沪深 300 波动	3446.8970	3354.1500	4236.9000	2285.5000	490.4079	-0.16	2.46	1.17	1.6109	-2.3682
利率	3.0351	3.1837	6.7978	0.9356	1.2767	0.24	2.89	0.70	2.9472	-1.6445
利差	1.2185	0.9883	9.8291	-10.6930	2.1403	-0.93	20.46	886.25 ***	4.0230	-5.5653
股票收益	-0.0003	-0.0002	0.0088	-0.0150	0.0046	-0.77	4.37	12.75 ***	1.9722	-3.1627
中证全债收益	0.0002	0.0001	0.0021	-0.0009	0.0005	1.32	7.19	73.66 ***	3.9004	-2.2027
国债收益	0.0001	0.0001	0.0025	-0.0011	0.0006	1.34	8.16	101.38 ***	4.1449	-2.2510
金融债	0.0001	0.0001	0.0017	-0.0009	0.0005	1.06	5.09	26.68 ***	3.3239	-2.2916
企业债收益	0.0002	0.0001	0.0018	-0.0011	0.0005	0.43	3.93	4.84 *	2.9110	-2.4365
通货膨胀	0.0297	0.0285	0.0848	-0.0180	0.0230	-0.14	2.98	0.22	2.4016	-2.0759
经济增长率	0.1212	0.1210	0.2130	0.0540	0.0325	0.45	2.84	2.50	2.8261	-2.0686

注：*、*** 分别表示在 10%、1% 水平下显著；最后两列表示的是标准化后的变量的最大值和最小值。

从表 7-1 可知，沪深 300 波动指数的均值为 3446.9，中位数为 3354.15，最大值和最小值分别为 4236.9 和 2285.5，标准差为 490.4，偏度和峰度分别为 -0.16 和 2.46。从 JB 统计量值和相应的伴随概率可知，并不能拒绝服从正态分布的原假设，标准化后的最大值和最小值分别是 1.61 和 -2.37。利率的均值为 3.04，中位数为 3.18，最大值和最小值分别为 6.80 和 0.94，标准差为 1.28，偏度和峰度分别为 0.24 和 2.89。从 JB 统计量值和相应的伴随概率可知，并不能拒绝服从正态分布的原假设，标准化后的最大值和最小值分别是 2.95 和 -1.64。利差的均值为 1.22，中位数为 0.99，最大值和最小值分别为 9.83 和 -10.69，标准差为 2.14，偏度和峰度分别为 -0.93 和 20.46。从 JB 统计量值和相应的伴随概率可知，拒绝服从正态分布的原假设，标准化后的最大值和最小值分别是 4.02 和 -5.57。沪深 300 收益率的均值为 -0.0003，中位数为 -0.0002，最大值和最小值分别为 0.0088 和 -0.0150，标准差为 0.0046，偏度和峰度分别为 -0.77 和 4.37。从 JB 统计量值和相应的伴随概率可知，拒绝服从正态分布的原假设，标准化后的最大值和最小值分别是 1.97 和 -3.16。中证全债收益率的均值为 0.0002，中位数为 0.0001，最大值和最小值分别为 0.0021 和 -0.0009，标准差为 0.0005，偏度和峰度分别为 1.32 和 7.19，从 JB 统计量值和相应的伴随概率可知，拒绝服从正态分布的原假设，标准化后的最大值和最小值分别是 3.90 和 -2.20。中证国债收益率的均值为 0.0001，中位数为 0.0001，最大值和最小值分别为 0.0025 和 -0.0011，标准差为 0.0006，偏度和峰度分别为 1.34 和 8.16。从 JB 统计量值和相应的伴随概率可知，拒绝服从正态分布的原假设，标准化后的最大值和最小值分别是 4.14 和 -2.25。中证金融债收益率的均值为 0.0001，中位数为 0.0001，最大值和最小值分别为 0.0017 和 -0.0009，标准差为 0.0005，偏度和峰度分别为 1.06 和 5.09。从 JB 统计量值和相应的伴随概率可知，拒绝服从正态分布的原假设，标准化后的最大值和最小值分别是 3.32 和 -2.29。中证企业债收益率的均值为 0.0002，中位数为 0.0001，最大值和最小值分别为 0.0018 和 -0.0011，标准差为 0.0005，偏度和峰度分别为 0.43 和 3.93。从 JB 统计量值和相应的伴随概率可知，并不能拒绝服从正态分布的原假设，标准化后的最大值和最小值分别是 2.91 和 -2.44。通货膨胀率的均值为 0.0297，中位数为 0.0285，最大值和最小值分别为 0.08 和 -0.02，标准差为 0.02，偏度和峰度分别为 -0.14 和 2.98。从 JB 统计量值和

相应的伴随概率可知，并不能拒绝服从正态分布的原假设，标准化后的最大值和最小值分别是2.40和-2.08。经济增长的均值为0.12，中位数为0.12，最大值和最小值分别为0.21和0.05，标准差为0.03，偏度和峰度分别为0.45和2.84。从JB统计量值和相应的伴随概率可知，并不能拒绝服从正态分布的原假设，标准化后的最大值和最小值分别是2.83和-2.07。

二、单个转换变量拟合结果

根据前一章的结论，我们知道沪深300指数与中证全债、中证国债和中证企业债指数的动态条件相关系数的非线性特征都可以用LSTAR模型来刻画，而与中证金融债指数的动态条件相关系数可用ESTAR模型来刻画。当考虑宏观经济因素后，宏观经济因素就替代了模型中的自回归项，从而分别演化成了LSTR和ESTR模型。结果如表7-2所示：

首先来看波动率。一方面，当波动率较低时，区制1出现，此时F(St-1)=0，股债动态条件相关系数为负，且等于-0.02；另一方面，当波动率很高时，F(St-1)=1，区制2起作用，此时动态条件相关系数为正，且等于0.04。

以短期利率为转换变量。一方面，极端情形下，模型意味着动态条件相关系数在两区制间平滑转换。区制1表明当利率较低时，动态条件相关系数为负，且等于-0.02；另一方面，当利率很高时，区制2起作用，此时动态条件相关系数为正，且等于0.1。

以利差为转换变量。一方面，当利差较低时，区制1出现，此时F(St-1)=0，股债动态条件相关系数为负，且等于-0.01；另一方面，当利差很高时，F(St-1)=1，区制2起作用，此时动态条件相关系数为正，且等于0.04。

以股票收益率为转换变量。一方面，当股票收益率较低时，区制1出现，此时F(St-1)=0，股债动态条件相关系数为负，且等于-0.14；另一方面，当股票收益率很高时，F(St-1)=1，区制2起作用，此时动态条件相关系数为正，且等于0.03。

以债券收益率为转换变量。一方面，当债券收益率较低时，区制1出现，此时F(St-1)=0，股债动态条件相关系数为正，且等于0.05；另一方面，当债券收益率很高时，F(St-1)=1，区制2起作用，此时动态条件相关系数为负，且等于-0.04。

以通货膨胀率为转换变量。一方面，当通货膨胀率较低时，区制1出现，此时F(St-1)=0，股债动态条件相关系数为正，且等于0.01；另一方面，当通货膨胀率很高时，F(St-1)=1，区制2起作用，此时动态条件相关系数为负，且等于-0.01。

以经济增长率为转换变量。一方面，当经济增长率较低时，区制1出现，此时F(St-1)=0，股债动态条件相关系数为正，但此时几乎为0；另一方面，当经济增长率很高时，F(St-1)=1，区制2起作用，此时动态条件相关系数为负，且等于-0.02。

从AIC和SC的值看，各个模型都为负，且相对较小，这说明单个变量的平滑转换回归模型有一定的合理性。但是，R2相对较小，最大的只有0.047，而且模型的转换系数相对较大，最小的也有40.49；除少数几个系数在显著性水平10%下统计显著外，其他回归系数都不能通过显著性检验，这说明单个变量的平滑转换回归模型有一定的局限性，必须加以改进。结果如表7-3所示：

首先来看波动率。一方面，当波动率较低时，区制1出现，此时F(St-1)=0，股债动态条件相关系数为负，且等于-0.08；另一方面，当波动率很高时，F(St-1)=1，区制2起作用，此时动态条件相关系数为正，且等于0.06。

以短期利率为转换变量。一方面，极端情形下，模型意味着动态条件相关系数在两区制间平滑转换。区制1表明当利率较低时，动态条件相关系数为正，但几乎为0；另一方面，当利率很高时，区制2起作用，此时动态条件相关系数为负，且等于-0.05。

以利差为转换变量。一方面，当利差较低时，区制1出现，此时F(St-1)=0，股债动态条件相关系数为负，且等于-0.23；另一方面，当利差很高时，F(St-1)=1，区制2起作用，此时动态条件相关系数为正，且等于0.09。

以股票收益率为转换变量。一方面，当股票收益率较低时，区制1出现，此时F(St-1)=0，股债动态条件相关系数为负，且等于-0.08；另一方面，当股票收益率很高时，F(St-1)=1，区制2起作用，此时动态条件相关系数为正，但趋于0。

以债券收益率为转换变量。一方面，当债券收益率较低时，区制1出现，此时F(St-1)=0，股债动态条件相关系数为正，且等于0.13；另一方面，当债券收益率很高时，F(St-1)=1，区制2起作用，此时动态条件相关系数为负，且等于-0.04。

表 7-2 中证全债单转换变量拟合结果

变量	VIX		R		SPR		RS		RB		INF		GDP	
	系数	t 统计量	系数	t 统计量	系数	t 统计量	系数	t 统计量	系数	t 统计量	系数	t 统计量	系数	t 统计量
常数 1	-0.02	-0.62	-0.02	-0.62	-0.01	-0.46	-0.14	-1.68*	0.05	1.52	0.01	0.25	0.00	-0.09
常数 2	0.06	1.23	0.12	1.58	0.05	1.2	0.17	1.93*	-0.09	-1.91*	-0.02	-0.41	-0.02	-0.36
转换系数	247.99	0.01	264.67	0.00	124.20	1.09	40.49	1.36	119.35	0.86	333.26	0.23	249.45	0.00
门限参数	0.49	0.65	1.03	0.00	0.14	3.19***	-0.65	-9.95***	-0.03	-0.64	0.05	0.28	0.77	0.00
AIC	-3.26		-3.26		-3.22		-3.28		-3.24		-3.19		-3.21	
SC	-3.23		-3.22		-3.19		-3.25		-3.21		-3.16		-3.17	
R^2	0.0332		0.0265		0.0378		0.0470		0.0111		0.0094		0.0057	

注：*、*** 分别表示在 10%、1% 水平下显著。

表 7-3 中证国债单转换变量拟合结果

变量	VIX		R		SPR		RS		RB		INF		GDP	
	系数	t 统计量	系数	t 统计量	系数	t 统计量	系数	t 统计量	系数	t 统计量	系数	t 统计量	系数	t 统计量
常数 1	-0.08	-2.72***	0.00	0	-0.23	-10.39***	-0.08	-1.82*	0.13	0.82	-0.06	-2.34**	-0.04	-1.29
常数 2	0.14	2.93***	-0.05	-1.12	0.32	4.98***	0.08	1.54	-0.17	-1.08	0.05	1.06	0.02	0.31
转换系数	170.09	1.49	517.64	0.00	0.90	-0.08	233.36	0.66	1420.21	0.02	388.18	4.22***	333.94	0.00
门限参数	0.48	19.07***	-0.27	0	-0.58	-0.88	-0.12	-1.64*	-1.75	-9.27***	-0.25	-43.31***	0.05	0.01
AIC	-3.35		-3.25		-3.25		-3.26		-3.29		-3.23		-3.25	
SC	-3.31		-3.22		-3.21		-3.23		-3.25		-3.20		-3.21	
R^2	0.118		0.0169		0.0393		0.0544		0.0485		0.0255		0.0108	

注：*、**、*** 分别表示在 10%、5%、1% 水平下显著。

以通货膨胀率为转换变量。一方面，当通货膨胀率较低时，区制1出现，此时F(St-1)=0，股债动态条件相关系数为负，且等于-0.06；另一方面，当通货膨胀率很高时，F(St-1)=1，区制2起作用，此时动态条件相关系数依然为负，且等于-0.01。

以经济增长率为转换变量。当经济增长率较低时，区制1出现，此时F(St-1)=0，股债动态条件相关系数为负，且等于-0.04；另一方面，当经济增长率很高时，F(St-1)=1，区制2起作用，此时动态条件相关系数依然为负，且等于-0.02。

从AIC和SC的值看，各个模型都为负，且相对较小，这说明单个变量的平滑转换回归模型有一定的合理性。但是，R2相对较小，最大的只有0.118，而且模型的转换系数除个别外，都相对较大，最大的达到1420.21；除少数几个系数在显著性水平10%下统计显著外，其他回归系数都不能通过显著性检验，这说明单个变量的平滑转换回归模型有一定的局限性，必须加以改进。结果如表7-4所示：

首先来看波动率。当波动率较低或较高时，外区制出现，此时F(St-1)=1，股债动态条件相关系数为正，且等于0.05；当波动率趋于门限值时，F(St-1)=0，内区制起作用，此时动态条件相关系数为负，且等于-0.16。

以短期利率为转换变量。当短期利率较低或较高时，外区制出现，此时F(St-1)=1，股债动态条件相关系数为正，且等于0.06；当短期利率趋于门限值时，F(St-1)=0，内区制起作用，此时动态条件相关系数为负，且等于-0.12。

以利差为转换变量。当利差较低或较高时，外区制出现，此时F(St-1)=1，股债动态条件相关系数为正，且等于0.04；当利差趋于门限值时，F(St-1)=0，内区制起作用，此时动态条件相关系数为负，且等于-0.72。

以股票收益率为转换变量。当股票收益率较低或较高时，外区制出现，此时F(St-1)=1，股债动态条件相关系数为负，且等于-0.04；当股票收益率趋于门限值时，F(St-1)=0，内区制起作用，此时动态条件相关系数为正，且等于0.07。

以债券收益率为转换变量。当债券收益率较低或较高时，外区制出现，此时F(St-1)=1，股债动态条件相关系数为正，且等于0.27；当债券收益率趋于门限值时，F(St-1)=0，内区制起作用，此时动态条件相关系数为负，且等于-0.04。

以通货膨胀率为转换变量。当通货膨胀率较低或较高时，外区制出现，此时 F(St-1)=1，股债动态条件相关系数为正，且等于 0.02；当通货膨胀率趋于门限值时，F(St-1)=0，内区制起作用，此时动态条件相关系数为正，且等于 0.18。

以经济增长率为转换变量。当经济增长率较低或较高时，外区制出现，此时 F(St-1)=1，股债动态条件相关系数为正，且等于 0.03；当经济增长率趋于门限值时，F(St-1)=0，内区制起作用，此时动态条件相关系数为正，且等于 0.1。

从 AIC 和 SC 的值看，各个模型都为负，且相对较小，而且能通过显著性检验的回归系数相对较多，这说明单个变量的平滑转换回归模型有一定的合理性。但是，R2 相对较小，最大的只有 0.1646，而且模型的转换系数除个别外，都相对较大，最大的达到 776.96；另外，还有一些回归系数未能通过显著性检验，这说明单个变量的平滑转换回归模型有一定的局限性，必须加以改进。结果如表 7-5 所示：

首先来看波动率。一方面，当波动率较低时，区制 1 出现，此时 F(St-1)=0，股债动态条件相关系数为正，且等于 0.05；另一方面，当波动率很高时，F(St-1)=1，区制 2 起作用，此时动态条件相关系数为正，且等于 0.01。

以短期利率为转换变量。极端情形下，模型意味着动态条件相关系数在两区制间平滑转换。区制 1 表明当利率较低时，动态条件相关系数为负，但几乎为 0；当利率很高时，区制 2 起作用，此时动态条件相关系数为正，且等于 0.09。

以利差为转换变量。当利差较低时，区制 1 出现，此时 F(St-1)=0，股债动态条件相关系数为正，且等于 0.07；当利差很高时，F(St-1)=1，区制 2 起作用，此时动态条件相关系数几乎为 0。

以股票收益率为转换变量。当股票收益率较低时，区制 1 出现，此时 F(St-1)=0，股债动态条件相关系数为负，但几乎为 0；当股票收益率很高时，F(St-1)=1，区制 2 起作用，此时动态条件相关系数为正，且等于 0.08。

以债券收益率为转换变量。当债券收益率较低时，区制 1 出现，此时 F(St-1)=0，股债动态条件相关系数为正，且等于 0.11；当债券收益率很高时，F(St-1)=1，区制 2 起作用，但此时动态条件相关系数几乎为 0。

表 7－4　中证金融债单转换变量拟合结果

变量	VIX		R		SPR		RS		RB		INF		GDP	
	系数	t 统计量	系数	t 统计量	系数	t 统计量	系数	t 统计量	系数	t 统计量	系数	t 统计量	系数	t 统计量
常数 1	－0.16	－2.95***	－0.12	－1.22	－0.72	－4.12***	0.07	2.28**	－0.04	－1.05	0.18	4.18***	0.10	1.23
常数 2	0.21	3.62***	0.18	1.72*	0.76	4.53***	－0.11	－1.6	0.31	0.88	－0.16	－3.58***	－0.07	－0.92
转换系数	82.28	6.05***	45.02	3.06***	776.96	30.49***	0.49	－0.43	0.08	－1.24	320.47	8.19***	126.32	1.39
门限参数	－0.05	－1.81*	－0.02	－0.69	－0.06	－16.72***	0.99	1.68*	1.62	2.34***	－0.17	－16.08***	0.34	3.44***
AIC	－3.94		－3.94		－4.02		－3.90		－3.97		－3.91		－3.86	
SC	－3.91		－3.91		－3.99		－3.87		－3.94		－3.87		－3.83	
R^2	0.0909		0.089		0.1646		0.0535		0.1164		0.0596		0.0201	

注：*、**、*** 分别表示在 10%、5%、1% 水平下显著。

表 7－5　中证企业债单转换变量拟合结果

变量	VIX		R		SPR		RS		RB		INF		GDP	
	系数	t 统计量	系数	t 统计量	系数	t 统计量	系数	t 统计量	系数	t 统计量	系数	t 统计量	系数	t 统计量
常数 1	0.05	1.42	0.00	－0.1	0.07	2.49**	0.00	－0.02	0.11	1.32	0.09	0.2	0.04	1.63
常数 2	－0.04	－0.81	0.09	2.21**	－0.07	－1.68*	0.08	2.03**	－0.11	－1.06	－1.38	0	－0.05	－1.28
转换系数	342.64	0.01	114.30	2.29**	131.35	1.02	203.16	0.00	3.56	0.65	0.57	－0.03	248.33	0.00
门限参数	－0.30	－0.05	0.35	33.17***	－0.17	－3.4***	0.33	0	－0.46	－0.67	5.75	0.01	0.79	0.09
AIC	－3.54		－3.58		－3.56		－3.60		－3.56		－3.54		－3.55	
SC	－3.51		－3.55		－3.53		－3.57		－3.53		－3.50		－3.52	
R^2	0.0285		0.067		0.0453		0.0738		0.0478		0.0233		0.0233	

注：*、**、*** 分别表示在 10%、5%、1% 水平下显著。

以通货膨胀率为转换变量。当通货膨胀率较低时，区制 1 出现，此时 F(St－1)＝0，股债动态条件相关系数为正，且等于 0.09；当通货膨胀率很高时，F(St－1)＝1，区制 2 起作用，此时动态条件相关系数为负，且等于－0.29。

以经济增长率为转换变量。当经济增长率较低时，区制 1 出现，此时 F(St－1)＝0，股债动态条件相关系数为正，且等于 0.04；当经济增长率很高时，F(St－1)＝1，区制 2 起作用，此时动态条件相关系数为负，且等于－0.01。

从 AIC 和 SC 的值看，各个模型都为负，且相对较小，这说明单个变量的平滑转换回归模型有一定的合理性。但是，R2 相对较小，最大的只有 0.0738，而且模型的转换系数除 RB 和 INF 外，其他都相对较大，最大的达到 342.64；除少数几个系数在显著性水平 10% 下统计显著外，其他回归系数都不能通过显著性检验，这说明单个变量的平滑转换回归模型有一定的局限性，必须加以改进。

三、多转换变量拟合结果

从上文可知，单转换变量模型存在很大缺陷，需要改进。本节将考虑所有的转换变量，其结果如表 7－6 所示。

表 7－6　中证全债多转换变量拟合结果

变量	模型 2		模型 3	
	系数	t 统计量	系数	t 统计量
常数 1	－0.13	－2.44**	－0.03	－1.03
常数 2	0.27	3.13***	0.25	3.48***
VIX	3.15	1.21	153.12	0.35
R	2.50	1.02	52.60	1.4
SPR	1.87	0.5	118.25	1.67*
RS	1.83	1.18		
RB	－1.08	－0.97		
INF	－2.57	－1.09		
GDP	－0.91	－0.9		
门限参数	0.14	0.64	0.69	34.2***
AIC	－3.21		－3.25	
SC	－2.98		－3.16	
R^2	0.1419		0.1342	

注：*、**、*** 分别表示在 10%、5%、1% 水平下显著。

估计的 STR 表明动态条件相关系数平滑地从区制 1 的 -0.13 转换到区制 2 的 0.14。有趣的是，当考虑所有转换变量后，STR 模型得到了显著的改善，比如，解释能力更高。在模型 1 中，解释能力最高的是以股票收益率为转换变量的 STR 模型，其 R^2 为 0.047。而当以所有变量为转换变量时，STR 模型的 R^2 提高到 0.1419。而且，相比于模型 1 中的任何一个表达式，AIC 和 SC 值没有显著下降。因此，根据拟合优度和信息准则，用多变量对股债动态条件相关系数建立模型是有用的。

转换参数相对较小，这表明动态条件相关系数在两个极端状态之间的转换是由一系列平滑的状态构成的。在模型 1 中，转换参数最大的为 333.26，最小的是 40.49，而在模型 2 中，最大的转换参数只有 3.15。因此，相比于模型 1，模型 2 的转换参数大大降低，这更进一步说明用多变量来估计 STR 模型的正确性。另外，门限参数 0.14 表明当“平均”转换变量超过门限值 0.14 时，股债动态条件相关系数平滑地从负区制转换到正区制。

但是，除了两个常数在显著性水平 5% 下能通过统计检验外，其他回归系数都未能通过显著性检验，这说明我国股债联动对经济变量的反应还不是很灵敏。

大量的实证研究表明，股市波动指数、短期利率和利差这 3 个变量是股债动态条件相关系数非常重要的预测变量，因此，本书将考虑这 3 个变量更简洁的模型，结果如表 7-6 中的模型 3 所示。我们做了一个 $\gamma_{RS}=\gamma_{RB}=\gamma_{INF}=\gamma_{GDP}=0$ 联合检验，发现稳健的 Wald 检验统计量的伴随概率为 0.057，模型 3 是合适的。

这个关于股债相关的实证模型与 Vicerira（2012）的结果是一致的，Vicerira（2012）发现短期利率和利差是债券风险[①]最重要的两个预测量。Vicerira（2012）认为利差是商业环境的替代变量，而短期利率反映了通货膨胀和经济的不确定性。换句话说，利差和短期利率分别捕捉了 GDP 和 CPI 的信息。而且，运用股市波动指数与 Connolly 等（2005，2007）的研究结果是一致的，Connolly 等（2005，2007）的研究表明，股市波动指数在解释股债联动中是很重要的。Aslanidis 和 Christiansen（2010）的研究发现，这 3 个变量是迄今为止解释股债相关在低分位数和高分位数的最重要的预测量。

① 用债券 CAPM β 和债券 C-CAPM β 衡量。

从 R^2、AIC 和 SC 的值来看，模型 3 比模型 2 只有微小的变化，而且 AIC 和 SC 的值比模型 2 中的小。模型 3 中能通过显著性检验的回归系数个数要多于模型 2。从倾斜参数的绝对值看，模型 3 中的转换系数皆大于模型 2，这说明我国股债联动性对经济变量的反应是不稳定的。总之，我们可以得出结论，最重要的转换变量确实是股市波动指数、短期利率和利差。

从模型 3 可看出，$\hat{\gamma}_R < \hat{\gamma}_{SPR}$，所以由短期利率导致的动态条件相关系数区制转换要比利差更平缓。从倾斜参数看，3 个转换变量的符号都为正，这表明变量值越大，股债动态条件相关系数更倾向于正区制；股市波动指数的倾斜参数为正，这表明股市波动指数越大，股债动态条件相关系数更倾向于正区制。

一般来说，我们期望股票和债券是正相关的，因为这两种资产受共同的经济因素影响。特别地，短期利率和利差越大，股票和债券就越倾向于正相关。利差是宏观经济状态的一个很好的预测量，该值越大表明未来宏观经济要扩张，参看 Estrella 和 Trubin（2006）以及 Wright（2006）。因此，我们的结论和这些学者的研究是一致的：经济形势越好，正的股债动态条件相关系数就占据优势。而且，大的短期利率对股票和债券的现值有共同的影响，因而有正的股债动态条件相关系数。

"投资转移"是说投资者逃离股票市场而投资债券市场。"投资转移"行为意味着股债动态条件相关系数是负的。一般来讲，负的股债相关是由大的股市波动指数引起的，但此处，如果保持其他变量在样本均值上不变，股指波动越大，股债动态条件相关系数为正，等于 0.22；股指波动越小，股债动态条件相关系数为负，等于 -0.03。

总之，在样本范围内，多转换变量模型比单转换变量模型有更好的拟合优度。比较模型 3 和模型 2 可以看出，后者并不优于前者，因此我们选择模型 3。

表 7-7　中证国债多转换变量拟合结果

变量	模型 2		模型 3	
	系数	t 统计量	系数	t 统计量
常数 1	-0.10	-3.46***	-0.11	-1.77*
常数 2	0.24	4.92***	0.45	0.46
VIX	234.17	0.09	1.45	0.71

续表

变量	模型2		模型3	
	系数	t统计量	系数	t统计量
R	79.46	0.4	0.79	-0.14
SPR	38.08	0.33	1.07	0.04
RS	29.09	0.09		
RB	-26.65	-0.08		
INF	-41.75	-0.09		
GDP	-95.05	-0.09		
门限参数	0.43	2.93***	0.66	0.5
AIC	-3.36		-3.31	
SC	-3.13		-3.21	
R^2	0.2951		0.2746	

注：*、*** 分别表示在10%、1%水平下显著。

由表7-7可以看出，估计的STR表明动态条件相关系数平滑地从区制1的-0.1转换到区制2的0.14。当考虑所有转换变量后，STR模型得到了显著的改善。比如，解释能力更高，在模型1中，解释能力最高的是以股市波动指数为转换变量的STR模型，其R^2为0.118。而当以所有变量为转换变量时，STR模型的R^2提高到0.2951。而且，相比于模型1中的任何一个表达式，AIC和SC值没有显著下降。因此，根据拟合优度和信息准则，用多变量对股债动态条件相关系数建立模型是有用的。

相比模型1，模型2中的转换参数除VIX和SPR外，其他的都有显著减小。在模型1中，转换参数最大的为1420.21；而在模型2中，最大的转换参数为234.17。因此，相比于模型1，模型2的转换参数大大降低，这更进一步说明用多变量来估计STR模型的正确性。另外，门限参数0.43表明当“平均”转换变量超过门限值0.43时，股债动态条件相关系数平滑的从负区制转换到正区制。

但是，除了两个常数和门限参数在显著性水平1%下能通过统计检验外，其他回归系数在显著性水平10%下都未能通过显著性检验，这说明我国股债联动对经济变量的反应还不是很灵敏。

同样，本书将考虑这3个变量更简洁的模型，结果如表7-7中的模型3所示。我们做了一个$\gamma_{RS}=\gamma_{RB}=\gamma_{INF}=\gamma_{GDP}=0$联合检验，我们发现稳健的Wald检验统计量的伴随概率为0.063，模型3是合适的。

从 AIC 和 SC 的值来看，模型 3 比模型 2 只有微小的变化，虽然 R^2 有所降低，但仍大于单变量转换模型。从倾斜参数的绝对值看，模型 3 中的转换系数皆远远小于模型 2，这说明我国股债联动性对经济变量的反应是不稳定的。总之，我们可以得出结论，最重要的转换变量确实是股市波动指数、短期利率和利差。

从模型 3 可看出，估计的 STR 表明动态条件相关系数平滑的从区制 1 的 -0.11 转换到区制 2 的 0.34。从倾斜参数看，3 个转换变量的符号都为正，这表明变量值越大，股债动态条件相关系数越倾向于正区制。而且，$\hat{\gamma}_R < \hat{\gamma}_{SPR} < \hat{\gamma}_{VIX}$，所以由短期利率导致的动态条件相关系数区制转换要比利差和股指波动更平缓。

总之，在样本范围内，多转换变量模型比单转换变量模型有更好的拟合优度。比较模型 3 和模型 2 可以看出，后者并不优于前者。因此我们选择模型 3。

表 7-8 中证金融债多转换变量拟合结果

变量	模型 2		模型 3	
	系数	t 统计量	系数	t 统计量
常数 1	-0.05	-0.65	-0.24	-1.57
常数 2	0.17	2.13**	0.30	1.95*
VIX	0.27	1.64*	0.07	0.37
R	0.21	-2.17***	7.04	2.85***
SPR	0.12	-1.52	73.18	4.46***
RS	0.18	1.15		
RB	-0.02	-0.96		
INF	-0.26	-2.96***		
GDP	-0.07	-1.46		
门限参数	-1.03	-3.26***	-0.05	-1.78*
AIC	-3.99		-3.91	
SC	-3.76		-3.82	
R^2	0.3436		0.3377	

注：*、**、*** 分别表示在 10%、5%、1% 水平下显著。

由表 7-8 可知，估计的 STR 表明动态条件相关系数平滑地从内区制的 -0.05 转换到高区制的 0.12。当考虑所有转换变量后，STR 模型得到了显著的改善。比如，解释能力显著提高，在模型 1 中，解释能力最高的是以利差为转换变量的 STR 模型，其 R^2 为 0.1646。而当以所有变量为转换变量时，STR 模型的 R^2 提高到 0.3436。而且，相比于模型 1 中的任何一个表达式，AIC 和 SC 值没有显著下降。因此，根据拟合优度和信息准则，用多变量对股债动态条件相关系数建立模型是有用的。

相比模型 1，模型 2 中所有转换参数都有显著减小。在模型 1 中，转换参数最大的为 776.96；而在模型 2 中，最大的转换参数只有 0.27。因此，相比于模型 1，模型 2 的转换参数大大降低，这更进一步说明用多变量来估计 STR 模型的正确性。另外，门限参数 -1.03 表明当“平均”转换变量超过门限值 -1.03 时，股债动态条件相关系数平滑地从内区制转换到外区制。

但是，还有很多回归系数在显著性水平 10% 下都未能通过显著性检验，这说明我国股债联动对经济变量的反应还不是很灵敏。

同样，本书将考虑这 3 个变量更简洁的模型，结果如表 7-8 中的模型 3 所示。我们做了一个 $\gamma_{RS}=\gamma_{RB}=\gamma_{INF}=\gamma_{GDP}=0$ 联合检验，发现稳健的 Wald 检验统计量的伴随概率为 0.069，模型 3 是合适的。

从 AIC 和 SC 的值来看，模型 3 比模型 2 只有微小的变化，虽然 R^2 有所降低，但仍大于除 SPR 外的其他单变量转换模型。从倾斜参数的绝对值看，模型 3 与模型 2 的转换系数差异明显，尤其是 R 和 SPR，模型 3 远远大于模型 2，这说明我国股债联动性对经济变量的反应是不稳定的。总之，我们可以得出结论，最重要的转换变量确实是股市波动指数、短期利率和利差。

从模型 3 可看出，估计的 STR 表明动态条件相关系数平滑地从内区制的 -0.24 转换到外区制的 0.06。从倾斜参数看，3 个转换变量的符号都为正，这表明变量值越大或越小，股债动态条件相关系数更倾向于外区制。而且，$\hat{\gamma}_{VIX}<\hat{\gamma}_{R}<\hat{\gamma}_{SPR}$，所以由股指波动导致的动态条件相关系数区制转换要比利差和短期利率更平缓。

表 7-9 中证企业债多转换变量拟合结果

变量	模型 2		模型 3	
	系数	t 统计量	系数	t 统计量
常数 1	-0.04	-1.32	0.06	1.65*
常数 2	0.17	3.85***	-0.05	-1.12
VIX	84.60	0.05	372.11	0.03

续表

变量	模型 2		模型 3	
	系数	t 统计量	系数	t 统计量
R	84.66	0.2	0.00	
SPR	0.00		129.98	0.13
RS	111.58	0.04		
RB	-43.89	-0.05		
INF	-130.30	-0.05		
GDP	-36.95	-0.04		
门限参数	0.52	0.26	-0.30	-3.86***
AIC	-3.56		-3.50	
SC	-3.33		-3.40	
R^2	0.2362		0.2042	

注：*、*** 分别表示在 10%、1% 水平下显著。

总之，在样本范围内，多转换变量模型比单转换变量模型有更好的拟合优度。比较模型 3 和模型 2 可以看出，后者并不优于前者，因此我们选择模型 3。

由表 7-9 可知，估计的 STR 表明动态条件相关系数平滑地从区制 1 的 -0.04 转换到区制 2 的 0.13。当考虑所有转换变量后，STR 模型得到了显著的改善，比如，解释能力更高。在模型 1 中，解释能力最高的是以股票收益率为转换变量的 STR 模型，其 R^2 为 0.0738；而当以所有变量为转换变量时，STR 模型的 R^2 提高到 0.2362。而且，相比于模型 1 中的任何一个表达式，AIC 和 SC 值没有显著下降。因此，根据拟合优度和信息准则，用多变量对股债动态条件相关系数建立模型是有用的。

相比模型 1，模型 2 中的转换参数除 RB 和 INF 外，其他的都有显著减小。在模型 1 中，转换参数最大的为 342.64；而在模型 2 中，最大的转换参数为 130.30。因此，相比于模型 1，模型 2 的转换参数大大降低，这更进一步说明用多变量来估计 STR 模型的正确性。另外，门限参数 0.52 表明当“平均”转换变量超过门限值 0.52 时，股债动态条件相关系数平滑从负区制转换到正区制。

但是，除了 1 个常数在显著性水平 1% 下能通过统计检验外，其他回归系数在显著性水平 10% 下都未能通过显著性检验，这说明我国股债联动对经济变量的反应还不是很灵敏。

同样，本书将考虑这3个变量更简洁的模型，结果如表7－9中的模型3所示。我们做了一个 $\gamma_{RS}=\gamma_{RB}=\gamma_{INF}=\gamma_{GDP}=0$ 联合检验，发现稳健的Wald检验统计量的伴随概率为0.104，模型3是合适的。

从AIC和SC的值来看，模型3比模型2只有微小的变化，虽然 R^2 有轻微降低，但仍大于单变量转换模型。从倾斜参数的绝对值看，模型3与模型2差异明显，这说明我国股债联动性对经济变量的反应是不稳定的。总之，我们可以得出结论，最重要的转换变量确实是股市波动指数、短期利率和利差。

从模型3可看出，估计的STR表明动态条件相关系数平滑地从区制1的0.06转换到区制2的0.01。从倾斜参数看，3个转换变量的符号都为正，这表明变量值越大，股债动态条件相关系数更倾向于正区制。而且，$\hat{\gamma}_R<\hat{\gamma}_{SPR}<\hat{\gamma}_{VIX}$，所以由短期利率导致的动态条件相关系数区制转换要比利差和股指波动更平缓。

总之，在样本范围内，多转换变量模型比单转换变量模型有更好的拟合优度。比较模型3和模型2可以看出，后者并不优于前者，因此我们选择模型3。

四、稳健性检验

为了检验结果的稳健性，本书利用不同的预测区间。具体来说，我们用滞后2、4阶来估计模型，结果如表7－10所示。

表7－10 中证全债不同滞后阶数拟合结果

变量	1		2		4	
	系数	t统计量	系数	t统计量	系数	t统计量
常数1	－0.03	－1.03	0.14	2.88***	0.02	1
常数2	0.25	3.48***	－0.16	－2.82***	－0.09	－1.32
VIX	153.12	0.35	3.03	0.6	－5.99	－0.18
R	52.60	1.4	53.40	－17.07***	77.57	0.9
SPR	118.25	1.67*	123.66	2.13**	102.58	0.92
门限参数	0.69	34.2***	－0.22	2.55**	0.19	7.79***
AIC	－3.25		－3.15		－3.24	
SC	－3.16		－3.05		－3.14	
R^2	0.1342		0.0661		0.0746	

注：*、**、***分别表示在10%、5%、1%水平下显著。

从表 7－10 中的结果可看出，AIC 和 SC 的数值变化不大，尤其是滞后 1 阶和滞后 4 阶相差甚微，虽然 R^2 有所下降，但仍然比单个转换变量的回归模型要高，从这点来看，我国股债联动的非线性特征是稳健的。

从回归系数来看，差异很明显，不仅表现在数值的大小上，而且还表现在回归系数的符号上。比如，两个常数项的符号在滞后 2 阶和滞后 4 阶上是相同的，而转换参数的符号在滞后 1 阶和滞后 2 阶上是相同的，门限参数在滞后 2 阶为负，在滞后 1 阶和滞后 4 阶为正。另外，能通过显著性检验的回归系数的个数也不同。从这个意义上讲，我国股债联动对宏观经济变量的反应是不稳定的。

表 7－11　中证国债不同滞后阶数拟合结果

变量	1		2		4	
	系数	t 统计量	系数	t 统计量	系数	t 统计量
常数 1	-0.11	-1.77*	0.06	1.54	0.05	0.94
常数 2	0.45	0.46	-0.14	-2.77***	-0.16	-1.14
VIX	1.45	0.71	-180.68	0	-1.95	-0.48
R	0.79	-0.14	157.76	0.01	2.36	0.4
SPR	1.07	0.04	46.58	0	0.92	0.44
门限参数	0.66	0.5	-0.99	-0.02	0.52	-0.04
AIC	-3.31		-3.27		-3.25	
SC	-3.21		-3.17		-3.15	
R^2	0.2746		0.1162		0.0914	

注：*、*** 分别表示在 10%、1% 水平下显著。

从表 7－11 中的结果可看出，AIC 和 SC 的数值变化不大，尤其是滞后 2 阶和滞后 4 阶相差甚微，虽然 R^2 有所下降，但仍然比除 VIX 外的单个转换变量的回归模型要高，从这点来看，我国股债联动的非线性特征是稳健的。

从回归系数来看，差异很明显，不仅表现在数值的大小上，而且还表现在回归系数的符号上。比如，两个常数项和转换参数的符号在滞后 2 阶和滞后 4 阶上是相同的，常数项在数值上相差甚微，但转换参数差异明显。门限参数在滞后 2 阶为负，在滞后 1 阶和滞后 4 阶为正。另外，能通过显著性检验的回归系数的个数也不同，滞后 1 阶和滞后2阶的模型中分别有一个常数项显著，而滞后4阶中的模型没有一个回归系数能通过显著性检验。从这个意义上讲，我国股债联动对宏观经济变量的反应是不稳定的。

表7-12 中证金融债不同滞后阶数拟合结果

变量	1		2		4	
	系数	t统计量	系数	t统计量	系数	t统计量
常数1	-0.24	-1.57	-1.96	-0.5	0.15	1.6
常数2	0.30	1.95*	2.02	0.52	-0.20	-2.45**
VIX	0.07	0.37	8.95	1.23	0.10	0.61
R	7.04	2.85***	56.88	7.54***	0.48	-0.42
SPR	73.18	4.46***	12.31	4.29***	0.07	-1.39
门限参数	-0.05	-1.78*	0.14	2.47**	-0.87	-2.64***
AIC	-3.91		-3.99		-4.03	
SC	-3.82		-3.89		-3.93	
R^2	0.3377		0.1272		0.1106	

注：*、**、***分别表示在10%、5%、1%水平下显著。

从表7-12中的结果可看出，AIC和SC的数值变化不大，尤其是滞后2阶和滞后4阶相差甚微，虽然R^2有所下降，但仍然比除SPR外的单个转换变量的回归模型要高，从这点来看，我国股债联动的非线性特征是稳健的。

从回归系数来看，差异很明显，不仅表现在数值的大小上，而且还表现在回归系数的符号上。比如，两个常数项和转换参数的符号在滞后1阶和滞后2阶上是相同的，但在数值上相差较大；转换参数的符号在各个区间虽然一致，但数值上差异明显。门限参数在滞后2阶为正，在滞后1阶和滞后4阶为负，数值上也有明显差异。另外，能通过显著性检验的回归系数的个数也不同，滞后1阶的模型中有4个回归系数能通过显著性检验，滞后2阶的模型中有3个回归系数能通过显著性检验，而滞后4阶的模型只有2个回归系数能通过显著性检验。从这个意义上讲，我国股债联动对宏观经济变量的反应是不稳定的。

表 7-13　中证企业债不同滞后阶数拟合结果

变量	1		2		4	
	系数	t 统计量	系数	t 统计量	系数	t 统计量
常数 1	0.06	1.65 *	0.16	3.28 ***	0.07	2.85 ***
常数 2	-0.05	-1.12	-0.16	-2.94 ***	-0.10	-2.23 **
VIX	372.11	0.03	26.63	0.49	-11.01	-0.19
R	0.00		24.03	1.28	72.78	0.84
SPR	129.98	0.13	138.09	2.15 **	103.39	0.86
门限参数	-0.30	-3.86 ***	-0.25	-6.57 ***	0.17	1.25
AIC	-3.50		-3.58		-3.61	
SC	-3.40		-3.48		-3.51	
R^2	0.2042		0.1515		0.091	

注：*、**、*** 分别表示在 10%、5%、1% 水平下显著。

从表 7-13 中的结果可看出，AIC 和 SC 的数值变化不大，尤其是滞后 2 阶和滞后 4 阶相差甚微，虽然 R^2 有所下降，但仍然比单个转换变量的回归模型要高，从这点来看，我国股债联动的非线性特征是稳健的。

从回归系数来看，差异很明显，不仅表现在数值的大小上，而且还表现在回归系数的符号上。比如，两个常数项的符号虽然是相同的，但常数项在数值上相差明显，转换参数在滞后 1 阶和滞后 2 阶模型都为正，但数值上差异明显。门限参数在滞后 1 阶和 2 阶为负，在滞后 4 阶为正。另外，能通过显著性检验的回归系数的个数也不同，滞后 1 阶和滞后 4 阶的模型中分别有 2 个回归系数统计显著，而滞后 2 阶中的模型有 4 个回归系数能通过显著性检验。从这个意义上讲，我国股债联动对宏观经济变量的反应是不稳定的。

五、预测效果分析

为了进一步评判单转换变量和多转换变量模型的优劣，本部分仍利用了 RMSE、MAE、Theil 和 Success ratio 四个评判标准来评判样本内的预测效果。之所以使用样本内预测，是考虑到样本容量只有 101 个月度数据，而要估计的参数较多，为了估计的精度考虑没有预留样本外预测的数据，其结果如表 7-14 所示。

表 7-14　中证全债预测结果

变量	RMSE			MAE			Theil			Success ratio		
	1	2	4	1	2	4	1	2	4	1	2	4
VIX	0. 1927	0. 2001	0. 1904	0. 0969	0. 1040	0. 0937	0. 7092	0. 7155	0. 7178	0. 4635	0. 4599	0. 4590
R	0. 1933	0. 1994	0. 1888	0. 0978	0. 1032	0. 0917	0. 7247	0. 7310	0. 7333	0. 4598	0. 4562	0. 4553
SPR	0. 1967	0. 1961	0. 1859	0. 1009	0. 0999	0. 0905	0. 6933	0. 6996	0. 7019	0. 4847	0. 4811	0. 4802
RS	0. 1913	0. 1959	0. 1867	0. 1055	0. 0997	0. 0991	0. 6441	0. 6504	0. 6527	0. 5304	0. 5268	0. 5259
RB	0. 1949	0. 1996	0. 1874	0. 0991	0. 1033	0. 0903	0. 7385	0. 7448	0. 7471	0. 3755	0. 3719	0. 3710
INF	0. 1996	0. 1895	0. 1856	0. 1038	0. 0933	0. 0885	0. 8068	0. 8131	0. 8154	0. 2843	0. 2807	0. 2798
GDP	0. 1984	0. 1980	0. 1821	0. 1029	0. 1018	0. 0856	0. 9072	0. 9135	0. 9158	0. 1019	0. 0983	0. 0974
模型 2	0. 1815	0. 1917	0. 1562	0. 0857	0. 0955	0. 0784	0. 5365	0. 5428	0. 5451	0. 6338	0. 6302	0. 6293
模型 3	0. 188	0. 1976	0. 1888	0. 0948	0. 1014	0. 0917	0. 5396	0. 5459	0. 5482	0. 6119	0. 6083	0. 6074

从表 7-14 可看出，多转换变量 STR 模型比单转换变量 STR 模型有显著改善，这对于几乎所有的评估标准都成立。在单转换变量 STR 模型中，拟合最好的变量是股票收益率。然而，模型 3 的预测效果依然优于它。如以股票收益率为转换变量的 RMSE 和 MAE 分别为 0. 1913 和 0. 1055，而模型 3 的 RMSE 和 MAE 分别为 0. 1880 和 0. 0948。同样，对于 Theil 不相等系数，多转换变量 STR 模型要远远优于单转换变量 STR 模型。最后，模型 3 的成功率从 0. 5304 提高到 0. 6119。而且，不同的预测区间结论是相同的。

模型 2 和模型 3 的样本外预测效果几乎没有什么不同，这再一次地证实了我们的样本内分析结果，即是说简约的模型 3 可以捕捉股债动态条件相关系数的特征。

表 7-15　中证国债预测结果

变量	RMSE			MAE			Theil			Success ratio		
	1	2	4	1	2	4	1	2	4	1	2	4
VIX	0. 1849	0. 1873	0. 1883	0. 0891	0. 0911	0. 0912	0. 6094	0. 6157	0. 6180	0. 5839	0. 5803	0. 5794
R	0. 1937	0. 1944	0. 1876	0. 0979	0. 0982	0. 0905	0. 6247	0. 6310	0. 6333	0. 4798	0. 4762	0. 4753
SPR	0. 1944	0. 1983	0. 1904	0. 0986	0. 1021	0. 0933	0. 8933	0. 8996	0. 9019	0. 3047	0. 3011	0. 3002
RS	0. 1929	0. 1988	0. 1908	0. 0971	0. 1026	0. 0937	0. 7782	0. 7845	0. 7868	0. 5173	0. 5137	0. 5128
RB	0. 1905	0. 1943	0. 1883	0. 0947	0. 0981	0. 0912	0. 7961	0. 8024	0. 8047	0. 4984	0. 4948	0. 4939
INF	0. 1958	0. 1853	0. 1921	0. 1000	0. 0891	0. 0950	0. 8068	0. 8131	0. 8154	0. 4843	0. 4807	0. 4798

续表

变量	RMSE			MAE			Theil			Success ratio		
	1	2	4	1	2	4	1	2	4	1	2	4
GDP	0. 1943	0. 1948	0. 1916	0. 0985	0. 0986	0. 0945	0. 9072	0. 9135	0. 9158	0. 4019	0. 3983	0. 3974
模型 2	0. 1679	0. 1929	0. 1813	0. 0721	0. 0967	0. 0842	0. 5345	0. 5408	0. 5431	0. 6427	0. 6391	0. 6382
模型 3	0. 1831	0. 1865	0. 1876	0. 0873	0. 0903	0. 0905	0. 5486	0. 5549	0. 5572	0. 6139	0. 6103	0. 6094

从表 7 -15 可看出，多转换变量 STR 模型比单转换变量 STR 模型有显著改善，这对于几乎所有的评估标准都成立。在单转换变量 STR 模型中，拟合最好的变量是股市波动指数。然而，模型 3 的预测效果依然优于它。如以股市波动指数为转换变量的 RMSE 和 MAE 分别为 0. 1849 和 0. 0891，而模型 3 的 RMSE 和 MAE 分别为 0. 1831 和 0. 0801。同样，对于 Theil 不相等系数，多转换变量 STR 模型要远远优于单转换变量 STR 模型。最后，模型 3 的成功率从 0. 5839 提高到 0. 6139。而且，不同的预测区间结论是相同的。

模型 2 和模型 3 的样本外预测效果几乎没有什么不同，这再一次证实了我们的样本内分析结果，即是说简约的模型 3 可以捕捉股债动态条件相关系数的特征。

表 7 -16　中证金融债预测结果

变量	RMSE			MAE			Theil			Success ratio		
	1	2	4	1	2	4	1	2	4	1	2	4
VIX	0. 1374	0. 1324	0. 1310	0. 0416	0. 0362	0. 0339	0. 6753	0. 6816	0. 6839	0. 4591	0. 4555	0. 4546
R	0. 1376	0. 1353	0. 1291	0. 0418	0. 0391	0. 032	0. 7019	0. 7082	0. 7105	0. 4798	0. 4762	0. 4753
SPR	0. 1317	0. 1306	0. 1228	0. 0359	0. 0344	0. 0257	0. 6412	0. 6475	0. 6498	0. 5038	0. 5002	0. 4993
RS	0. 1402	0. 1322	0. 1301	0. 0444	0. 0360	0. 0330	0. 9441	0. 8659	0. 9527	0. 3523	0. 3487	0. 3478
RB	0. 1355	0. 1249	0. 1347	0. 0397	0. 0287	0. 0376	0. 6584	0. 6647	0. 6670	0. 4862	0. 4826	0. 4817
INF	0. 1398	0. 1309	0. 1301	0. 0440	0. 0347	0. 0330	0. 8068	0. 7896	0. 8154	0. 4024	0. 3988	0. 3979
GDP	0. 1427	0. 1323	0. 1295	0. 0469	0. 0361	0. 0324	0. 9072	0. 9135	0. 9158	0. 2358	0. 2322	0. 2313
模型 2	0. 1227	0. 1320	0. 1336	0. 0269	0. 0358	0. 0365	0. 5421	0. 5484	0. 5507	0. 6437	0. 6401	0. 6392
模型 3	0. 1352	0. 1301	0. 1275	0. 0394	0. 0339	0. 0304	0. 5574	0. 5637	0. 5660	0. 6083	0. 6047	0. 6038

从表 7 -16 可看出，多转换变量 STR 模型比单转换变量 STR 模型有显著改善，这对于几乎所有的评估标准都成立。在单转换变量 STR

模型中，拟合最好的变量是利差。然而，模型 3 的预测效果整体上依然优于它。如以利差为转换变量的 RMSE 和 MAE 分别为 0. 1377 和 0. 0436，而模型 3 的 RMSE 和 MAE 分别为 0. 1352 和 0. 0387。同样，对于 Theil 不相等系数，多转换变量 STR 模型要远远优于单转换变量 STR 模型。最后，模型 3 的成功率从 0. 5038 提高到 0. 6083。而且，不同的预测区间结论是相同的。

模型 2 和模型 3 的样本外预测效果几乎没有什么不同，这再一次证实了我们的样本内分析结果，即是说简约的模型 3 可以捕捉股债动态条件相关系数的特征。

表 7 -17　中证企业债预测结果

变量	RMSE			MAE			Theil			Success ratio		
	1	2	4	1	2	4	1	2	4	1	2	4
VIX	0. 1678	0. 1658	0. 1582	0. 0720	0. 0696	0. 0611	0. 8015	0. 8026	0. 8101	0. 3052	0. 3016	0. 3007
R	0. 1644	0. 1691	0. 1604	0. 0686	0. 0729	0. 0633	0. 6389	0. 6452	0. 6475	0. 4721	0. 4685	0. 4676
SPR	0. 1663	0. 1673	0. 1556	0. 0705	0. 0711	0. 0585	0. 7536	0. 7536	0. 7622	0. 3648	0. 3612	0. 3603
RS	0. 1625	0. 1646	0. 1561	0. 0667	0. 0684	0. 0590	0. 6273	0. 6336	0. 6359	0. 4862	0. 4826	0. 4817
RB	0. 1661	0. 1665	0. 1526	0. 0703	0. 0703	0. 0555	0. 7048	0. 7048	0. 7134	0. 4156	0. 4120	0. 4111
INF	0. 1682	0. 1634	0. 1599	0. 0724	0. 0672	0. 0628	0. 8337	0. 8337	0. 8423	0. 2466	0. 2430	0. 2421
GDP	0. 1669	0. 1639	0. 1535	0. 0711	0. 0677	0. 0564	0. 9072	0. 9135	0. 9158	0. 2445	0. 2409	0. 2400
模型 2	0. 1524	0. 1665	0. 1459	0. 0566	0. 0703	0. 0488	0. 3554	0. 3617	0. 364	0. 6157	0. 6121	0. 6112
模型 3	0. 1665	0. 1600	0. 1568	0. 0707	0. 0638	0. 0597	0. 5287	0. 5350	0. 5373	0. 5489	0. 5453	0. 5444

从表 7 -17 可看出，多转换变量 STR 模型比单转换变量 STR 模型有显著改善，这对于几乎所有的评估标准都成立。在单转换变量 STR 模型中，拟合最好的变量是股票收益率。然而，模型 3 的预测效果依然优于它。如以股票收益率为转换变量的 RMSE 和 MAE 分别为0. 1625 和0. 0665，而模型3 的 RMSE 和 MAE 分别为0. 1605 和0. 0604。同样，对于 Theil 不相等系数，多转换变量 STR 模型要远远优于单转换变量 STR 模型。最后，模型 3 的成功率从 0. 4862 提高到 0. 6089。而且，不同的预测区间结论是相同的。

模型 2 和模型 3 的样本外预测效果几乎没有什么不同，这再一次证实了我们的样本内分析结果，即是说简约的模型 3 可以捕捉股债动态条件相关系数的特征。

六、原因分析

针对我国股债联动受到宏观经济因素的非线性影响，本书认为可能的原因有以下两点：

第一，许多经济变量本身具有非线性特征，这得到了大量的实证研究的证明。

赵春艳和南士敬（2011）对我国通货膨胀率构建了以其滞后一阶值为转换变量的 LSTAR 模型，发现拟合效果很好，因此他们认为我国通货膨胀率在低通胀和高通胀之间存在明显的非线性转换特征。沈春华、许涤龙和路芸（2013）运用非线性的 LSTR 模型对我国通货膨胀率的非线性特征进行了研究，结果显示：我国通货膨胀率表现出明显的非线性特征，且经常在三区制之间快速转换，并具有持续可扩散的传导效应。王培辉和袁薇（2010）运用 LSTAR 模型对我国通货膨胀率的动态特征进行了实证研究，结果显示：我国通货膨胀率的调整有明显的非线性特征，存在显著的高通货膨胀区制和低通货膨胀区制，区制转换的平滑参数较大。谢朝华等（2010）对上海股票市场的分形和混沌特性的研究揭示了我国股票市场的非线性本质。王成勇和艾春荣（2010）以我国 1979 年第一季度至 2009 年第三季度的季度 GDP 增长率为样本，分别建立了两区制、三区制和四区制 LSTAR 模型。实证结果表明，将我国经济周期划分为紧缩区、恢复区和扩张区三个区制已经能够很好地刻画我国经济增长的非线性动态特征，但如果更进一步地划分为紧缩区、恢复区、扩张区和衰退区四个区制，模型在整体拟合效果以及对经济增长结构的解释能力方面都有显著提高。王晓燕和李美洲（2012）基于误差修正模型探讨了我国中期和长期国债收益率的两区制门限协和问题，他们发现我国中期和长期国债收益率存在明显的非线性调整过程。

第二，许多宏观经济变量之间也表现出非线性关系。

郑鸣、倪玉娟和刘林（2010）选取 1996 年 1 月至 2010 年 4 月的数据作为样本区间，运用 MSIH（2）－VAR（4）模型研究了货币政策不同区制对股票价格的影响。研究认为，用非线性模型来刻画是合理的，利率的提高在两个区制下都会使股价下跌，这种影响在 1 个月后才会表现出来。苏飞和沈永皎（2013）选取股票市场行业指数和相关经济变量月度数据为样本，以经济增长率、货币供给增长率、通货膨胀率、利率期限结构、汇率以及石油价格作为门限变量，通过构建门限 CAPM 模型来检验在不同宏观经济环境下，我国股票市场行业板块系统风险 β 系数是否表现出时变特征。实证结果表明，我国股票市场确实存在非线性动态系统风险。白雪梅和吴德燚（2010）运用非线性平滑转换回归（STR）模型刻画了我国股市和经济增长的关系。实证结果显示，我国股市与经济增长的关系呈现出分段特征，并且在线性和非线性关系间不断转换。

针对我国股债联动对宏观经济变量反应的不灵敏和不稳定，本书认为这可能是由以下原因造成的：

第一，从总体上来说，我国经济缺乏效率。自改革开放以来，我国经济取得了巨大成就，GDP 总量已跃居世界第二，建立了比较完备的工业体系。然而，我国还是发展中国家，仍然处于新兴 + 转轨时期，经济增长方式仍属于粗放型，经济结构还不合理，国家整体创新能力不足，特别是市场配置资源的作用还没有充分发挥，从而导致价格机制严重扭曲，这些问题的存在导致我国经济效率仍然低下。

第二，我国股票和债券市场还存在多方面的缺陷。我国股票和债券市场经过多年的发展，各项制度不断完善，有力地促进了我国经济的发展。但是，股市和债市需要不断改进和创新的地方还很多，比如我国股市中的 T + 1 交易制度、新股发行和定价制度、股票退市制度、信息披露制度和风险对冲机制（尚未推出股票期权）等；我国债券市场有商业银行柜台交易市场、交易所市场和银行间债券市场，这三个市场严重分割，投资者不能自由进出各个市场，各个市场的投资主体也有很大差异，另外，债券品种还不丰富，等等。

第三，证券市场的发展未被纳入宏观经济政策的制定中。我们知道，股价包含了丰富的信息。投资者在投资股票时，往往根据上市公司的经营状况、经营业绩、未来发展前景、分红等信息来作出决策，而上市公司的经营状况等方面信息是由宏观经济所决定的。因此，股价应该包含宏观经济运行状况的信息，许多国家会根据股市来判断经济状况，从而制定相应的经济政策。而就我国股市来说，许多实证研究表明，我国股市不是我国经济的“晴雨表”。我认为其原因之一就是我国还未将股票市场的发展纳入宏观经济政策制定的框架中，而美国等发达国家在制定宏观经济政策时往往要考虑股市的发展状况。

本章小结

本书选取了股市波动性、短期利率、利差、股票收益率、债券收益率、通货膨胀率和经济增长率为转换变量，利用 LSTR 模型和 ESTR 模型实证分析了这些变量对我国股债非线性联动的影响，经过拟合单个和多个转换变量非线性模型、非线性模型稳健性检验和预测效果分析等步骤，我们可以总结如下：

我国股债联动性受到股市波动、短期利率、利差、股票收益率、债券收益率、通货膨胀率和经济增长率等宏观经济变量的影响，尤其受到股市波动、短期利率、利差这 3 个因素的影响，而且这种影响是以非线性的方式作用于股债联动性的。但这种影响在现阶段还不显著，而且这种影响也是不稳健的。

第八章　结论、政策建议及研究展望

第一节　结论

本书以沪深 300 指数代表我国股票市场，以中证全债、中证国债、中证金融债和中证企业债指数代表我国债券市场，利用 ARCH 族模型研究了股权分置时期和全流通时代我国股票和债券市场的波动性，利用基于 t 分布的 VECM - MVGARCH - BEKK（1，1）模型和 DCC - MVGARCH（1，1）模型从信息溢出效应和动态条件相关系数两个层面研究了我国股债的联动性，利用 LSTAR 模型和 ESTAR 模型研究了我国股债联动性的非线性特征，利用 LSTR 模型和 ESTR 模型研究了我国股债非线性联动的影响因素，经过上述实证研究，本书得出了以下结论。

一、全流通时代我国股票和债券市场波动性研究结论

1. 波动结构性变化分析

就我国股市来说，全流通时代股市波动性并没有比股权分置时期显著减小；就我国债券市场来说，中证全债、中证国债、中证金融债和中证企业债在全流通时代债市波动性比股权分置时期显著减小，波动性发生了显著的结构性变化。

2. 波动持续性分析

就我国股市而言，全流通时代新信息引起的短期波动减小了，而历史波动比股权分置时期表现为更大的持久性。就我国债市而言，市场波动的持续性表现有所差异。具体来说，中证全债和中证国债在全

流通时代新信息引起的短期波动增加了，而历史波动表现为更短的持久性；中证金融债和中证企业债在全流通时代新信息引起的短期波动减小了，历史波动表现为更大的持久性。

3. 波动杠杆效应分析

就我国股市而言，在股权分置时期不存在正向杠杆效应，在全流通时代存在正向杠杆效应。

就我国债市而言，杠杆效应各有差别。中证全债在股权分置时期存在正向杠杆效应，在全流通时代不存在正向杠杆效应；中证国债和中证金融债在股权分置时期和全流通时代都不存在正向杠杆效应；中证企业债在股权分置时期不存在杠杆效应，在一定程度上说明在全流通时代存在正向杠杆效应。

4. 短期波动和长期波动分析

就我国股市而言，全流通时代的长期波动要小于股权分置时期的波动，而且波动衰减的速度较慢，表现出更强的持久性。

就我国债市而言，短期和长期波动表现各异。中证全债、中证国债和中证企业债在全流通时代的长期波动要大于股权分置时期的波动，而且波动衰减的速度较慢，表现出更强的持久性；中证金融债的长期波动未发生显著变化，但波动衰减的速度较慢，表现出更强的持久性。

二、我国股债联动性研究结论

1. 信息溢出效应结论

（1）均值溢出效应。中证全债收益率和沪深 300 收益率之间存在相互的短期格兰杰原因，亦即存在相互的均值溢出效应；中证国债收益率不是沪深 300 收益率的短期格兰杰原因，亦即不存在中证国债对沪深 300 的均值溢出效应；沪深 300 收益率是中证国债收益率的短期格兰杰原因，亦即存在沪深 300 对中证国债的均值溢出效应；中证金融债收益率和沪深 300 收益率之间存在相互的短期格兰杰原因，亦即存在相互的均值溢出效应；中证企业债收益率和沪深 300 收益率之间不存在相互的短期格兰杰原因，亦即不存在相互的均值溢出效应。

（2）波动溢出效应。沪深 300 和中证全债之间存在相互的短期和长期波动溢出效应。中证全债对沪深 300 的短期波动溢出程度要远远大于沪深 300 对中证全债的短期波动溢出程度；中证全债对沪深 300 的长期波动溢出程度要远远大于沪深 300 对中证全债的长期波动溢出程度。

沪深 300 和中证国债之间不存在中证国债对沪深 300 的短期和长期波动溢出效应，存在沪深 300 对中证国债的短期和长期波动溢出效应。

沪深 300 和中证金融债之间存在相互的短期和长期波动溢出效应。中证金融债对沪深 300 的短期波动溢出程度要远远大于沪深 300 对中证金融债的短期波动溢出程度；中证金融债对沪深 300 的长期波动溢出程度要远远大于沪深 300 对中证金融债的长期波动溢出程度。

沪深 300 和中证企业债之间存在相互的短期和长期波动溢出效应。中证企业债对沪深 300 的短期波动溢出程度要远远大于沪深 300 对中证企业债的短期波动溢出程度；中证企业债对沪深 300 的长期波动溢出程度要远远大于沪深 300 对中证企业债的长期波动溢出程度。

从横向比较看，沪深 300 对中证全债、中证国债和中证金融债的短期波动溢出效应都为负效应，只有对中证企业债为正效应；而债券的情况正好相反，中证全债、中证国债和中证金融债对沪深 300 的短期波动溢出效应都为正效应，只有中证企业债为负效应。

沪深 300 对中证全债、中证国债、中证金融债和中证企业债的长期波动溢出效应都为正效应；中证全债和中证金融债对沪深 300 的长期波动溢出效应都为负效应，中证国债和中证企业债对沪深 300 的长期波动溢出效应都为正效应。

2. 动态条件相关系数

大部分动态条件相关系数值都集中在 -0.4 ~ 0.4，而且都呈现出明显的波动聚集特征。同时，这些动态条件相关系数呈现出阶段性特征，也就是说，在某一时段动态条件相关系数主要表现为正相关，而在另一时段表现为负相关。

三、我国股债联动的非线性特征研究结论

沪深 300 指数和各个债券市场的联动性呈现非线性特征。具体来说，沪深 300 指数和中证全债、中证国债、中证企业债的联动性的非线性特征可通过 LSTAR 模型来刻画，而沪深 300 指数和中证金融债的联动性的非线性特征可通过 ESTAR 模型来刻画。也就是说，我国股票市场和债券市场的联动性呈非线性特征，整体上看可用 LSTAR 模型来刻画。但各个子市场各有不同，其中中证国债和中证企业债可用 LSTAR 模型刻画，而中证金融债可用 ESTAR 模型来刻画。

从转换系数看，整体上相对较大，而各个子市场有所不同，其中

中证国债和中证金融债的转换系数较大，而中证企业债的转换系数较小。

四、我国股债非线性联动的影响因素研究结论

我国股债联动性受到股市波动、短期利率、利差、股票收益率、债券收益率、通货膨胀率和经济增长率等宏观经济变量的影响，尤其受到股市波动、短期利率、利差这三个因素的影响，而且这种影响是以非线性的方式作用于股债联动性的。但这种影响在现阶段还不显著，而且这种影响也是不稳健的。

第二节 政策建议

第一，进一步完善交易制度和其他各项措施。一方面，股权分置改革后以及全流通时代很长一段时期的核心问题是“大小非”的解禁和减持。市场监管当局要进一步完善“大小非”在大宗交易平台交易的制度，对于自愿延长锁定期的解禁股股东给予适当的激励，同时解禁股股东也要诚实守信，兑现在锁定期内不减持的承诺。此外，还要配合运用各种政策手段遏制股东减持冲动，比如运用税收手段调控“大小非”的减持数量。另一方面，要严格细化“大小非”的解禁时间和解禁数量，以稳定投资者的预期，缓解减持给股市带来的波动。这些措施也会为全流通时代 IPO 限售股的解禁和减持提供经验借鉴。

第二，优化投资者结构，规范投资者的交易行为。投资者结构合理与否是一个市场是否成熟的重要标志。在欧美等发达国家市场中，机构投资者所持有的股票市值占总市值的比重达 70% 左右，其中一半由养老金和保险公司等机构投资者持有，另外还有相当多的赠予基金和公益基金。而在我国，据有关资料显示，机构投资者所持有的市值占总市值的比例为 20% 左右，其中社保基金和企业年金等长期资金所持市值占比不到 5%，机构投资者所持市值比重偏低，机构投资者的结构也不平衡。因此，必须采取有力措施，发展壮大机构投资者，不断优化投资者结构，加快住房公积金、企业年金和养老金等长期资金入市的步伐，为股市注入源源不断的活水，促进股市健康发展。同时，要规范投资者行为，使投资者树立理性投资、价值投资和长期投资的理念。

第三，完善信息披露制度，加大对虚假信息披露的惩罚力度。上市公司的经营状况、财务状况等方面的信息对投资者来说非常重要，投资者根据上市公司披露的各方面信息来评判公司股票的投资价值，从而做出是否投资的决策。因此，上市公司必须按照信息披露制度准确、全面、及时地进行信息披露；对于不进行信息披露、不完全披露、甚至虚假披露的上市公司，监管机构要依法严惩，给投资者造成损失的要依法进行补偿。

第四，大胆进行金融创新。理论和实践都表明，金融创新是证券市场不断发展的生命力所在，能够为投资者提供多样化的投资产品，分散投资风险。目前，要继续完善融资融券、股指期货、转融资融券和国债期货等金融创新，为投资者对冲金融风险提供丰富的金融产品和渠道。

第五，逐步降低交易成本，促进股票市场与债券市场的互联互通。和发达国家成熟的证券市场相比，我国证券市场的交易成本是偏高的。国家有关部门应该制定切实有力的措施，逐步降低证券市场的交易成本，降低市场准入门槛，使投资者可以相对自由地在股票市场和债券市场之间配置资金，提高资金配置效率，促进我国股票市场和债券市场的互联互通，使其协调发展。

第六，加快改革步伐，提高我国经济效率。要继续加大改革力度，切实转变政府职能，划清政府和市场的界限，充分发挥市场的力量，使市场在配置资源中起决定性作用；要加快转变经济发展方式，继续优化产业结构；要加大科研投入，建设创新型国家。通过这些改革，从整体上提高我国经济发展的效率。

第七，完善我国股票和债券市场的相关制度，提高金融市场效率。比如，要尽快制订可行方案，逐步取消股票市场的涨跌幅度限制和T+1交易制度，虽然在短时期内可能会加剧波动，但这可能会倒逼改革，从而完善各项制度，最终是有利股市的健康发展的；要坚决执行严格的退市制度，充分发挥市场的作用，让投资者用脚投票，提高上市公司质量。在债券市场上，要打破债券市场交易和监管的人为分割的局面，实现债券市场交易和监管的一体化；要丰富债券市场交易品种，大力发展债券衍生品市场。

第八，将证券市场的发展纳入宏观经济政策制定的框架中。比如，我们可借鉴发达国家的经验，中央银行应该密切关注我国股票市场的发展，监测受货币政策影响大的重要指标，搜集并分析这些指标的信息，将这些有价值的信息用于制定货币政策的过程中，提高股票市场在货币政策传导机制中的效率。

第三节　研究展望

由于时间、精力和水平有限，还有许多工作尚未完成，下一步准备从以下几个方向进一步努力。

首先，在研究内容上，还可以继续研究中信标普 300 指数、中证全指、中标 A 股综合指数，或者分成沪市和深市两个股票市场同我国债券市场的联动关系，债券市场也可以选择中信标普全债指数、中标国债、中标企业债、中标银债、中债国债总指数、中债金融债总指数、中债公司信用类债券指数、中债企业债总指数、中债综合指数等。

其次，在研究方法上，下一步可用 Copula 函数来拟合收益率的尖峰厚尾的特征来研究我国股债联动性。

最后，在宏观经济变量选取上，受限于月度数据，本书采用规模以上工业增加值的增长率来代表我国的经济增长率，随着时间的推移，我们可以直接用季度 GDP 的增长率来表示我国的经济增长率；如果将来推出股票期权，则我们可以用股票期权波动指数来表示我国股票市场的波动性；短期利率可以使用银行间债券市场 7 天回购利率或 3 个月国债收益率来做进一步研究。

附录

附录 A　DCC – MVGARCH 程序

function [parameters, loglikelihood, Ht, Qt, stdresid, likelihoods, stderrors, A, B, jointscores] = dcc_mvgarch(data, dccP, dccQ, archP, garchQ)
% PURPOSE:
%　　Estimates a multivariate GARCH model using the DCC estimator of Engle and Sheppard
% USAGE:
%　　[parameters, loglikelihood, Ht, Qt, likelihoods, stdresid, stderrors, A, B, jointscores]...
%　　　　　　= dcc_mvgarch(data, dccP, dccQ, archP, garchQ)
% INPUTS:
%　　data = A zero mean t by k vector of residuals from some filtration
%　　dccP = The lag length of the innovation term in the DCC estimator
%　　dccQ = The lag length of the lagged correlation matrices in the DCC estimator
%　　archP = One of three things: Empty in which case a 1 innovation model is estimated for each series
%　A scalar, p in which case a p innovation model is estimated for each series
%　A k by 1 vector in which case the ith series has innovation terms p = archP(i)

```
%       garchQ = One of three things:Empty in which case a 1 GARCH lag is
used in estimation for each series
%       A scalar,q in which case a q GARCH lags is used in estimation for
each series
% A k by 1 vector in which case the ith series has lagged variance terms q =
archQ(i)
% OUTPUTS:
%        parameters = A vector of parameters estimated form the model of
the form
% [GarchParams(1) GarchParams(2)... GarchParams(k) DCCParams]
% where the garch parameters from each estimation are of the form
% [omega(i) alpha(i1) alpha(i2)... alpha(ip(i)) beta(i1) beta
(i2)... beta(iq(i))]
%       loglikelihood  = The log likelihood evaluated at the optimum
%       Ht             = A k by k by t array of conditional variances
%       Qt             = A k by k by t array of Qt elements
%       likelihoods = the estimated likelihoods t by 1
%        stderrors   = A length(parameters)^2 matrix of estimated correct
standard errors
%       A              = The estimated A form the rebust standard errors
%       B              = The estimated B from the standard errors
%       scores         = The estimated scores of the likelihood t by length(pa-
rameters)
% COMMENTS:
% Author: Kevin Sheppard
% kevin.sheppard@economics.ox.ac.uk
% Revision: 2      Date: 12/31/2001
% Lets do some error checking and clean up
[t,k] = size(data);
if k < 2
    error('Must have at least 2 data series')
end
if length(dccP) ~ = length(dccQ) | length(dccP) ~ = 1
    error('dccP and dccQ must be scalars')
```

```
end
if ~(is empty(archP)|length(archP) = =1|length(archP) = =k)
    error('Wrong size for archP')
end
if ~(is empty(garchQ)|length(garchQ) = =1|length(garchQ) = =k)
    error('Wrong size for garchQ')
end
if is empty(archP)
    archP = ones(1,k);
elseif length(archP) = =1
    archP = ones(1,k)*archP;
end
if is empty(garchQ)
    garchQ = ones(1,k);
elseif length(garchQ) = =1
    garchQ = ones(1,k)*garchQ;
end
% Now lest do the univariate garching using fattailed_garch as it's faster than garchpq
stdresid = data;
options = optimset('fmincon');
options = optimset(options,'Display','off','Diagnostics','off','MaxFunEvals',1000*max(archP+garchQ+1),'MaxIter',1000*max(archP+garchQ+1),'LargeScale','off','MaxSQPIter',1000);
options = optimset(options,'MaxSQPIter',1000);
for i = 1:k
    fprintf(1,'Estimating GARCH model for Series %d\n',i)
    [univariate{i}.parameters,univariate{i}.likelihood,univariate{i}.stderrors,univariate{i}.robustSE,univariate{i}.ht,univariate{i}.scores]...
        = fattailed_garch(data(:,i),archP(i),garchQ(i),'NORMAL',[],options);
    stdresid(:,i) = data(:,i)./sqrt(univariate{i}.ht);
end
```

```
options = optimset('fmincon');
options   =   optimset(options,'Display','iter');
options   =   optimset(options,'Diagnostics','on');
options   =   optimset(options,'LevenbergMarquardt','on');
options   =   optimset(options,'LargeScale','off');
dccstarting = [ones(1,dccP)*.01/dccP ones(1,dccQ)*.97/dccQ];
fprintf(1,'\n\nEstimating the DCC model\n')

[dccparameters,dccllf,EXITFLAG,OUTPUT,LAMBDA,GRAD] = fmincon
('dcc_mvgarch_likelihood',dccstarting,ones(size(dccstarting)),[1 -2*
options.TolCon],[],[],zeros(size(dccstarting)) + 2*options.TolCon,
[],[],options,stdresid,dccP,dccQ);
% We now have all of the estimated parameters
parameters = [];
H = zeros(t,k);
for i =1:k
    parameters = [parameters;univariate{i}.parameters];
    H(:,i) =univariate{i}.ht;
end
parameters = [parameters;dccparameters'];
% We now have Ht and the likelihood
[loglikelihood,Rt,likelihoods,Qt] = dcc_mvgarch_full_likelihood(parame-
ters,data,archP,garchQ,dccP,dccQ);
likelihoods = -likelihoods;
loglikelihood = -loglikelihood;
Ht = zeros(k,k,t);
stdresid = zeros(t,k);
Hstd = H.^(0.5);
for i =1:t
    Ht(:,:,i) =diag(Hstd(i,:))*Rt(:,:,i)*diag(Hstd(i,:));
    stdresid(i,:) =data(i,:)*Ht(:,:,i)^(-0.5);
end
save tempHt Ht
clear Ht
```

```
if nargout >=7
    % How ar we going to get STD errors? Partitioned invers probably. Well,we need to get the scores form the dcc model,the joint likelihood.
    % We then need to get A12 and A22 so we can have it all. We also need to get A11 in the correct form.
    A = zeros(length(parameters),length(parameters));
    index = 1;
    for i = 1:k
      workingsize = size(univariate{i}.stderrors);
      A(index:index + workingsize - 1,index:index + workingsize - 1) = univariate{i}.stderrors^(-1);
      index = index + workingsize;
    end
    % Ok so much for a All and A12 and A22,as we have them all between what's above
    fprintf(1,'\n\nCalculating Standard Errors,this can take a while\n');
    otherA = dcc_hessian('dcc_mvgarch_full_likelihood',parameters,dccP + dccQ,data,archP,garchQ,dccP,dccQ);
    A(length(parameters) - dccP - dccQ + 1:length(parameters),:) = otherA;
    %     tempA = hessian('dcc_garch_full_likelihood',parameters,data,archP,garchQ,dccP,dccQ);
    %
A(length(parameters) -1:length(parameters),:) = tempA(length(parameters) -1:length(parameters),:);
    % That finishes A
    % We now need to get the scores for the DCC estimator so we can finish B
    jointscores = zeros(t,length(parameters));
    index = 1;
    for i = 1:k
        workingsize = size(univariate{i}.scores,2);
        jointscores(:,index:index + workingsize - 1) = univariate {i}.
```

```
scores;
        index = index + workingsize;
    end
    % Now all we need to do is calculate the scores form teh dcc estimator and we have everything
    h = max(abs(parameters/2),1e-2)*eps^(1/3);
    hplus = parameters + h;
    hminus = parameters - h;
    likelihoodsplus = zeros(t,length(parameters));
    likelihoodsminus = zeros(t,length(parameters));
    for i = length(parameters) - dccP - dccQ + 1:length(parameters)
        hparameters = parameters;
        hparameters(i) = hplus(i);
        [HOLDER,HOLDER1,indivlike] = dcc_mvgarch_full_likelihood(hparameters,data,archP,garchQ,dccP,dccQ);
        likelihoodsplus(:,i) = indivlike;
    end
    for i = length(parameters) - dccP - dccQ + 1:length(parameters)
        hparameters = parameters;
        hparameters(i) = hminus(i);
        [HOLDER,HOLDER1,indivlike] = dcc_mvgarch_full_likelihood(hparameters,data,archP,garchQ,dccP,dccQ);
        likelihoodsminus(:,i) = indivlike;
    end
DCCscores = (likelihoodsplus(:,length(parameters) - dccP - dccQ + 1:length(parameters)) - likelihoodsminus(:,length(parameters) - dccP - dccQ + 1:length(parameters)))...
        ./(2 * repmat(h(length(parameters) - dccP - dccQ + 1:length(parameters))',t,1));
    jointscores(:,length(parameters) - dccP - dccQ + 1:length(parameters)) = DCCscores;
    B = cov(jointscores);
    A = A/t;
    stderrors = A^(-1)*B*A'^(-1)*t^(-1);
```

```
end
% Done!
load tempHt
```

附录 B　MVGARCH - BEKK - T 程序

```
function [parameters, loglikelihood, Ht, likelihoods, stdresid, stderrors, A, B, scores] = full_bekk_T_mvgarch(data, p, q, BEKKoptions);
% PURPOSE:
%      To Estimate a full BEKK multivariate GARCH model with T - dist errors. ****SEE WARNING AT END OF HELP FILE****
%
% USAGE:
%      [parameters, loglikelihood, Ht, likelihoods, stdresid, stderrors, A, B, scores]  =  full_bekk_mvgarch(data, p, q, options);
%
% INPUTS:
%      data           - A t by k matrix of zero mean residuals
%      p              - The lag length of the innovation process
%      q              - The lag length of the AR process
%      options        - (optional) Options for the optimization(fminunc)
%
% OUTPUTS:
%      parameters     - A (k*(k+1))/2 + p*k^2 + q*k^2 + 1 vector of estimated parameteters. F
%                       or any k^2 set of Innovation or AR parameters X,
%                       reshape(X, k, k) will give the correct matrix
%                       To recover C, use ivech(parmaeters(1:(k*(k+1))/2), last param is nu
%      loglikelihood - The loglikelihood of the function at the optimum
%      Ht             - Ak x k x t 3 dimension matrix of conditional covariances
```

```
%      likelihoods    - At by 1 vector of individual likelihoods
%      stdresid       - At by k matrix of multivariate standardized residuals
%      stderrors      - A numParams^2 square matrix of robust Standad Er-
rors( A^( -1 ) * B * A^( -1 ) * t^( -1 ) )
%      A              - The estimated inverse of the non - robust Standard errors
%      B              - The estimated covariance of teh scores
%      scores         -  A t by numParams matrix of individual scores
%
% COMMENTS:
%
 * * * * * * * * * * * * * * * * * * * * * * * * * * * * * *
 * * * * * * * * * * * * * * * * * * * * * * * * * * *
%      *    THIS FUNCTION INVOLVES ESTIMATING MANY PARAME-
TERS. THE EXACT NUMBER OF PARAMETERS
%      *    NEEDING TO BE ESTIMATED IS ( k * ( k + 1 ) )/2 + pk^2 + qk^
2 + 1. FOR A 5 VARIATE (1,1) MODEL THIS
%      *    65 PARAMETERS. ESTIMATION CAN TAKE A VERY LONG
TIME. A 10 ASSET MODEL TOOK 12
%      *    HOURS ON A PIII - 700.
%
 * * * * * * * * * * * * * * * * * * * * * * * * * * * * * *
 * * * * * * * * * * * * * * * * * * * * * * * * * * *
%
% Author: Kevin Sheppard
% kevin. sheppard@ economics. ox. ac. uk
% Revision: 2      Date: 12/31/2001
% need to try and get some smart startgin values
if size( data,2)  >  size( data,1)
    data = data';
end [ t k ] = size( data) ;
k2 = k * ( k + 1 )/2 ;
scalaropt = optimset( 'fminunc') ;
scalaropt = optimset( scalaropt, 'TolFun', 1e - 1, 'Display', 'iter', 'Diagnos-
tics', 'on', 'DiffMaxChange', 1e - 2) ;
```

```
startingparameters = scalar_bekk_mvgarch(data,p,q,scalaropt);
CChol = startingparameters(1:(k*(k+1))/2);
C = ivech(startingparameters(1:(k*(k+1))/2))*ivech(startingparame-
ters(1:(k*(k+1))/2))';
newA = [];
newB = [];
for i = 1:p
    newA = [newA diag(ones(k,1))*startingparameters(((k*(k+1))/
2)+i)];
end
for i = 1:q
    newB = [newB diag(ones(k,1))*startingparameters(((k*(k+1))/
2)+i+p)];
end
newA = reshape(newA,k*k*p,1);
newB = reshape(newB,k*k*q,1);
startingparameters = [CChol;newA;newB];

if nargin <=3|isempty(BEKKoptions)
    options = optimset('fminunc');
    options.Display = 'iter';
    options.Diagnostics = 'on';
    options.TolX = 1e-4;
    options.TolFun = 1e-4;
    options.MaxFunEvals = 5000*length(startingparameters);
    options.MaxIter = 5000*length(startingparameters);
else
    options = BEKKoptions;
end
startingparameters = [startingparameters;3];
parameters = fminunc('full_bekk_T_est_likelihood',startingparameters,op-
tions,data,p,q,k,k2,t);
parameters(length(parameters)) = 2.1 + parameters(length(parameters))
^2;
```

```
[loglikelihood,likelihoods,Ht] = full_bekk_T_likelihood(parameters,data,p,q,k,k2,t);
loglikelihood = -loglikelihood;
likelihoods = -likelihoods;

% Standardized residuals
stdresid = zeros(size(data));
for i = 1:t
    stdresid(i,:) = data(i,:)*Ht(:,:,i)^(-0.5);
end
% Std Errors
if nargout >= 6
    A = hessian_2sided('full_bekk_T_likelihood',parameters,data,p,q,k,k2,t);
    h = max(abs(parameters/2),1e-2)*eps^(1/3);
    hplus = parameters + h;
    hminus = parameters - h;
    likelihoodsplus = zeros(t,length(parameters));
    likelihoodsminus = zeros(t,length(parameters));
    for i = 1:length(parameters)
        hparameters = parameters;
        hparameters(i) = hplus(i);
        [HOLDER,indivlike] = full_bekk_T_likelihood(hparameters,data,p,q,k,k2,t);
        likelihoodsplus(:,i) = indivlike;
    end
    for i = 1:length(parameters)
        hparameters = parameters;
        hparameters(i) = hminus(i);
        [HOLDER,indivlike] = full_bekk_T_likelihood(hparameters,data,p,q,k,k2,t);
        likelihoodsminus(:,i) = indivlike;
    end
    scores = (likelihoodsplus - likelihoodsminus)./(2*repmat(h',t,1));
```

```
    B = cov(scores);
    A = A/t;
    stderrors = A^(-1)*B*A^(-1)*t^(-1);
end
```

附录 C　部分数据处理程序

```
[R_Row,R_Col] = size(data);
temp = data (1,3);
j = 1;
Month_temp = 0;
R1 = [];R2 = [];
for i = 1:R_Row
    if temp == data (i,3)
      Month_temp = Month_temp + 1;
    else
      R1 = data(i - Month_temp:i - 1,1);
      R2 = data(i - Month_temp:i - 1,2);
      Cov(j,1) = mean(R1);
      Cov(j,2) = mean(R2);
      Cov(j,3) = std(R1);
      Cov(j,4) = std(R2);
      Cov(j,5) = var(R1);
      Cov(j,6) = var(R2);
      R1 = [];
      R2 = [];
      temp = data(i,3);
      j = j + 1;
      Month_temp = 1;
    end
end
R1 = data(i - Month_temp:R_Row,1);
```

```
R2 = data(i - Month_temp:R_Row,2);
Cov(j,1) = mean(R1);
Cov(j,2) = mean(R2);
Cov(j,3) = std(R1);
Cov(j,4) = std(R2);
Cov(j,5) = var(R1);
Cov(j,6) = var(R2);
```

参考文献

［1］胡秋灵，马丽．我国股票市场和债券市场波动溢出效应分析［J］．金融研究，2011（10）．

［2］罗荣华，门明，杨水清，郭明英．股权分置、后股权分置与股市波动性［J］．金融评论，2012（6）．

［3］王俊，孔令夷．非线性时间序列分析 STAR 模型及其在经济学中的应用［J］．数量经济技术经济研究，2006（1）．

［4］王茵田，文志瑛．股票市场和债券市场的流动性溢出效应研究［J］．金融研究，2010（3）．

［5］谢赤，戴克维，刘潭秋．基于 STAR 模型的人民币实际汇率行为的描述［J］．金融研究，2005（5）．

［6］杨雪莱，张宏志．金融危机、宏观经济因素与中美股市联动［J］．世界经济研究，2012（8）．

［7］袁超，张兵，汪慧建．债券市场与股票市场的动态相关性研究［J］．金融研究，2008（1）．

［8］张秋莉，杨超，门明．国际碳市场与能源市场动态相依关系研究与启示——基于 DCC－MVGARCH 模型［J］．经济评论，2012（5）．

［9］曾志坚，江洲．我国股票市场与债券市场收益率的联动性实证研究［J］．当代财经，2007（9）．

［10］郑振龙，陈志英．中国股票市场和债券市场收益率动态相关性分析［J］．当代财经，2011（2）．

［11］郑振龙，杨伟．金融资产收益动态相关性：基于 DCC 多元 GARCH 模型的实证研究［J］．当代财经，2012（7）．

［12］李国平．行为金融学［M］．北京：北京大学出版社，2006.

［13］埃德温·J. 埃尔顿等．现代投资组合理论和投资分析［M］．向东译．北京：中国人民大学出版社，2006.

[14] 宋军，吴冲锋. 基于分散度的金融市场中的羊群行为研究[J]. 经济研究，2001 (11)：21－26.

[15] 孙培源，施东晖. 基于CAPM的中国股市羊群行为研究——兼与宋军、吴冲锋先生商榷[J]. 经济研究，2002 (2)：64－70.

[16] 陈红. 我国股票市场与货币政策互动关系研究[J]. 上海金融，2002 (6)：18－21.

[17] 康卫华. 从资源配置角度看信贷市场、债券市场及股票市场的相关性[J]. 中国金融，2003 (12)：61－63.

[18] 赵振全，张宇. 中国股票市场波动和宏观经济波动关系的实证分析[J]. 数量经济技术经济研究，2003 (6)：143－146.

[19] 陆蓉. 股票市场的货币政策效应的度量[J]. 统计研究，2003 (8)：54－59.

[20] 黄灿. 当前我国债券市场存在的问题及对策[J]. 经济与社会发展，2004 (12)：32－34.

[21] 刘勇. 我国股票市场和宏观经济变量关系的经验研究[J]. 财贸经济，2004 (4)：21－27.

[22] 陈浩. 中国股票市场机构投资者羊群行为实证研究[J]. 南开经济研究，2004 (2)：91－94.

[23] 王一鸣，李剑峰. 我国债券市场收益率曲线影响因素的实证分析[J]. 金融研究，2005 (1)：111－124.

[24] 吕江林. 我国的货币政策是否应对股价变动做出反应?[J]. 经济研究，2005 (3)：80－90.

[25] 刘建春. 股票与债券关联性研究及其启示[J]. 商业研究，2005 (10)：140－142.

[26] 陈军，钱暗. 我国资本市场和货币市场关联性分析[J]. 财经科学，2005 (2)：4－11.

[27] 殷剑峰. 中国金融市场联动分析：2000～2004[J]. 世界经济，2006 (1)：50－61.

[28] 祁斌，黄明，陈卓思. 机构投资者与股市波动性[J]. 金融研究，2006 (9)：54－64.

[29] 张瑞锋. 金融市场协同波动溢出分析及实证研究[J]. 数量经济技术经济研究，2006 (10)：141－149.

[30] 徐林. 我国股市和债市（国债）相关性研究[D]. 成都：

西南财经大学博士学位论文，2006.

［31］曾志坚，江洲．关于我国股票市场与债券市场收益率联动性的实证研究［J］. 当代财经，2007（9）：58－63.

［32］宋冬林，毕子男，沈正阳．机构投资者与市场波动性关系的研究［J］. 经济科学，2007（3）：97－103.

［33］万军，谢敏，熊正德．金融市场间波动溢出效应研究［J］. 统计与决策，2007（9）：98－101.

［34］王璐．中国股市和债市溢出效应影响因素的数量研究［J］. 金融观察，2008（8）：34－39.

［35］王璐，庞皓．中国股市和债市波动的溢出效应——基于交易所和银行间市场的实证研究［J］. 金融论坛，2008（4）：9－13.

［36］王璐，王沁．中国股市与债市波动特征对比研究：2002～2007［J］. 统计与决策，2008（8）：130－132.

［37］曾志坚，罗长青．股票与债券市场流动性联动的实证研究［J］. 财经理论与实践，2008（4）：45－49.

［38］王璐，庞皓．中国股市和债市波动溢出效应的 MV－GARCH 分析［J］. 数理统计与管理，2009（1）：152－158.

［39］岳意定，周可峰．机构投资者对证券市场价格波动性的影响——基于 Topview 数据的实证研究［J］. 中国工业经济，2009（3）：140－148.

［40］张秀艳，张敏．可转换债券市场与股票市场的波动关系——基于二元 GARCH 模型的实证研究［J］. 吉林大学社会科学学报，2009（6）：133－140.

［41］刘铭，段进东，张群．机构投资者对股票市场波动水平影响的实证研究——基于 GARCH 模型［J］. 中国集体经济，2009（12）：88－89.

［42］王茵田，文志瑛．股票市场和债券市场的流动性溢出效应研究［J］. 金融研究，2010（3）：155－166.

［43］石赟姝．我国股票市场债券市场“跷跷板效应”的实证研究［J］. 新西部，2010（18）：63－64.

［44］李成，马文涛，王彬．我国金融市场间溢出效应研究——基于四元 VAR－GARCH（1，1）－BEKK 模型的分析［J］. 数量经济技术经济研究，2010（6）：3－19.

［45］余湄，杨洋，汪寿阳．股票——债券投资模型实证研究

[J]. 系统工程理论与实践，2010 (7)：1190 - 1199.

[46] 郑振龙，陈志英. 中国股票市场和债券市场收益率动态相关性分析 [J]. 当代财经，2011 (2)：45 - 53.

[47] 韩鑫韬. 我国证券投资基金、股票市场和债券市场的溢出风险测度——来自上海证券市场的证据 [J]. 浙江金融，2011 (6)：50 - 55.

[48] 刘大明. 中国股票与债券市场价格联动研究——基于证券投资基金行为的视角 [D]. 北京：首都经济贸易大学博士学位论文，2012.

[49] 张曙东. 境内外金融市场联动效应——基于境外中国概念金融衍生品的研究 [D]. 北京：对外经济贸易大学博士学位论文，2010.

[50] 罗自. 中国股指期货与股票现货信息溢出效应的数量研究 [D]. 成都：西南财经大学博士学位论文，2012.

[51] 张立. 中国股指期货市场、ETF 市场与股票市场的联动效应研究 [D]. 厦门：厦门大学博士学位论文，2012.

[52] 沈炳熙，曹媛媛. 中国债券市场 30 年改革与发展 [M]. 北京：北京大学出版社，2014.

[53] 赵春艳，南士敬. 我国低通胀与高通胀的非线性转换特征分析 [J]. 统计与决策，2011 (21)：38 - 41.

[54] 赵春艳，韩敏. 我国货币供应量与通货膨胀的非线性关系研究——基于 LSTR 模型的分析 [J]. 财政研究，2014 (6)：58 - 41.

[55] 郑鸣，倪玉娟，刘林. 我国货币政策对股票价格的影响——基于 Markov 区制转换 VAR 模型的实证分析 [J]. 经济管理，2010 (11)：7 - 15.

[56] 沈春华，许涤龙，路芸. 我国通货膨胀率动态波动路经研究——基于 LSTR2 模型的实证分析 [J]. 华东经济管理，2013 (1)：98 - 101.

[57] 王培辉，袁薇. 我国通货膨胀率动态特征研究 [J]. 财经理论与实践，2010 (7)：8 - 12.

[58] 王培辉，袁薇. 我国通货膨胀率非线性特征研究 [J]. 统计研究，2011，28 (1)：49 - 53.

[59] 苏非，沈永皎. 中国股票市场非线性动态系统风险研究 [J]. 金融经济学研究，2013，28 (1)：70 - 83.

[60] 谢朝华等. 中国股票市场分形与混沌特征：1994 ~ 2008

[J]. 系统工程，2010，28（6）：30－35.

［61］白雪梅，吴德焱. 中国股市与经济增长的非线性依从关系研究［J］. 统计研究，2010，27（6）：40－45.

［62］王琨，滕建州，石凯. 中国宏观经济和金融总量的非线性研究［J］. 财经科学，2012（6）：35－45.

［63］王成勇，艾春荣. 中国经济周期阶段的非线性平滑转换［J］. 经济研究，2010（3）：78－90.

［64］王晓燕，李美洲. 中期和长期国债收益率的非线性协和关系及动态调整［J］. 金融市场，2012（2）：54－59.

［65］陈晓彬. 我国股票市场波动的时变性及原因探讨——来自股权分置改革后的经验［J］. 商业时代，2012（21）：60－61.

［66］魏立佳. 机构投资者、股权分置改革与股市波动性——基于MCMC估计的t分布误差MS－GARCH模型［J］. 系统工程理论与实践，2013，33（3）：545－556.

［67］岳朝龙，储灿春. 股市波动、金融政策和宏观经济关系研究——基于因子VAR模型［J］. 广东金融学院学报，2010，25（6）：3－16.

［68］蔡风景，李元. 基于体制转换模型的动态条件相关系数研究［J］. 统计与信息论坛，2010，25（1）：14－18.

［69］郭莹莹. 人民币汇率的长短期影响因素分析——基于马尔可夫区制转换模型［J］. 国际贸易问题，2014（2）：156－166.

［70］靳晓婷，张晓峒，栾惠德. 汇改后人民币汇率波动的非线性特征研究——基于门限自回归TAR模型［J］. 财经研究，2008，34（9）：48－57.

［71］李磊宁，高宇，董静. 我国债券市场收益率宏观经济影响因素的实证分析. 亚太经济与金融论坛，2008.

［72］何晓群，王彦飞. 中国利率期限结构与宏观经济运行的关系——基于动态Nelson－Siegel模型的研究［J］. 经济理论与经济管理，2014（8）：69－77.

［73］陈勇. 宏观经济、货币政策与债券市场——理论分析与中国实证［D］. 天津：南开大学博士学位论文，2010.

［74］刘明，王仁曾. 股权分置改革中上证指数的波动——基于ARCH类模型的比较分析［J］. 统计与信息论坛，2006，6（21）：89－92.

[75] 王少平，陈永伟．中国股权分置改革与股市波动的非线性持续 [J]．世界经济，2008 (3)：80 - 88.

[76] 李从欣，李国柱，符立新．股权分置改革前后股市波动特性分析 [J]．财会月刊，2008 (4)：15 - 16.

[77] 张慧莲．股权分置改革前后股指波动性测度及原因分析 [J]．金融研究，2009 (5)：84 - 92.

[78] 孙伶俐．股权分置改革对我国证券市场波动性的实证分析 [J]．经济纵横，2009 (1)：49 - 53.

[79] 谢世清，邵宇平．股权分置改革对中国股市波动性与有效性影响的实证研究 [J]．金融研究，2011 (2)：185 - 193.

[80] 傅传锐．股权分置改革与股市波动结构——基于 EEMD 方法的实证研究 [J]．经济经纬，2012 (1)：142 - 147.

[81] Engel Robert F. Autoregressive Conditional Heteroskedasticity with Estimates of the Variance of U. K. Inflation [J]. Econometrica, 1982 (50): 987 - 1008.

[82] Bollerslev Tim. Generalized Autoregressive Conditional Heteroskedasticity [J]. Journal of Econometrics, 1986 (31): 307 - 327.

[83] Zakoian J. M. Threshold Heteroskedastic Model [J]. Journal of Economic Dynamics and Control, 1994 (18): 931 - 944.

[84] Glosten L. R. , Jagannathan and D. Runkle. On the Relation between the Expected Value and the Volatility of the Norminal Excess Return on stocks [J]. Journal of Finance, 1993 (48): 1779 - 1801.

[85] Nelson Daniel B. Conditional Heteroskedasticity in Asset Returns: A New Approac [J]. Econometrics, 1991 (59): 347 - 370.

[86] Engle R. F. , Lilien D. M. , Robins R. P. Estimating Time Varying Risk Premia in the Term Structure: The ARCH - M Mode [J]. Econometrica, 1987, 55 (2): 391 - 407.

[87] Anderson. An Introduction to Multivariate Statistical Analysis [M]. John Wiley and Sons, Inc. , 1984.

[88] Andersson M. , Krylova E. , Vähämaa S. Why does the Correlation between Stock and Bond Returns Vary over Time? [J]. Applied Financial Economics, 2008, 18 (2): 139 - 151.

[89] Aslanidis N. , Christiansen C. Quantiles of the Realized Stock - bond Correlation [D]. Working Paper, 2010.

[90] Aslanidis N., Christiansen C. Smooth Transition Patterns in the Realized Stock – bond Correlation [J]. Emipirical Finance, 2012 (19): 454 – 464.

[91] Bacon D. W., Watts D. G. Estimating the Transition between Two Intersecting Straight Lines [J]. Biometrika, 1971 (58): 525 – 534.

[92] Baele L., Bekaert G., Inghelbrecht K. The Determinants of Stock and Bond Return Comovements [J]. Rev. Financ. Stud, 2010, 23 (6): 2374 – 2428.

[93] Bollerslev T., Engle R., Wooldridge J. M. A Capital Asset Pricing Model with Time Varying Covariances [J]. Journal of Political Economy, 1988 (96): 116 – 131.

[94] Cappiello L., Engle R., Sheppard K. Asymmetric Dynamics in the Correlations of Global Equity and Bond Returns [J]. Journal of Financial Econometrics, 2006, 4 (4): 537 – 572.

[95] Chan K. S., Tong H. On Estimating Thresholds in Autoregressive Models [J]. J. Time Series Anal, 1986 (7): 179 – 190.

[96] Christiansen C., Ranaldo A. Realized Bond-stock Correlation: Macroeconomic Announcement Effects [J]. Futur. Mark., 2007, 27 (5): 439 – 469.

[97] Connolly R. A., Stivers C., Sun L. Commonality in the Time-variation of Stock-stock and Stock-bond Return Comovements [J]. Financ. Mark, 2007, 10 (2): 192 – 218.

[98] d' Addona S., Kind A. H. International Stock – bond Correlations in a Simple Affine Asset Pricing Model [J]. Banking and Finance, 2006 (30): 2747 – 2765.

[99] Engle R. Dynamic Conditional Correlation: A Simple Class of Multivariate Generalized Auto – regressive Conditional Heteroskedasticity Models [J]. Business & Economic Statistics, 2002, 20 (1): 339 – 350.

[100] Engle R., and Kroner K. Multivariate Simultaneous GARCH [J]. Econometric Theory, 1995 (11): 122 – 150.

[101] Granger C. W. J., Teräsvirta T. Modelling Nonlinear Economic Relationships [M]. Oxford University Press, 1993.

[102] Kim S., Moshirian F., Wu E. Evolution of International Stock and Bond Market Integration: Influence of the European Monetary Union

[J]. Banking and Finance, 2006 (30): 1507 – 1534.

[103] Peters E. E. Fractal Market Analysis : Applying Chaos Theory to Investment Economics [M]. John Wiley and Sons, New York, 1994.

[104] Stivers C., L. Sun. Stock Market Uncertainty and Bond Returns: Evidence of Flight – to – Quality? [R]. Working Paper, University of Georgia, 2002.

[105] Teräsvirta T. Specification, Estimation and Evaluation of Smooth Transition Autoregressive Models [J]. Am. Stat. Assoc, 1994, 89 (42): 208 – 218.

[106] Teräsvirta T., Anderson H. M. Characterizing Nonlinearities in Business Cycles Using Smooth Transition Autoregressive Models [J]. Appl. Econ., 1992, 7 (1): 119 – 136.

[107] Yang J., Zhou Y., Wang Z. The Stock-bond Correlation and Macroeconomic Conditions: One and a Half Centuries of Evidence [J]. Bank Finance, 2009, 33 (4): 670 – 680.

[108] Barsky Robert B. Why Don't the Prices of Stocks and Bonds Move Together? [J]. American Economic Review, 1989 (79): 1132 – 1145.

[109] Akgiray V. Conditional Heteroscedasticity in Time Series of Stock Returns : Evidence and Forecasts [J]. Journal of Business, 1989 (62): 55 – 80.

[110] Lakonishok J., Shleifer A., Vishny R. The Impact of Institutional Trading on Stock Prices [J]. Journal of Financial Economics, 1992 (32): 23 – 50.

[111] Beltratti A., R. J. Shiller. Stock Prices and Bond Yields, Can Their Comovements Be Explained in Terms of Present Value Models? [J]. Journal of Monetary Economics, 1992 (30): 25 – 46.

[112] Fama E., K. French. Common Risk Factors in the Returns on Stocks and Bonds [J]. Journal of Financial Economics, 1993 (33): 3 – 56.

[113] Campbell, John Y., Ammer John. What Moves The Stock and Bond Markets? A Variance Decomposition for Long –Term Asset Returns [J]. Journal of Finance, 1993 (48): 3 – 37.

[114] Engle R. F., Kroner K. F. Multivariate Simultaneous General-

ized Arch [J]. Econometric Theory, 1995 (11): 122 -150.

[115] Kwan S. Firm-specific Information and The Correlation between Individual Stocks and Bonds [J]. Journal of Financial Economics, 1996 (40): 63 -80.

[116] Rahman M., Mustafa M. Dynamic Linkages and Granger Causality between Short-term U. S. Corporate Bond and Stock Market [J]. Applied Economics Letters, 1997 (6): 89 -91.

[117] Kam C. Chan, Stefan C. Norrbin, Pikki Lai. Are Stock and Bond Prices Collinear in the Long Rim? [J]. International Review of Economics and Finance, 1997 (6): 193 -201.

[118] Konno H., Kobayashi K. An Integrated Stock-bond Portfolio Optimization Model [J]. Journal of Economic Dynamies & Control, 1997 (21): 1427 -1444.

[119] Fleming Jeff, Chris Kirby, Barbara Ostdiek. Information and Volatility Linkages in the Stock, Bond and Money Market [J]. Journal of Financia Economics, 1998 (49): 111 -137.

[120] Jones C., O. Lament, R. Lumsdaine. Macroeconomic News and Bond Market Volatility [J]. Journal of Financial Economics, 1998 (47): 315 -337.

[121] David Alexander, Pietro Veronesi. Inflation and Earnings Uncertainty and the Volatility of Asset Prices: An Empirical Investigation [R]. University of Chicago Working Paper, 1999.

[122] Fleming M. J., Remolona E. M. Price Formation and Liquidity in the U. S. Treasury Market: The Response to Public Information [J]. The Journal of Finance, 1999 (5): 1901 -1915.

[123] Fox S. Assessing Manager Performance [J]. Journal of Portfolio Management, 1999 (26): 40 -49.

[124] Aburachis A. T. International Evidence on the Co - Movements between Bond Yields and Stock Returns: 1984 - 1994 [J]. Journal of Financial and Strategic Decisions, 1999 (12): 67 -81.

[125] John T. Scruggs, Paskalis Glabadanidis. Risk Premia and the Dynamic Covariance between Stock and Bond Returns [J]. Journal of Financial and Quantitative Analysis, 2001 (38): 295 -316.

[126] Xia Y. Learning about Predictability: The Effect of Parameter

Uncertainty on Dynamic Asset Allocation [J]. Journal of Finance, 2001 (56): 205 -246.

[127] Balduzzi Pierluigi, Edwin J. Elton, T. Clifton Green. Economic News and Bond Prices: Evidence from the U. S. Treasury Market [J]. Journal of Financial and Quantitative Analysis, 2001 (36): 523 -543.

[128] Engsted, Tom. The Danish Stock and Bond Markets: Comovement, Return Predictability and Variance Decomposition [J]. Journal of Empirical Finance, 2001 (8): 243 -271.

[129] Scruggs John T., Paskalis Glabadanidis. Risk Premium and The Dynamic Covariance between Stock and Bond Returns [J]. Journal of Financial and Quantitative Analysis, 2001, forthcoming.

[130] Li L. Macroeconomic Factors and the Correlation of Stock and Bond Returns [R]. Yale Job Market Paper, 2002.

[131] Mamaysky H. Market Prices of Risk and Return Predictability in a Joint Stock - bond Pricing Model [R]. Yale Working Paper, 2002.

[132] Stivers Chris, Licheng Sun. Stock Market Uncertainty and Bond Returns: Evidence of Flight-to-Quality? [R]. University of Georgia Working Paper, 2002.

[133] Campbell J., G. Taksler. Equity Volatility and Corporate Bond Yields [J]. Journal of Finance, 2002 (57): 1132 -1169.

[134] J. Benson Durham. Does Monetary Policy Affect Stock Prices and Treasury Yields? An Error Correction and Simultaneous Equation Approach [R]. Federal Reserve System Working Paper, 2003.

[135] Scheinkman J., W. Xiong. Overconfidence and Speculative Bubbles [J]. Journal of Political Economy, 2003 (111): 1183 -1219.

[136] Fair Ray. Shock Effects on Stocks, Bonds and Exchange Rates [J]. Journal of International Money and Finance, 2003 (22): 307 -341.

[137] Jones C. The Changing Nature of Stock and Bond Volatility [J]. Financial Analysts Journal, 2004 (60): 100 -113.

[138] William R. Gebhardt, Soeren Hvidkjaer, Bhaskaran Swaminathan. Stock and Bond Market Interaction: Does Momentum Spill over? [J]. Journal of Financial Economics, 2005 (75): 651 -690.

[139] Connolly R., Stivers C., Sun L. Stock Market Uncertainty and The Stock - Bond Return Relation [J]. Journal of Financial and Quanti-

tative Analysis, 2005 (40): 161 - 194.

[140] Ehrmann Michael, Fratzscher Marcel, Rigobon Robert. Stock, Bond, Monetary Markets and Exchange Rates Measuring International Financial Transmission [R]. Working Papers, European Central Bank, 2005.

[141] Nagel Stefan, Short Sales. Institutional Investors and the Cross - section of Stock Returns [J]. Journal of Financial Economics, 2005 (78): 277 - 309.

[142] Suk - Joong Kim, Fari Moshirian, Eliza Wu. Evolution of International Stock and Bond Market Integration: Influence of European Monetary Union [J]. Journal of Banking and Finance? 2006 (30): 1507 - 1534.

[143] Dirk Baur, Brian M. Lucey. Flight-to-quality or Contagion? An Empirical Analysis of Stock-bond Correlations [R]. SSRN Working Paper, 2006.

[144] Charlotte Christiansen, Angelo Ranaldo. Realized Bond-stock Correlation: Macroeconomic Announcement Effects [J]. Journal of Futures Markets, 2007 (27): 439 - 469.

[145] Xiangdong Long, Helen X. H. Bao. Multivariate Modelling of Price Volatility in the Hong Kong Residential Property Market [R]. SSRN Working Paper, 2007.

[146] Ndersen T., Bollerslev T., Diebold F., C. Vega. Real - Time Price Discovery in Stock, Bond and Foreign Exchange Markets [J]. Journal of International Economics, 2007 (73): 251 - 277.

[147] Robert A. Connolly, Chris Stivers, Licheng Sun. Commonality in the Time - variation of Stock-stock and Stock-bond Comovements [J]. Journal of Financial Markets, 2007 (10): 192 - 218.

[148] Andersson M., Krylova E., Vahamaa S. Why Does the Correlation between Stock and Bond Returns Vary over Time? [J]. Applied Financial Economics, 2008 (18): 139 - 151.

[149] Xiao - Ming Li, Li - Ping Zou. How Do Policy and Information Shocks Impact Co-movements of China's T-bond and Stock Markets? [J]. Journal of Banking & Finance, 2008 (32): 347 - 359.

[150] Gutierrez Jr., Roberto C., Eric K. Kelly. Institutional Herding

and Future Stock Returns [J]. University of Oregon and University of Arizona Working Paper, 2009.

[151] Lars Norden, Martin Weber. The Comovement of Credit Default Swap, Bond and Stock Markets: An Empirical Analysis [J]. European Financial Management, 2009 (15): 529 – 562.

[152] Baele L., Bakaert G., Inghelbrecht K. The Determinants of Stock and Bond Return Comovements [J]. Review of Financial Studies, 2010 (23): 2374 – 2428.

[153] Amil Dasgupta, Andrea Prat, Michela Verardo. The Price Impact of Institutional Herding [J]. The Review of Financial Studies, 2011 (24): 892 – 925.

后　记

时光荏苒，光阴似箭。四年的博士研究生学习生涯转眼就要结束。我很幸运，能在四年前来到向往已久的对外经济贸易大学求学，能够有机会成为我的导师门明教授的学生，聆听恩师的谆谆教诲，得到恩师的竭力教导。四年来，门老师在学业和科研方面对我严格要求、悉心指导。恩师学识修养渊博精深、专业功底深厚敏锐、观点见解独到犀利，每一次与恩师的交流与探讨，都带给我很多启发与感悟，有时只是寥寥数语，便使我茅塞顿开。在生活和工作方面，门老师也给予我很多关心与鼓励。在我遇到困难时，及时为我提供帮助与支持，促使我精进所学、不断前行。恩师广博精深的学识修养、正直谦逊的品格魅力、严谨求实的治学精神、平易近人的言行举止、豁达乐观的处事原则、坦荡仁厚的气量胸襟是我终身学习的典范。在本书的撰写过程中，从选题布局、主题提炼、遣词造句到最终顺利完成，无不倾注了门老师大量心血，即便是在门老师工作繁忙的时候，也十分关心我的写作进展，并及时为我提出修改意见与建议。桃李不言，下自成蹊，恩师的教诲犹如春风，感激之情无以言表，我将永远铭记在心！

衷心感谢对外经济贸易大学国际经济贸易学院奉立诚教授、陈志鸿教授、王勇老师等所有为我的培养付出辛劳的老师们。正是在你们的耐心讲解下，我掌握了扎实的专业知识，为我的写作打下了坚实的基础。

衷心感谢我的同学何武博士在程序编写的过程中给予的无私帮助。

衷心感谢外审专家提出的宝贵修改意见。

衷心感谢对外经济贸易大学圆了我的博士梦。

最后感谢我的父母和兄弟，是他们的支持与鼓励给了我不断前行的勇气。

罗荣华

2015 年 3 月于汇智公寓